小学数学“律动课堂”的理论研究与实践探索

朱艳艳　著

苏州大学出版社

图书在版编目(CIP)数据

小学数学“律动课堂”的理论研究与实践探索 / 朱艳艳著. —苏州：苏州大学出版社，2017.11
ISBN 978-7-5672-2296-0

Ⅰ. ①小… Ⅱ. ①朱… Ⅲ. ①小学数学课—教学研究 Ⅳ. ①G623.502

中国版本图书馆 CIP 数据核字(2017)第 278806 号

小学数学“律动课堂”的理论研究与实践探索
朱艳艳 著
责任编辑 征 慧

苏州大学出版社出版发行
(地址：苏州市十梓街 1 号 邮编：215006)
镇江文苑制版印刷有限责任公司印装
(地址：镇江市黄山南路 18 号润州花园 6-1 号 邮编：212000)

开本 700 mm×1 000 mm 1/16 印张 16.5 字数 275 千
2017 年 11 月第 1 版 2017 年 11 月第 1 次印刷
ISBN 978-7-5672-2296-0 定价：45.00 元

序

很高兴成为朱艳艳老师的著作《小学数学“律动课堂”的理论研究与实践探索》的第一个读者，读完本书，为朱老师的理性思考与实践探索点赞，同时，感触良多。

问题，是研究的起点。

在研究过程中，“问题”的必要性与重要性毋庸置疑。朱老师的研究从问题开始，针对当前小学数学课堂教学中的问题（例如：目标知识化、内容碎片化、过程封闭化；学生被动学习多，主动向学性弱；单边中心教学多，双边互动性差；课堂推进点状多，教学节奏感弱；等等），提出了“律动课堂”的教学主张。朱老师指出：“律动课堂”是指遵循数学内容的科学性和内在逻辑，遵循结合生命成长的节律，在课堂的动态生长中形成一种全新的课堂律动节拍。它是真实的、动态成长的，它按一定的规律运动着。从朱老师的阐述中，可以看出她对当下数学课堂的理性思索与自己的教学主张。由此还可以发现，研究问题往往来自现实中的困境、冲突或张力，而教师研究的问题也始于教师与学生、教师的教学信念与教学实践等之间的冲突和张力。“律动课堂”让教师在上课前要问一问：“你的课的设计让学生‘长’在哪里？这一环节设计，学生的思维水平有提升吗？”这节课上完，教师要着重反思：学生的思维‘长’了没有？知识深入了没有？有了这些设问，教师才能整体化、关系化地思考课堂，把课堂看作生命成长的地方。由此，我们感受到问题的美好、美妙之处。

实践，是研究的方式。

一名小学教师会不会做研究？我们许多小学教师有研究的热情，但缺乏持续研究的精神，并且常常羡慕专业研究者们用科学的研究方法、精深的研究术语、高深的理论和严谨的逻辑分析进行的高水平的研究，总觉得小学教师只有经验，却缺乏研究方式方法，摸不着研究的“门”。我认为，作为一名小学教师，可以像朱老师这样，立足自己的教学实践，阐述自己的教育思考。这是扎根于实践的研究，是一种草根式的研究，是从现实问题出发的研究，是面对具体的问题，产生思考问题、解决问题欲望的研究。这样的研究，质朴而生动，真实而可行，鲜活而有效。小学教师的研究，不仅要说，更要去做。比言说更重要的是行动，和“思”“辨”相伴随的是落实。实践，应当是落到实处的践行，这也是小学教师可以做的并且能够持续去做，而且可以做出成效与成果的研究方式。

提升，是研究的重点。

朱老师的理论研究围绕“律动课堂”的内涵意蕴、展开逻辑、组织理论、设计研究展开，其实践研究结合“数与代数”“图形与几何”“统计与概率”“综合与实践”四个领域的教学推进，这样的研究过程恰恰体现了她所阐述的小学数学“律动课堂”的组织理论中的四个意识，即时机意识、开放意识、关联意识、资源意识。研究过程中的提升，既梳理研究者自己的实践，也提升研究者自己内心所遵循或所形成的理念。而提升对于研究者来说，是一场痛苦的蜕变，也是一场不可或缺的修行。

回到“问题”本身。

“问题(question)”这个词的英文词根是“探求(quest)”。教师在自己的教学实践中寻找研究问题时，也就赋予“探求”新的意境，即希望研究问题能够带给作为教师的自己和作为学习者的学生以新的追求和目标。在问题的引领下，教师应当自觉地以研究的姿态行走，这样的行走就是一道风景。

期待朱老师在数学教学的道路上按照自己的律动继续深入研究下去，自然、美丽而充满魅力的风景就在前方。

闫　勤
2017 年 9 月
（闫勤，特级教师，南京玄武外国语学校附属小学校长）

前言

课堂是教育教学的主阵地，因为无论哪一种理论，最终都必然要落实在课堂上，才能真正影响教师的教学行为。课堂是教与学的直接现场，更是教师与学生思维火花碰撞的现场。但我们教师常习惯的课堂教学模式更倾向于“师本位”，以教师的思路控制着课堂运行的轨迹，牵着、拉着学生走，逼仄了学生学的时间与空间，窒息了学生的思维与智慧，压抑了学生自主学习的兴趣与热情。课堂是活生生的教师引领活生生的儿童所经营的有生命的世界，如何创造课堂的生命活力是我们教师课堂研究的魅力所在。

工作20余年，有了一些对课堂教学的思考，在实践中摸索，心生感悟：能不能去探索课堂中学生思维发展的曲线，形成科学的“律动”？律动，原指有节奏地跳动，有规律地运动。我们把课堂看作“人”的一种生活，这里的“人”是指“师与生”，课堂就是师与生一起为自身发展共同创造的生活。由此我想到了“律动课堂”。“数学律动课堂”是指遵循数学内容的科学性和内在逻辑，遵循生命成长的节律，在课堂的动态生成中形成一种全新的课堂律动节拍。它是真实的、动态成长的。我们应以“律动”的思想，突出课堂的规律性、关联性、互动性和生长性，更多地营造出教与学的开放空间，形成学生学习数学的内生张力。在研究中有了一些理论思考与实践经验，所以特别期待行文成书。

全书共分两大部分，第一部分是小学数学“律动课堂”的理论研究，第二部分是小学数学“律动课堂”的实践探索。本书重点从理论与实践融合的视角解读“律动课堂”，建构理论，让“律动课堂”的教学流程具有一定的可操作性，让更多的数学老师能实践“律动课堂”的教学思想。

首先，“律动课堂”是内生需求的课堂。

哲学发展观认为，事物的发展主因是内因，外因通过内因起作用。小学生学习数学，重要的是引发学生内心对数学学习需求，遵循学生心性，根据儿童的年龄特征、认知规律，按照儿童的思维特征组织数学生活，保护学生对数学事实和数学现象的探究欲和求知欲，促进儿童对数学知识的内生向学力量，这样才能激发儿童的天赋。小学数学“律动课堂”追求的是一种真实生活的过程，学习从生活中的问题入手，解决问题是生活的需求，只有真正产生了学习探究的需求，才有可能引发儿童的主动学习兴趣。

其次，“律动课堂”是思维生长的课堂。

李政涛教授在《教育常识》中写道：人的生长，意味着“需求”层次和品质的生长，“需要”本身的变化生成和过程，同时也就是人的生长过程，它们共同构成了“人的生长需求”，它是“因生长而带来的新需要”和“因需要变化而带来的新生长”之间的融合转化。每节课上完，教师要着重反思：“学生的思维长了没有？知识深入了没有？”教师要用整体化、关系化的思维思考课堂，把课堂看作生命成长的地方。课堂教学是教师职业生活中的基本构成元素，直接影响着教师的专业发展，体现了教师的人生价值。对学生而言，课堂教学更是其学校生活的基本构成，课堂教学的质量将直接影响学生当前乃至未来的发展与成长。

再次，“律动课堂”是结构关联的课堂。

“律动课堂”的设计和推进要注重每一环节之间的关联和知识之间的关联，要适时在关联处进行对比分析，进行多向的沟通，让学生认识关联的重要性，并学会用关联的思想去研究问题。从思维方式上来讲，关联思想主要是源于整体思维和关系思维。小学数学“律动课堂”关注知识的关联，教师在备课时重点要从知识的关联来思考教学的设计。

最后，“律动课堂”是动态生成的课堂。

对比单线的课堂教学过程，“律动课堂”更注重在课堂中形成全面的互动空间。首先我们要认识到，教与学不是单向的教学指向，它更多的是一个复杂的生态系统。教师要注重进行结构化的设计，让知识结构和方法结构外显，并内化到学生的实践中。教师在课堂的关键点上要积极助推，层层推进。思考这节课要突破什么。用学生互动对话交流的方式把难点和障碍点变成学生的生长点和发展点，思考学生的提升点在哪里。怎么使学生在原有基础上有新的变化，获得新的提升。

我们对小学数学“律动课堂”的研究才刚刚起步，在实践中探索。我们更多追求的是学生数学综合素养的提升，育主动发展的人。希望“律动课堂”的研究能为更多的数学老师提供一种新的课堂教学的方式，期待同仁们给予更多的指导。

朱艳艳
2017 年 9 月 6 日于淮安

目录

上篇　小学数学“律动课堂”的理论研究

下篇 小学数学“律动课堂”的实践探索

上篇

小学数学“律动课堂”的理论研究

第一章　小学数学“律动课堂”的内涵意蕴

第一节　“律动课堂”的提出背景

数学学科的性质决定了问题意识在先，所以理清为什么要提出小学数学“律动课堂”才能有助于研究的深入。然而，基于教师理论的薄弱，我们更要在实践中找到理论的依据，这样才能在理论与实践的交互中形成新的思考。在各种新理论和新课堂形态产生的今天，我们的学校研究变革到底要研究什么？在小学数学课堂教学方面的相关研究已关注了许多领域，如从教学方案设计到教学过程实施再到对教学的评价。这里涉及以下几个问题：(1) 我们到底是要体现个人的发展，还是追求社会现象中的高分？(2) 是关注知识的掌握和运用还是知识形成的过程体验？(3) 是教师的教还是学生的学？

教育历史上一会儿以教师为中心，一会儿又以学生为中心，这种行为像“钟摆”一般。作为一线的数学教师，在实践中积累的经验尤为宝贵，但相对来说理论研究又有些欠缺，所以把高深的理论与实践有机地转化是一线教师最迫切需要的。对小学数学“律动课堂”的思考，首先是一种对事物认识方面的思维方式的转变，因为只有思维方式的转变，才能从内心有真正的价值认同感，才能用整体关联的思维方式来审视当前的小学数学课堂，进而用一种新的思维方式去改进课堂、创造课堂，实现教师与学生内生力的共同提高。

一、教学价值与社会转型的需要

课堂教学的变革一直是教育理论变革的最前沿阵地，而这些变革的源起往往是社会正在经历着一场复杂的转型。随着经济水平的提高，国家对人才的认识有了新的提升。2016 年 9 月 13 日，“中国学生发展核心素养”总体框架正式发布。中国学生发展的核心素养以科学性、时代性和民族性为基本原则，以培养“全面发展的人”为核心，分为文化基础、自主发展、社会参与三个方面。综合表现为人文底蕴、科学精神、学会学习、健康生活、责任担当、实践创新六大素养，具体细化为国家认同等十八个基本要点。根据这一总体框架,可针对学生的年龄特点进一步提出对各学段学生的具体要求。核心素养是最关键、最重要、不可缺的素养。就一门学科而言,核心素养的内涵包括核心知识、核心能力、核心品质,但不是它们的简单相加。任何一门学科的目标定位和教学活动都要从素养的高度来进行。①

基于社会转型的需要,小学数学课堂应如何去适应时代的要求?我们更多的是要去思考我们为什么要去变革。核心素养反映的是一个国家在新时期的发展需求,这种需求引发的是时代的冲突,表现在教育方面就是相对于时代而言的"脱节"与"滞后"。有些方面的问题是教师解决不了的,如教材改革、学生升学以及学生毕业后的就业问题等。但作为教师,我们一定要有意识地去反思:哪里有问题,能否改进,改进到何种程度?我们必须跟着时代走,并要有一个基本的判断,这样我们才有对课堂教学研究变革的动力。

小学数学"律动课堂"的提出是基于对当代中国社会转型特征的认识,基于对当前数学课堂教育现状与问题的反思,提出课堂形态、内在关联和日常实践,要完成一种现代型转换,要把现代型课堂教学价值观的内涵体现出来:首先是要从以传递知识为本转向以培养人的健康、主动发展的意识与能力为本。以培养人的主动自觉为目的的教学,是使人走向自由、自主发展的教学,是使人在有限的世界中勃发生命力、创造力并实现超越的教学。从对知识传递的关注转向对人的主动发展的关注,从对少数优生的关注转向面对每一位学生生命发展的关注,这是教学价值在目的意义上的重建。

二、教学内容与学生发展的需要

教学内容的散点化是亟待解决的重要问题。教学内容是课堂教学的要素之一,无论是选择的问题,还是问题呈现的方式,都会直接影响课堂育人资源的生成力。因此,课堂教学变革的理论与实践更需要理清教学内容与学生发展的关系。传统的数学教师往往以一节节课为单位展开,把数学教材中的整体知识拆分成一个个知识点,以"点"为单位来编排教学内容,将原有的结构化的整体知识散点化。这种散点化的教学方便组织开展教学,利于学生记忆,但学生往往会采用机械方式记忆,这就给学生的后续发展带来了局限。而教师的教学也会以"点"为点,学生常常只关注对知识点的理解,不能用整体思维去思考知识点间的关联性,这样的

---

① 余文森.核心素养的教学意义及其培育[J].今日教育,2016(3).

学生只会机械模仿解题方法，缺乏对数学知识的结构化理解，忽视知识之间的逻辑性，也做不到举一反三。这是教学内容选择与呈现方式上的问题，不仅反映了在认识意义上科学与人文、抽象与具体之间的矛盾关系，而且反映了在实践意义上整体与局部、过程与结果之间的矛盾关系。

无论是静态的符号知识还是动态的过程形成的体验，又或是具有整体关联的知识结构群，都是促进学生发展的资源，有助于充实学生的精神世界。我们的数学课堂必须转换思维方式，顺应学生和知识的发展规律，把知识转化到学生的课堂体验中，把数学知识的育人价值转化成个体生命成长的力量。那么，对学生而言，数学知识就不再是解题，不再是呆板的数字，不再是点状化的局部形态。对教师来说，课堂教学不再是分析教材，而是创造性地解读教材，走向综合与融通意义上的课堂教学。

三、数学课程独特育人价值的需要

数学教学要“育”主动发展的人。何谓学生？学生不仅是一种身份描述，更代表着一种生命积极成长的动态过程。刘铁芳说：“好的学生，不管学生的自身条件如何、基础如何，都能在各自的生命历程之中，焕发对美好事物的欲求，激活积极的生命状态。”如何让更多的学生爱上学习，真正地处于学习状态之中？如何让学习真正地发生？如何唤起、激励学生生命状态积极向上？在当今复杂多变的背景下，人的主动发展和独立的自我选择意识、批判能力是对其适应力的体现。数学知识是促进学生生命成长的资源。数学课堂教学不可能离开学科知识而存在，学科知识是学生必须最终掌握的基础性内容。但是，教学对于学生的价值不应该仅仅停留在“教书”上，不能只是把学生当作学习知识的机器，更不应该为了学习知识而不停地在题海中操练。我们一定要认识到数学课堂对于学生独特的育人价值。

其一，人类在创造数学的同时，创造了数学所独有的话语系统——运算符号和逻辑系统，这是有别于语文学科的，正是这样的系统使千百年来的数学发明和创造得以世代相传。数学课程有助于数学知识的流传，只有在数学的课堂教学中尽可能多地给学生提供互相交往、合作互动的机会，尽可能多地体验和实践数学的话语系统，才能提高学生运用数学语言系统的能力。

其二，数学是学生认识世界的一种工具。很难想象，如果没有数学，人们如何去全面、深刻地认识世界！课堂上我们最常用的一句话：数学来源于生活，又被应用到现实生活中去。这样才有可能为学生提供更为独特的观察视角，去进一步认识和发现生活中的数学，形成应用数学知识的能力。

其三,学习数学是学生在学习过程中的一种思维训练。数学以其缜密的逻辑向人们展示着它的美,培根就说过,数学是思维的体操。在数学教学中,教师要千方百计地为学生创设促进思维发展的情境,构建一个互动的平台,使数学教育真正面向全体学生,充分发挥数学在提高人的推理能力、抽象能力、想象力和创造力等方面的独特作用,叩开学生数学思维的心扉,这样学生的思维能力才能不断发展,素质才能不断提高。

最后,数学思维方式是学生生活中需要的一种思维方式。这种思维方式表现在现代社会需要关系思维、整体思维……华东师范大学吴亚萍教授说:"数学的思维方式虽然表现出高度抽象的特征,但并不是无实践和实体之根的抽象,也不是无规律可循的、不可捉摸的东西,它渗透于各种具体的数学活动之中。借助于具体的数学知识的教学活动,帮助学生建立数学的思维方式,不仅十分重要,而且完全是有可能的。如果学校数学的教学能够揭示隐藏在数学知识背后的数学思想和数学方法,能够给学生提供主动实践数学思想和数学方法的机会,就有可能使学生真正感受数学思维方式的力量,逐渐形成这样的思维方式,并将这种思维方式在日常生活中自觉地加以运用。"①

第二节　当前小学数学课堂教学中的问题思辨

随着现代教学改革的推进,小学数学课堂呈现出生机勃勃的发展动态。但纵观当前的小学数学课堂,一线教师虽然有着许多的新理念,但真正落实到日常教学行为中的并不多,"新瓶装旧酒"的现象很多。最大的问题就是学生对数学的兴趣不高,学习太过被动了。

从教师的教学行为来分析,不同教龄的教师有着不同的教学问题。新教师的课堂教学问题太多而且不能很好地管理课堂,教学秩序混乱;中年教师的课堂是教学的问题碎片化,小步子走,单线推进现象多;而老教师的课堂教学讲解过多,学生没有充分的自主学习的空间和时间。这些问题反映了一个共同的问题——教师的课堂教学控制感太强,往往多以自己为中心。现在大家都在研究如何让教师走出以自我为中心的误区,走进学生,说明大家都意识到了这个问题。比如,课堂上教师无视学生的

---

① 吴亚萍."新基础教育"数学教学改革指导纲要[M].广西:广西师范大学出版社,2009.

回答是否错误，只是一心想着把学生拉到自己预设的轨道上来，完成原有的教案设计。

叶澜教授对这样的教学现象进行了生动的描述：“‘死的’教案成了‘看不见的手’，支配、牵动着‘活的’教师与学生，让他们围绕着它转；课堂成了‘教案剧’出演的‘舞台’，教师是主角，好学生是配角中的‘主角’，大多数学生只是不起眼的‘群众演员’，很多情况下只是‘观众’与‘听众’。”①

大家一定会有同感，听数学特级教师上课总有这样的感受：他们的课是贴着学生在走，是那么的自然，随机生成是那么的有活力。而走教案式的控制性课堂主要表现在重结论、轻过程，重内容、轻方法，重教、轻学。

一、目标知识化

价值理念为我们的课堂变革指明了方向，也引导我们反观传统的课堂教学设计，创生新的行动策略和思想方法，课堂教学设计的基本任务主要有两项：一是这节课需要实现什么样的目标；二是如何设计过程以实现目标。前者是目标设计，后者是过程设计。教学设计是数学课堂教学展开的蓝图，它不仅能让教师在教学过程中形成有序的推进策略，为课堂中师生的有效互动提供保证，也为促进课堂教学中学生的主动发展提供保证。然而许多教师在备教学设计时，常常习惯于只备教材不备学生，这样就会忽略学生个体经验这一起点。

教学目标是回答为什么而教的问题，是教师对知识育人价值的理解，是教师进行教学的前提与基础，也是课堂教学的灵魂所在。但受传统教学认识论的影响，我们在教学设计中存在着一些问题。

1. 教师过于关注知识点

通常，在教学目标上，大部分首先是本节课教学的知识“重点”与“难点”，需要掌握的“技能”“技巧”，其他方面或简单、抽象提及，或几乎每次都用类似的空洞词语点一下，更多的情况是干脆不写。在课堂上，认真负责的教师往往把力气花在讲清知识、落实练习上，使学生能牢固掌握知识，考试时不出差错。为此，教师应对自己的教学实践作批判性的反思，找出自己教学行为、言语背后深藏且实存的教学价值观，认识这种价值观的问题所在；教师需要探讨新的课堂教学价值观的依据及合理性，进而在大脑中重建课堂教学价值观，并在自己的教学实践中有意识地、持久地去实现。新基础教育的课堂教学改革，以教师新价值观与新教学行为的联

---

① 叶澜. 让课堂焕发生命活力[J]. 教育研究，1997(9).

系、共创、互动作为贯穿改革始终的要求,也作为评价改革是否真实发生的重要指标之一。①

2. 教学目标的设置与学生的能力没有形成关联

教学目标指向的主体应该是学生,但长期以来形成的习惯是,在书写教学目标时,总是以“使学生”来开头,这不仅仅是受原有陈旧思维习惯的影响,更多的是教师始终把学生当作知识的接受者而不是发现者,教师是授知者而不是引导者。

案例1 二年级下册“认识角”的教学目标。

(1) 使学生认识角,知道角的各部分的名称。

(2) 让学生知道角有大小,掌握比较角的大小的方法。

上述案例中,首先,教学目标的主体表述错位,应把“使”去掉,学生是学习的主体。另外,教材将该教学内容定位在“初步认识”的层次上,在编排教学内容时紧密结合生活情境,通过观察实物、折折、拼拼、比比等操作活动使学生初步认识角。案例中教师确定的教学目标的不足在于没有指明学生认识角的途径,对采用什么方法“让学生知道角有大小”缺乏明确的表述,采用什么方法“让学生比较角的大小”也同样没有明示。这样做容易导致教师实施教学活动的随意性。

3. 教学目标的设定没有体现数学学科育人的价值

教学目标实现的片面、不到位,缺少结构化,瞻前顾后地思考,让学生缺乏生长力,因为缺少学生思维生长的课堂,学生是无法实现正向学习方法迁移的,也没法实现创造性学习。教学是为了让学生学会学习,而不是被动地学知识点,所以在教学目标的设定上,一定要想一想这节课在学生的认知经验中已有哪些内容,要让学生裹着旧知进入,一节课的最后还要注意让学生去展望未来的学习结构。通过这样的思考方法,才能真正定位教学目标,而不是程式化地把一些情感化的目标扩大。

二、内容碎片化

1. 点状的内容设计割裂了知识之间的结构关联

教学内容的散点化,表现在教师在进行教学设计时对数学教材没有把握整体结构化,容易就事论事,只注重从教师层面教授解题技巧及方法,忽视了数学知识的整体性。当改革研究进入到学校实践时,透过一节节课,我们看到了在学科教学领域中,大部分教师对教育价值的选择还停留在“传递知识”上,有一些教师虽已关注到学生技能、技巧,甚至能力和

---

① 叶澜.重建课堂教学价值观[J].教育研究,2002(5):3.

智力的发展，但大多仅为点缀，至于认识范围以外的目标则更少涉及。这种价值观不是表现为教师在写文章或讨论“素质教育”等理论时发表的言论，是表现在备课笔记的教学目标设定上和课堂行为中。①

我们知道，数学学科的知识点具有相对独立性和系统性。作为教材，为了从学科知识体系中选择部分内容形成基础知识和关键性的重难点内容，有时知识点之间内在的关联难免会出现断层。如何科学地规划和编排学科知识的整体性，一直是数学学科教师所关注的。我们要思考，如何将这些散点的知识有结构地串起来，让学生感知数学知识内在的结构以及它的整体性，让学生形成数学知识的整体视野，而不只是片段化地接受知识，看不到知识之间的关联性。

比如，某数学教材是这样编排课程的：第一课时认识小数的定义，这里出现的只是表述下的一位小数；第二课时学习一位小数的比大小；第三课时学习一位小数的加减法。教师如果只是就教材教教材，会让学生对于小数的整体意义的认识只停留在一位小数的感知上，会形成一种错觉，那就是小数就是左边一个数，右边一个数，中间隔个小数点。教材没有将小数知识整体呈现，学生也就缺乏对小数知识的整体认识，结果是学生片面地从局部的一个点入手，影响学生学习的主动性，影响学生在课堂上思维的提升和主动参与意识的提高。知识的断裂，割裂了小数与整数和分数之间内在的联系，也割裂了小数知识产生与发展的背景和未来。

2. 单元之间的知识缺少关联架构

说到单元之间的知识联系，教师会这样形容：这部车刚开没多久，又下车再跳到另一部车上。意思是把数学每单元的知识人为地割裂开来，以知识的体系进行各自的直线推进，虽然放到各年级中是呈螺旋上升的，但在一个学期的教材中往往感觉有些单元过碎。因此教师应把单元之间内在的关联找出来，教师要有上看下看（即知识的上位概念、下位概念）、左看右看（不同知识点）教材的功力，准确把握数学知识体系，只有这样才能引导学生在开放的课堂上能动地建构知识体系。正如乌申斯基所言：“智慧不是别的，而是组织得很好的知识体系。”郑毓信教授也多次强调：“数学教学不应求全，而要求联。”显然，教师不但要关注知识点的教学，更要重视沟通知识点之间的内在联系，引导学生能动地建构数学认知结构，才能使学生全面发展。

我们可以根据学生的已有知识和学习能力，根据学生的认知规律，打

---

① 叶澜. 重建课堂教学价值观[J]. 教育研究，2002(5)：3.

破教材的编排、课时安排等限制，对教材进行深入浅出的剖析，以相同(或相近)的知识点为整体进行重新组合、编排，更注重知识的联系性、系统性及整体性。[这里的“单元”并非指我们传统教材中的某个单元，而是指教材中相同(或相近)知识点组合成的知识块。它一般小于教材中的某个单元]在教学设计及教学过程中强调给学生以更多的学习自主权，通过学生的主动参与，让学生通过自己的思考、探索、合作、验证等，建构起新的认知结构，并对自己的学习结果和方法进行自我反馈、自我调控，从而学会学习，提高自我管理的能力。

3. 练习题中部分拓展题跳跃性大

从数学教材中可以发现，有些课堂练习的拓展题思维的跳跃性太大，不利于学生系统地掌握知识、形成技能。这样就会使学生学习数学出现断层。以“律动课堂”的思想来谈，就是不顾学生数学思维发展的规律。因此，如何为孩子的思维架一座桥，在练习题中也可以关注学习技能的获得，也就是学法关联。古人云：授之以鱼，不如授之以渔。现代学习论也认为，学生的学习应是方法的学习而非知识的累积。众所周知，学生不可能永远依靠教师，而应在教师的引导下进行自我学习。小学生只有学会数学认知结构的建构方法，才能更好地完善自身的认知结构，使之趋向于良性发展。因此，在日常教学中，教师不但要指导学生看书自学，更要指导学生思考、质疑、发言和讨论。在数学教学过程中，教师应重视引导策略，通过为学生提示学法，给学生示范学法，使学生运用学法等途径，逐步使学生学会学习，形成具有个性特征的学习方法。只有重视引导学生在理解数学知识的实践中获得良好的思维方法，指导和鼓励学生运用已学的思维方法去分析、解决问题，促使学生掌握获取新知识的方法和经验，塑造、发展和不断完善自己的数学认知结构，才能有效地增强学生对良好认知结构的建构能力。

三、过程封闭化

1. 单边中心教学多，双边互动性差

什么叫单边中心教学？主要是针对教育历史上的教师中心式教学与学生中心式教学。我们把简单地以教师为中心和以学生为中心的教学称为单边中心教学。

对于教师与学生的关系，我们先要理清课堂教学的要素。一直以来教师、学生和教学内容被称为课堂教学的“铁三角”，直到现在，相当多的研究者和教师都还沿用着以确定教与学的位置关系为目的的提问方式：在教学中占支配地位的是教师的教还是学生的学？是以教定学，还是以学定教？是学在先还是教在先？是师为本还是生为本？为打破教学中存在的以教师传授为主、置学生于被动接受和听讲的传统，一些改革人士提出了“以学为主、以学为本”的主张。近十年来，以学定教、先学后教、以学案代教案、翻转课堂等观点渐成改革时尚。

不论是以教师为中心还是以学生为中心，从思维方式上讲都是单向的线性思维。面对教与学的关系，传统思想过于偏重于“教”，而现在有些现象又过于偏重于“学”。我们要清晰地认识到教与学之间的关系是相辅相成的，两者是关联互动的关系，不是谁第一谁第二的关系。正如古语有云：皮之不存，毛将焉附。教与学失去任何一方，都将失去存在的基础。

2. 教师的教学方法陈旧

纵观当前的教学过程设计，不难看出，除了目前大热的“先学后教”等导学单的设计流程，当前教师最好操作的还是以往的组织、复习、讲授、巩固、作业这五个环节的流程，为什么出现这样的情况？主要是教师还把自己在学生时代的那套学习流程的记忆印刻在脑海里。那么让我们来思考一下，1970—1990 年出生的人，他们的教师当年的教授法是什么？学过教育学的人都知道：20 世纪前期，出现了苏联教育家凯洛夫。凯洛夫师承赫尔巴特派，强调知识的系统学习、教师的主导作用，强调三中心（以教师为中心，以课堂为中心，以知识为中心），强调五环节［组织教学、复习旧课、讲授新课、巩固新课（或知识、练习）、布置作业］。这与苏联 30 年代的经济建设需要培养大批初级文化的劳动者的社会需要是相适应的。从 50 年代末开始，苏联逐步抛弃了这种过时的思想。但是在中国解放初期，中国教育苏化，凯洛夫所著的《教育学》被我们奉为教育界的“圣经”。直到现在，大学教育学课程基本理论框架仍是这套模式，我们仍然是抱着别人过时的理论不放，凯洛夫被戏称为教（育之）皇（帝）。五环节教学模式得到教条主义、形式主义的推广，一直延续到现在，在数学课堂教学中表现为如今通行的讲授练习模式。所以在这种模式下，教师们对这样的传统套路是舍不得放的，其一是因为自己小时候也是在这样的套路下长大的；其二是因为过程比较好控制，教学也不容易出错，课堂纪律也便于统一管理。这些单线的课堂思维模式造成我们课堂的封闭性。细细想来，我们发现，这些现象在当前课堂教学行为中主要受以下几个因素影响：

一是对学习者及其特点的解读分析能力。我国教师受传统的教学行为影响，对教什么和如何教这两大问题是极其关注的。备课也就是备教材,备教学参考书,很少去研究学生的潜在学习经验和学生学习的特点,往往将学生看成是一张白纸来到课堂的,在教师们的眼中,他们更多的是思考这些孩子在课堂中会呈现哪些问题,也就是我们常说的教学的重难点。另外就是对学生的学习过程的态度加以关注,如上课时听不听讲,前天作业完成的情况,家长关不关心孩子的学习等。

二是关于课堂中学生学习方式及其组织方式的设计能力。长期以来,应考而教的思想左右着教师的习惯,教师课堂教学中大多关注的中心点是如何去教的问题,很少去想学生如何去学的问题。所以改革课堂就要将教师关注的视点从教材到学生两者之间有机地转换,只有有机地转换,才能发现学生的学习问题,关注学生主动学习的课堂组织方式,而不仅仅只是变换一下小组合作的模式,小组合作机械地模仿有时只是肤浅的表面形式而已。

三是关于师生民主的关系和自然互动的能力。传统的课堂教学观下,教师主要是知识的传授者,而学生成了知识的被动接受者与记忆者或模仿者。教师与学生的关系多呈现出一种单向度的指向关系,缺少有机的双向互动,学生在这种课堂教学模式下,最显著的问题是思维上缺少思辨精神,教师所讲的就是对的,教师所说的就要遵从。所以一旦将课堂开放,教师原有的教学状态将受到挑战,学生的想法会很多,预设的教学情境会被打乱,原有课堂的确定性会变得不确定,这一切都会让教师不适应。总之,小学数学课堂需要改革,我们要的课堂要在继承中创新,在创新中发展。

案例2 三年级上册“认识分数”的教学目标。

(1) 知识与技能目标:能结合具体的情境理解分数的含义;认识分子、分母、分数线;会读、会写分数;会用分数表示相应的操作结果,或用适当的操作表示相应的分数;会利用图形或操作来比较分子都是1的分数的大小。

(2) 数学思考目标:对具体情境中出现的分数能用自己的语言做出解释;培养学生主动思考的意识和能力。

(3) 解决问题目标:会用分数表达一些简单事物的信息;能和同学合作解决问题;会用自己的方式表达解决问题的想法。

(4) 情感与态度目标:主动参与有关的操作和探索活动;能感受分数与生活的联系,增强学习信心。

课程标准对小学数学教学规定了“知识与技能、数学思考、解决问题、情感与态度”四个领域的目标,这为教师教学提供了一个可期待的、可量化的、可操作的标准。然而，这并不是说实现这样的目标可以"毕其功于一节课"，可以"集诸目标之大成"于一节课。教学目标的确定应根据教材的编排序列和小学生数学认知活动的特点，做到有轻重缓急，有所为有所不为。案例中这位教师确定的课时教学目标可以说既全面又具体，但细细分析又觉得琐碎繁杂、主次不分、面面俱到，似乎有"人为割裂肢解"之嫌疑。教师果真依此组织和实施教学活动，极有可能导致教学活动的浅尝辄止、无序零乱，效果只会"欲速则不达"。

3. 课堂推进点状多，教学节奏感弱

当前很多课堂教学方式以点状的内容推进教学过程，通俗来讲就是一道题一道题的教学题目。这样的课堂教学方式、课堂推进的层次感和节奏感不强，割裂了知识之间的结构关联。教师在进行教学设计时对数学教材没有整体结构化的把握，容易就事论事，在过程中只注重从教师层面教授解题技巧及方法，忽视了数学知识的整体性。

究其原因是教师长期以来以教材为中心，把课堂教学任务定性为课堂知识内容的教学传授，看到的多是点状的一节节课的内容，把每一节课的任务完成好就行，没有用系统的眼光去思考数学知识本身的育人价值。

课堂教学是需要一定节奏的，这种节奏源于对课堂内容的理解，是遵循课堂教与学过程中思维的生长规律，过程的推进要强弱合拍，才能形成科学合理的推进课堂动态生长的轨迹。

第三节　"律动课堂"的内涵诠释

律动，原指有节奏地跳动，有规律地运动。我们把课堂看作人的一种生活，这里的人是指师与生，课堂就是师与生一起为自身发展共同创造的生活。"律动课堂"是指遵循数学内容的科学性和内在逻辑，遵循生命成长的节律，在课堂的动态生长中形成一种全新的课堂律动节拍。它是真实的、动态成长的、按一定的规律运动着的，我们将其看作课堂的律动。

一、"律动课堂"的基本特征

1. "律动课堂"是内生需求的课堂

哲学发展观认为，事物的发展主因是内因，外因通过内因起作用。小学生学习数学，重要的是引发学生内心的数学学习需求，遵循学生的心性，根据儿童的年龄特征、认知规律，按照儿童的思维特征组织数学生活，保护学生对数学事实和数学现象的探究欲和求知欲，促进学生对数学知识的内生向学力量,这样才能激发学生天赋。"律动课堂"追求的是一种真实生活的过程,学习从生活的问题入手,解决问题是生活的需求,只有真正产生了学习探究的需求,才有可能引发学生主动学习的兴趣。

2. "律动课堂"是思维生长的课堂

李政涛教授在《教育常识》中这样写道:人的生长,意味着"需求"层次和品质的生长,"需要"本身的变化生成和过程,同时也就是人的生长过程,它们共同构成了"人的生长需求",是"因生长而带来的新需要"和"因需要变化而带来的新生长"之间的融合转化。

在"律动课堂"的实践中,教师在课前要问一问自己:"你的课堂设计让学生'长'在哪里?这一环节设计对学生的思维水平有提升吗?"这节课上完,教师要着重反思:你的学生思维长了没有?知识深入了没有?有了这些设问,教师的思维才能整体化、关系化。课堂教学是教师职业生涯中的基本构成元素,直接影响着教师对职业的感性、专业发展和人生价值的体现;对学生而言,课堂教学更是其学校生活的基本构成,它的质量如何将直接影响学生当前乃至未来的发展与成长。

3. "律动课堂"是结构关联的课堂

在"律动课堂"的设计和推进中,要注重每一环节之间的关联和知识之间的关联,适当的时候要对关联处进行对比分析,进行多向的沟通,让学生认识到它们之间的关联,也学会用关联的思想去研究问题。从思维方式上来讲,关联思想主要是源于整体思维和关系思维。小学数学"律动课堂"关注知识间的关联,教师在备课时要重点从知识间的关联来思考教学的设计。

数学学科本身具有极强的逻辑性。数学作为一个知识体,本身具有的结构也称之为数学结构。一个人的数学知识也具有结构,称之为某个人的数学知识结构。一个人对数学知识的认识过程存在一个序,有时也被称为某人的数学认知结构。数学知识结构一旦被学生内化为认知结构以后,其内容之间的逻辑顺序和层次性往往就被淡化了,不同内容之间就表现出一种相互融合的态势。

4. "律动课堂"是动态生成的课堂

叶澜教授说:"课堂教学过程中师生多元、多向、多层、多种方式的互动贯穿并组成全程,它也是推进教学行程的动力。"[①]于我们而言,教学不是"单边推进",而应是"双边互动"的过程。这里的"双边"既是指"教

① 叶澜.课堂教学过程再认识:功夫重在论外[J].课程 教材 教法,2013(5).

师”与“学生”，也包括教师引导下“学生”与“学生”的互动。教学只有充满了“双边互动”，课堂才可能是动态的，只有动态的课堂，才有可能回到课堂教学原有的生态中去。这才是真实的课堂生活，师生在互动过程中的成长才是最动人的旋律。

对比单线的教学过程，“律动课堂”更注重把过程形成全面的互动空间。首先我们要认识到，教与学不是单向的教学指向，它更多的是一个复杂的生态系统。教师要注重在进行结构化的设计时，让知识结构和方法结构外显，内化到学生的实践运用中，教师在课堂的关键点上要积极助推，从而实现层层推进。教师要思考这节课要突破什么。用学生互动、对话交流的方式，把难点和障碍点变成学生的生长点和发展点。思考学生的提升点在哪里，怎么使学生在原有水平上有新的变化，获得新的提升，促进学生思维生长。

二、“律动课堂”的研究意义

研究“律动课堂”有助于改变教师传统的单线思维方式。我们要能从研究课堂的生态系统中形成课堂教学的新质态。教学过程是一种师生间的对话，这种对话活动的效果取决于教师是如何理解教学过程的。

1. “律动课堂”有助于促进教师思维方式的变革

受传统教学观和技术理性思想方法的影响，我们在课堂教学设计时，习惯于采用还原论的思想方法，也就是把知识由整体拆分为几个部分，再把这几个部分分别设置出具体的知识点和练习内容，并设计出清晰的教学方法，一点一点地分步呈现给学生，以一个点到一个点的点状方式推进，这样的确能确保学生把知识点学扎实，教师在教学过程中顺着点来走也不会出太多的意外。这样的教学设计方法被大多数教师所喜爱，因为这样每一步的任务和步骤都能事先确定，方法也能事先确定，课堂教学推进过程中不会有意外发生，教师不会因意外出现的知识而费心，因而给学生自主讨论交流的时间和空间也少，教师在这样的课堂推进中会有一种安全感，这种安全感让多数教师不想去变革自己的课堂。

思维方式的简单化是教师变革课堂教学的又一阻碍。许多教师往往习惯于用简单的思维方式来思考和处理动态的、变化着的课堂，所以通过“律动课堂”的理论与实践研究，有助于教师学会用结构化的关系思维来思考课堂，能实现教学行为的转变，而不是理论一套，实践又一套。人的思维方式从平面发展到立体，有了信息处理的思维空间，空间的结构也更为丰富。另外，教师也能学会从多维度去认识同一个事物，并善于将其综合为认识整体的能力，实现多元的统一；最为重要的是教师有动态把握事物的思维方式，通过对过程的分析来认识规律，从而认识事物之间的关联作用。

2. "律动课堂"有助于教师形成新的教学基本功

谈到教学的基本功，许多教师还停留在"三字一画"中，而"律动课堂"因推进的质态要求，促使教师要形成与课堂教学形态相适应的新基本功。这些新基本功的形成，才能让教师打破原有的安全感，在复杂的、动态的课堂中能游刃有余，进而能感受到动态课堂生成的精彩及课堂教学的乐趣。那么新教学基本功有哪些呢？

(1) 课前新基本功系列。

① 研究学生（怎么读懂学生心声）；

② 教学目标设计（怎么设计恰当适宜的教学目标）；

③ 解读教材（如何创造性地解读教材）；

④ 选取教学方法（怎么选择最适合的教学方法）。

(2) 课中新基本功系列。

① 开放（怎么实现有效地开放和重心下移）；

② 互动（怎么组织课堂中的网状互动）；

③ 资源生成（怎么进行资源的编织、重组和再造）；

④ 倾听（怎么倾听学生及培养学生的倾听能力）。

(3) 课后新基本功系列。

① 提炼（如何表达自己的教学思想和经验）；

② 重建（如何重建自己的课堂）。

以上这些新基本功是课堂变革研究下对教师的新要求，这些要求相对于传统课堂教学的组织来说，能真正体现出教师的专业发展要求。

3. "律动课堂"有助于学生形成学习的内生力

传统课堂的单线组织教学方式不需要太多的技术含量，对学生而言是机械的、刻板的，数学教学成了解题教学，学生没有乐趣，也没了兴趣。而"律动课堂"更具有关联性和结构性，能体现出一种很强的学习结构。数学知识的学习也是一种迁移的过程，所以奥苏伯尔认为，"为迁移而教"的实质是塑造学生良好的认知结构。教师可以从教学技术、教材内容及教材呈现三个方面来确保学生形成良好的认知结构，以利于知识的迁移。设计先行组织者，先行组织者是在学习新材料之前呈现给学生的一种引导性学习材料，它以通俗的言语概括说明将要学习的新材料与认知结构中原有知识的联系，为新知识的学习提供认知框架。先行组织者可以是一条定律、一个概念或一段概括性的说明文字，也可以是形象化的模型。这样,学习结构有了,学习的内生力也就有了。

学生在数学学习的过程中学会学习比掌握知识更重要。要使他们能适应信息化时代飞速发展与变化着的未来社会,唯有学会学习和学会思考。工欲善其事,必先利其器。我们的数学教学,必须在传授知识、促进儿童认知发展的同时,也注重培养儿童的方法策略意识,丰富其策略库,增强其学习策略的能力。

第四节　“律动课堂”的育人价值思考

一、价值观研究是课堂教学的基石

在教学变革实践中,学校的教师研究团队意识到学科教学的育人价值在教师的眼里是不清晰的,他们偏重知识点的作用,而非知识对学生的育人价值,没有从育人的角度思考知识、教学方法对于学生成长的价值。我们更多的是为了让学生会学习,会主动地学习,这与当前核心素养的培养要求是一致的。但如何正确处理这一核心要求与具体一节课的内在关系,如何让学生主动地掌握知识、发展数学能力、培养情操、训练数学思维?这些教学价值之间的内在关系又如何理解?

1. 三层次课堂教学价值观

叶澜教授提出了三层次的课堂教学价值观:第一层次是各学科共通层面上的价值观。即课堂教学要从单一传递教科书上呈现的现成知识,转为培养能在当代社会中实现主动、健康发展的一代新人。每个教师为教好书,需要先明白育什么人。将教学的价值指向与培养目标统一起来,把“教学”与“育人”统一起来。

这一层次让我们不由地想到当前我们教学的目标:立德树人。立:树立,德:德业,树立德业。《左传·襄公二十四年》中提道:“大上有立德,其次有立功,其次有立言,虽久不废,此之谓不朽。”孔颖达疏:“立德,谓创制垂法,博施济众,圣德立于上代,惠泽被于无穷。”《管子·权修》中提道:“一年之计,莫如树谷;十年之计,莫如树木;终身之计,莫如树人。”例如:“十年树木,百年树人”中的“树”表示培植,培养,比喻培养人才是长久之计,也表示培养人才很不容易。立德树人(自身)树立德业,给后代做榜样,培养人才。所以从教育的立德树人这个角度来看,教书育人永远是我们的价值导向之所在。

第二层次是具体学科教学价值观。叶澜教授说:“教师以学科为载体开展教学活动，只有一般层面的价值观重建还不足以落实育人的目标，因此我们拓展学科育人价值的要求。即任何一门学科的教学，都要认真分析本学科对于学生而言独特的发展价值，它除了指该学科领域所涉及的知识对学生的发展价值外，还应该包括丰富学生对我们现实世界的视角与认识；让他们对这个世界形成自己主动发展的意愿，提供不同的思维视角和思考的路径；发现一些数学学科所特有的思考乐趣，获得数学知识过程探索的体验与经历；发现数学学科独特的简洁美、抽象美和逻辑美等，只有这样，学生在数学教育的学习中才能获得发展，才能从数学课堂教学中获得素养的全面滋养，不断丰富和完善学习的人生，获得生命的成长。

第三层次是课程中某具体教学法内容的育人价值的发现。比如，在小学数学教学中，“数知识”的教学包括数概念、数运算、数量关系运用以及规律探究等内容，不同内容的育人价值侧重点也是有差别的，我们作为课堂的研究者，就要从不同的角度针对不同的内容研究其育人价值。特别是数运算的学习，对于学生的能力发展是很突出的，要求学生掌握数运算的基本方法；建立判断与选择的自觉意识；增强精准、快速思考的思维品质。而数规律的探索学习对学生发展的价值在于：形成发现和推论数学规律性的自觉性；形成主动探究数学问题的欲望，形成类比猜想和结构迁移的思维能力。可见，数运算学习和规律探究学习虽都对学生思维的发展有价值，但前者主要培养的是精准、快速的思维品质，而后者主要培养的是类比与推理的思维品质。

通过对三层次育人价值的思考，我们才能冲破传统经验与理念的“茧”。我们要学会如何给学生留下合理的思考时间和交流、合作的时间；学会充分发掘教材的资源、教师的资源和学生的资源，在课堂上生成新的资源。

2. 数学学科独特的育人价值观体现

对数学学科独特的价值和不同内容具体价值的开发，是小学数学“律动课堂”的价值追求。数学课堂教学是丰富而又多元的，只有灵动的、生长的数学课堂，才能使学生从中获得滋养。也许学生未来走入社会对数学的实际应用并不多，但在学习数学的过程中所经历的解决问题的过程，所形成的数学思想和数学思维是终身受益的。数学对于学生的发展价值，除了学习数学知识本身以外，还能使学生通过对数学知识的发现，了解数学与生活的关联，建构数学知识之间的网络，形成多维度发现问题的视角和进行推理和验证的意识。

在解决数学问题过程中，通过对数学知识探究的过程体验，产生丰富的体验和有价值的意义。通过从具象到抽象过程中独特的符号语言表达方法，学会抽象地思考和数学关联学习的方法，形成准确的推理表达方法。特别是对数学内在的结构关系和规律的探究学习中，“律动课堂”的动态推进策略可以让学生产生主动探究的欲望，形成学习数学的内驱力。

在数学中还有一些事物数量的关系、数形关系及转换的不同路径和思维策略的选择，感悟渗透其中的数学方法与思想，建立判断与选择的自觉意识，形成基本的数学素养。通过数学特有的逻辑系统，把丰富的体验和认识转化为自身的逻辑推理能力，提升思维品质。经历前人发现和发明的再创造的过程，感受前人的智慧，把知识内在的价值转化为生命成长和发展的动力。

所以说，数学教学的价值不仅仅是数学知识本身的育人价值，更为重要的是数学教学可以提升学生的思维品质和数学素养，让学生学会用抽象的符号表达，提高数学语言表达的水平；帮助学生建立猜想发现和判断推理的自觉意识，形成主动学习和研究的心性，建构起一种使用数学眼光和数学思维方式的策略方法，实现数学教学与学生生命成长的双向转化和双向建构。

二、数学具体内容的育人价值分析

从数学学科具体内容来分析数学对于学生发展的教育价值。下面以数学课程标准的内容分类来分析四大领域的具体育人价值。

1. 数与代数领域的教育价值

小学阶段数与代数的课程内容主要包括整数、分数、小数和百分数及其有关运算，常见的量，数与运算的意义，数的基本运算，简单的数量关系的探索；负数和方程的初步了解；借助计算器进行复杂计算和探索数学问题；获得解决现实生活中简单问题的能力。

数与代数课程内容主要的教育价值可以从以下几个方面理解：

首先，让学生体会数学与现实生活的关联性，感受数学在生活中的价值，初步形成数学应用能力。其中整数、分数、小数、百分数及其四则运算，简易方程的求解等活动，都有助于学生学会有条理地思考，提高代数思维水平。对现实世界中的数量关系及其变化规律进行探索，有利于培养学生的创新精神和创造性思维能力。特别是正数与负数、精确与近似、已知与未知等概念中蕴含着对立统一的思想。对这些内容的学习有利于学生用辩证的观点认识现实世界。

其次，数与代数的学习将有助于小学生发展数感、符号感、估算意识，培养其把现实问题数学化的能力。在数与代数的学习中,数感的建立、形成与发展,对数学各个领域的学习都是十分重要的。同时,利用符号表示数量关系的方法,可以深刻揭示存在于一类问题中的共性和普遍性;代数式、表格、图像等多种表示手段,不仅为数学表示和交流提供了有效的途径,而且为解决问题提供了重要的策略;数学模型等思想有助于学生从数量关系的角度更准确、更清晰地认识、描述和把握现实世界,使学生具有良好的数学素质。

最后,小学阶段的数与代数的各项内容都是未来公民必备的重要基础素养,是今后学习数学的前提条件。学习和掌握这部分内容,可以帮助小学生从数量关系的角度更好地认识现实世界,更好地解决现实世界中的有关问题,初步感受数学思维的魅力。

2. 图形与几何领域的教育价值

第一,几何建模过程成为图形与几何教育价值的重要内容。数学建模是20世纪80年代以来国际数学教育发展的趋势之一,与其他数学内容相比,图形与几何以其自身的特点,在揭示数学模型如何从现实中产生,数学模型与现实之间的相互关系与内在联系,以及数学模型的意义等方面,具有其他数学内容不可替代的作用,这种直观、形象的作用更易于从现实情境中抽象出数学的概念、原理和方法。

第二,几何推理的教育价值进入数学的研究内容。几何学习自欧几里得将逻辑引入数学以后,将相对散点的图形与几何知识整理成较为严密的欧几里得公理体系,使几何与逻辑推理论证形成了关联。20世纪80年代,国际几何教育领域从主要要求纯粹的演绎证明转变为更多地强调从具体情景出发,或同时从前提和具体情境出发做出的合情推进,从过去单纯地体现几何的推理价值转向全面体现几何的多种教育价值——既有推理、论证价值,也有几何在发展学生空间观念方面的重要价值,特别是观察、操作、发现、探究、合情推理等方面的"过程性"的教育价值。

第三,图形与几何有助于各部分内容的综合。数学更多地强调直观和非形式化的内容与现实世界紧密联系的内容,强调学习者通过直接感知去理解和把握空间中的各类关系。计算机的进入使以往空间与图形知识的教与学的方式多元化,学生能深刻感受数学知识与计算机技术结合的魅力。

3. 统计与概率领域的教育价值

20世纪80年代以来,世界步入了信息时代,人们需要具备良好的信息意识。中小学课程中增加了数据处理的内容,培养学生数据意识。从生活实际来看，无论从国民生产总值到天气预报，还是从人口预测到股票投资，统计存在于国人生活的各个方面。因此，从小学阶段就开始学习统计与概念知识有助于学生用数学的眼光从现实世界复杂的信息中收集、整理出对我们解决问题有用的信息，学会分析数据，并根据信息做出判断与决策。数据本身是可量化，对人们把握事物的本质具有很强的说服力。在处理现实生活中的一些问题时，人们需要更多的是对数据的敏感度，是对数据的收集、整理、分析的能力，并能根据这些信息做出一定的决策，特别是一些社会调查、股市行情分析等，这些与统计都有着密不可分的关联。对于一些不确定的问题，我们常常要运用到统计的知识，从现实生活中收集数据，再进一步应用统计与概率的知识对收集来的数据进行分析，为最后的决策提供有力的依据，这正是统计与概率课程价值得以突显的意义所在。

学习统计与概率有助于培养学生的数据意识和数学思维。一方面，动手收集与整理数据是一个活动性很强的、充满挑战和乐趣的过程，学生从中可以获得积极的情感体验，提高对数学的理解水平，提高思维品质。另一方面，在学习统计与概率的过程中，会进一步应用数学中的问题来解决、计算、推理整数、分数、比值等知识，这起到了一个整体关联式复习的作用，提高了学生的解题能力。从最新的英国、美国、日本等国家的教材来看，统计与概率是中小学数学教学内容的重要组成部分，大多数教材都增加了一定的比例。

4. 综合与实践领域的教育价值

数学综合与实践是数学课程改革的重要突破。传统的课堂忽略了数学知识本身与现实生活的密切联系，对数学应用的处理总是有明显的人为编排的痕迹，空间与图形、数与代数都是以各自的学科体系以直线的结构方式发展，相互之间的关系没有关联起来，综合运用不够。学生强于知识、弱于应用，强于解题、弱于动手，创造力弱。而数学“综合与实践”课程增强了生活中的数学与课堂上的数学之间的联系，把图形与几何、数与代数以及统计与概率的内容交织在一起。这样的设计可以改变学生的学习方式，让学生在生活实践中获得一些数学研究的素材，使学生全面认识了解数学在生活中的重要意义。

荷兰数学家弗赖登塔尔认为，数学是关于客观世界的数学化过程，数学化就是数学地组织现实世界的过程，要使学生了解数学化的过程，就必须尽量在现实的、真实的情境中实践数学。建构主义学习理论也认为，儿童学习数学是建构自己的数学知识的活动，学习具有主动性、社会性和情境性,数学学习是学生生活中的数学知识的系统化的过程,是学生自主探索的过程。弗赖登塔尔将学生数学学习的过程称为再创造的过程,让学生在情境中探索知识,发现数学与实际问题的各种关系,让学生在观察、猜想、推理、验证、交流、反思等活动中体会数学知识产生、形成与发展的过程,并从中获得数学学习的积极情感体验,感受数学的力量。

社会的快速发展,需要更具创新精神和实践能力的人才,所以数学学习方式更提倡把知识放在情境中,放在实践中,放在问题中,让学生主动地探索、发现、体验和解决问题,从而培养学生获取新知识和利用知识创新的能力,这就是数学实践的时代教育意义。《新课程标准》强调分析解决实际问题的应用能力、形成科学精神和产生数学情感。开展数学实践教学的目的在于使学生经历数学、体验数学,了解数学的育人价值,培养学生学习数学的兴趣,树立学习数学的自信心,形成一种学习数学的自我效能感,养成尊重客观事实的态度和勇于创新的科学精神。

第二章　小学数学“律动课堂”的展开逻辑

第一节　“律动课堂”的价值观逻辑

一、儿童生命的主动成长是学科育人的首要价值

儿童的生长需要自有节律。李政涛教授在《教育常识》中这样写道：人的生长，意味着“需求”层次和品质的生长，“需要”本身的变化生成和过程，同时也就是人的生长过程，它们共同构成了“人的生长需求”，它是“因生长而带来的新需要”和“因需要变化而带来的新生长”之间的融合转化。

小学数学“律动课堂”首先要问的就是：本节课儿童的数学学习的需求有没有被激发出来？课堂的首要任务是满足儿童数学学习的需求。将一切回归教育学的原点，人的生长需要的产生和发展有自然的节律，不同阶段有不同的特点和不同的节点，这就是人的生长发展的关键点。

1. 顺应儿童生命成长的规律

生命就是成长的过程，在这漫长的过程中，孩子有自己身心发展的规律，就像植物一样，春天播种，夏天成长，秋天才能收获。每个阶段有其不同的特点，如果为了秋天能收回更大更好的果实而把植物的生长期提前，后果可想而知。教育不应强求，不能硬造，不能揠苗助长，应顺其自然。意大利教育家蒙台梭利说得好：“每个孩子的成长都有一定的程序，它在某个年龄段该领悟什么样的问题，其实是固定的，你没办法强求，人为地加以干涉只会毁了他。”

2. 研究儿童身心发展的规律

在孩子生命的发展过程中，无论其身体的发展和心理的发展，都表现出一种稳定的顺序。例如，孩子身体发展方面，就整体结构的发展而言，其顺序是头部首先得到发展，而后是躯干和四肢的发展，这也是为什么孩子越小，其头部在身高中比例越大的原因。在骨骼与肌肉的协调发展中，首先得到发展的是大骨骼与大肌肉，而后才是小骨骼与小肌肉群的发展与协调。所以，孩子行动能力的发展中，依照着翻身、坐、站、走和跑的顺

序，然后才有写字、绘画等精细动作出现。孩子的认知和思维能力的发展遵循着先具体后抽象的秩序。0～3岁是靠直观的动作思维来引导自己的活动，4岁则从动作思维向形象思维过渡，5～6岁开始向抽象逻辑思维过渡。如果孩子上小学较早，他的抽象思维还非常弱，那么学习以抽象逻辑思维为主的数学就费劲得多。在孩子身心发展过程中，所表现出的这种顺序是固定不变的。先前的发展变化是紧随其后的发展和变化的基础。这一顺序性特点决定孩子身心发展是一种连续的、不可逆转的过程。

皮亚杰语："一切理智的原料并不是所有年龄阶段的儿童都能吸收的，我们应该考虑到每个年龄阶段的特殊兴趣和需要。"这是对儿童生长节律的认同，教育必须尊重这一基本方式，对生长节律认真地理解和研究，勾勒基于儿童成长需要的阶段性发展路线作为课堂教学行为的依据，让每一节课都有"长"的感觉，也就是提升儿童的思维生长水平。

3. 科学把握儿童发展的阶段性

阶段性是指在孩子发展的连续过程中，在不同年龄阶段会表现出某些稳定的、共同的典型特点。这些特点无论从表现方式上、发展速度上，还是发展的结构方面，与其他阶段相比较，都会具有不同的特征。这种情况被称为孩子发展的年龄特征。例如，在学龄前的幼儿阶段，孩子认识事物的能力，主要的特点是易于形成与实物相对应的、单个的概念，而到了童年时期，儿童的认识能力已发展到了可以了解和掌握事物间联系的程度，但是这种联系的建立在一定程度上还要依赖于具体事物的帮助。只有到了青年时期，人的认识能力才开始以抽象概念为基础，逻辑思维才成为人的认识能力的根本性特点。

正因为人的身心发展是一个连续不断的过程，是一个从较低水平向较高水平连续有序发展的。所以，教育应该由浅入深、循序渐进地进行。无论是知识的掌握和道德水平的发展以及身体的锻炼，都应注意系统性和连贯性。

孩子对世界知之不多，周围的一切对他来说都是新鲜的。孩子是一个"小小的哥伦布"，每天都在发现"新大陆"。对于外部世界，孩子天生好奇，天然地具有探索世界的渴望。因此，启发孩子的好奇心，激发孩子不断探索世界的热情，激发孩子不断提出新问题，应该是科学教育的重要目标之一。陶行知先生告诉我们，要顺应孩子的天性，解放孩子的思想，解放孩子的心灵，让他们自由地想象；解放孩子的眼睛，让他们尽情地看；解放孩子的耳朵，让他们尽情地听；解放孩子的手，让他们不断动手，锻炼实践能力。不学惠子做庄子，要顺应孩子身心发展的客观规律，让孩子健康、快乐地成长。

二、遵循数学知识的学习规律是课堂教学的核心

说到数学知识的学习规律，首先要谈一谈何为“学习”。广义的学习称为经验的获得过程，是指人和动物在生活过程中，通过活动或练习获得个体行为的变化过程，是动物和人类生存的一种功能和普遍现象。狭义的学习称为个体行为经验的获得过程，专指在教育环境中的学习，是受教育者在教师的指导下按照教学目标，遵循教育规律，有计划、有组织地系统学习。就受教育者而言，学习是在一定情境下掌握知识和技能行为及其情感、态度的过程。学习导致的态度和行为的变化，可能是外显的也可能是内隐的。外显性学习的特点是具有随意性、需消耗心神、心理资源有限等，内隐性学习的特点是不具有随意性、无须耗费心神、心理资源无限等。这两种学习技能是人脑的整体功能，在技能学习中相互协同，在一定条件下可以相互转化。

下面介绍学习的特点和分类。人类学习的特点主要有：第一，学习是自觉的、有目的的、有计划的、积极主动的过程；第二，学习是掌握前人的间接经验；第三，学习是两种信号系统协同活动的过程，其活动过程较为复杂。关于学习的分类，国内外学者的划分角度各异，特点不同。布鲁姆从教学目标（即学习结果）出发将学习分为认知、情绪和情感三类，每一类又分为若干层次。加涅根据产生学习的情境将学习分为经典条件反射、操作性的条件反射、连锁学习、词语联想学习、辨别学习、原理学习和解决问题等，甚至排列成一个顺序，并认为低级学习要向高级学习发展，而高级学习要以低级学习为基础。奥苏伯尔根据学习进行的方式将学习分为接受学习与发现学习；根据学习的内容又将学习分为机械学习和有意义的学习。索里与特尔福德根据学习的情况和学习本身的繁简，提出了经典性条件作用或简单联想学习、工具性条件作用和常识错误学习、模仿性学习、顿悟性学习和含有推理的学习五种学习类型。

1. 数学对“学习”的常见观点

关于数学学习有哪些观点呢？结合对“学习”的思考，下面以弗赖登塔尔的主要数学教育观点重点阐述。

弗赖登塔尔认为数学教育应当从学生熟悉的现实生活开始和结束。根据他的观点，数学教育应当从学生熟悉的现实生活开始，沿着数学发现过程中人类的活动轨迹，从生活中的问题到数学问题，从具体问题到抽象概念，从特殊关系到一般规则，逐步通过学生自己的发现去学习数学、获取知识。得到抽象化的数学知识之后，再及时把它们应用到新的现实问题中去。

他认为数学在本质上是一项人类活动，让学生重复人类数学发现的过程。学生具有潜在的发现能力，他们本身的思维和行为方式已经具备了某种教师甚至研究人员的特征，在他们身上实现重复人类数学发现的活动是可能的。数学教育就应当发展这种潜能，使已经存在于学生头脑中的那些非正规的数学知识和数学思维上升发展为科学的结论，实现数学的“再发现”。数学教育应当引导学生重复人类数学发现的过程，实现数学再发现再创造的教育。

弗赖登塔尔认为：“数学是系统化了的常识。这些常识是可靠的，不像某些物理现象会把人引入歧途”，而常识并不等于数学，“常识要成为数学，它必须经过提炼和组织，而凝聚成一定的法则，这些法则在高一层里又成为常识，再一次被提炼、组织……如此不断地螺旋上升，以至于无穷”。

他反复强调：学习数学的唯一正确方法是实行“再创造”，也就是由学生本人把要学的东西自己去发现或创造出来。教师的任务是引导和帮助学生去进行这种再创造的工作，而不是把现成的知识灌输给学生。“再创造”要求教师为学生提供自由创造的广阔天地，让学生发挥想象力，让学生的各种思维、各种方法自由发展，对于反思不做任何限制，不对学生的数学化过程预设障碍和圈套。这种再创造理论的合理之处有它显而易见的教育学依据：其一，学生通过自身活动所获得的智能，远比被动接受教师传授来得透彻而扎实，而且源于现实，也易于用之于现实；其二，再创造是一种发现，能激发学生的学习兴趣，以及深入追求探索的内在动力；其三，通过再创造，能够使学生体会到数学也是人类的一种活动。

小学生的数学学习是学生自己的活动过程（建构主义），它强调学习数学是一个经验、理解和反思的过程，强调以学生为主体的学习活动对学生理解数学的重要性，“做数学”一词可以很好地阐释这一理论。做数学是学生理解数学的重要条件，其理论基础是建构主义的理论。建构主义学说认为，虽然学生要学的数学都是已知的知识，但对学生来说仍是未知的，需要每个人再现类似的创造过程来形成。学生学习数学的过程不是学生被动地吸收课本上的现成结论，而是一个学生亲自参与的丰富、生动的思维活动，是一个实践和创新的过程。具体地说，学生从“数学现实”出发，在教师的帮助下自己动手、动脑做数学，用观察、模仿、实验、猜想等手段收集材料，获得体验，并作类比、分析、归纳，渐渐达到数学化、严格化和形式化。这是学生自己的活动过程。

2. 数学学习是获取数学知识、形成数学技能的一种思维活动

数学学习对培养学生的思维能力，尤其是创新意识是不言而喻的。从这个意义上讲，那些死记硬背、反复而无意义的操练都不能算作真正的数学学习。换句话说，数学学习如果没有学生自己的主动内化（即思考），其学习效果等于零。

小学生的数学思维是在直观思维的基础上，由具体形象思维向抽象逻辑思维过渡的阶段。小学生的数学思维是逐步发展的，低年级更多的是具体形象思维；随着年龄的增长，知识的积累，到了中年级，具体形象思维逐步减少，而抽象逻辑成分逐步增多；但是，即使这样，到了高年级，学生仍然不能像成人那样完全依托抽象的数学概念进行思维，他们往往还要以具体的表象作为认知的支柱。小学生数学思维的发展过程不是单纯的一加一减的关系。在数学学习的过程中，形象思维、初步的逻辑思维，乃至直觉思维往往是相互补充的。

3. 关注儿童的认知规律

（1）记忆特点。

根据小学生的年龄、智力发展水平，他们的认识水平基本上停留在感性认识阶段，没有完全形成对记忆材料进行较为系统的分析、加工、归纳能力，在心理机制上没有形成或没有完全形成与意义识记相适应的认知结构，为了应付考试而被迫采用死记硬背为主的方法识记概念，记忆方法是处于机械记忆为主向意义记忆过渡时期。

（2）思维特点。

小学生思维活跃，敢于展现自己的思维过程和结果。他们对抽象的新概念的理解基本上依赖于感性直观材料，判断常带有具体性和片面性，但整体来看，思维是处于具体思维为主向抽象思维过渡时期。

（3）注意特点。

在生动有趣的课上，在争论富有吸引力的问题时，学生会觉得时间过得很快，这说明他们已经有了有意注意，即在思维活动开始后不再需要意志的努力，就可以不受外界干扰而进行积极主动的思维了，这就发展到有意注意为主的时期。当然，小学生好动，思维持久性差，也就是小学生的听讲是断断续续进行的，学生的注意力易受情感的影响，易以个人的兴趣转移，这说明学生有意注意处于不稳定状态。因此在教学中我们应采用多种形式、方法来引起学生的注意。

（4）语言特点。

虽然小学生的生活语言较丰富，但他们的数学语言是很不丰富的，特

别是他们思维的随意性和片面性，会造成语言表达的不准确、不科学，进而影响对概念的理解和掌握。

三、“律动课堂”的核心素养价值内涵

我们把正确的价值观、科学（先进）的思维方式和优秀（良好）的品格（品性）看成是学生的三大核心素养。

价值观是一个人心灵的风向标（管“心”的）。一个人首先应该对什么是有价值的，什么是有意义的、好的、对的，什么东西是值得追求的、坚守的、效仿的，有正确的基本认识和判断，这是为人之根本（是人的观念系统的“根目录”，其他观念都是“子目录”），学校教育若不在这上面扎根，就会迷失方向，人的素养就会有根本的缺陷。

思维方式是一个人脑力劳动（认识活动）的武器（媒介）（管“脑”的），它是由思维方向、思维品质、思维方法和思维能力等构成的综合体。科学的思维方式决定一个人脑力劳动的水平和质量。学校教育教学不能只在知识点和能力点、知识和能力的细节上做文章，而是要在引导和启迪学生学会正确的思维上下功夫。

品格是一个人的行为（广义）表现和形象（管“行”的）。它是一个人素养的直接反映。价值观和思维方式是内隐的，那么品格则是外显的。一个人言行粗俗、举止不端、品性不良，缺乏基本的礼貌、礼节、涵养、教养，其他一切又有什么意义呢？

这三大核心素养是学生整体素养的三根支柱。因此“律动课堂”确定价值引领、思维启迪、品格塑造是学校和教师的三大核心任务。

1．价值引领（正确价值观的培养）

价值引领的目的是培养学生正确的价值观。从学校教育的角度讲，价值观是关于如何做人做事的观念、准则、规范，它是一个人信念、信仰、理想的基石（内核），决定一个人的精神品性。教师在教学中对学生进行价值观引导必须做好以下两点。

第一，要着力提高自身的价值判断能力。在价值多元和社会实践日趋复杂的今天，要引领学生做出理性的、正当的、合适的价值选择和判断不是一件容易的事。教育教学中如果缺乏理性的观念，缺乏价值判断的基本能力，价值引领可能沦为一种盲从，会失去正确方向，甚至陷入“非价值”或“反价值”的误区。所以，教师要全面正确地理解各种价值并拥有价值判断的能力。教师本人对做人、做事推崇什么样的价值观都外显或内隐地影响着学生价值观的形成。价值引领，从“正面”的角度讲，就是价值引导，直接引导学生接受社会认可的主流价值观；从“侧面”的角度讲，就是价值澄清，即对学生不正确、片面的价值观进行澄清。

第二，要结合学科教学有机地进行价值引领。学校里的各门学科知识都是学生建立价值观、人生观、世界观的基础，不同学科中蕴含着具体丰富、不尽相同的价值内容及形态。学科教学内容按照蕴含价值目标的程度可分为三大类：一类是含有显性价值目标的教学内容，即教材通过文字材料直接体现出价值目标；另一类是内隐价值目标的教学内容，这类内容主要反映客观事实和规律，似乎不含价值因素，但在反映客观现实、揭示客观规律的过程中同样蕴含着价值目标，这就要求教师善于发现教学内容背后的价值因素，把教学内容中内隐的价值因素挖掘出来，形成价值目标；还有一类教学内容，本身并未隐含价值目标，对这一类内容的教授，如果教师具有价值教育的意识与能力，可以通过师生交往、教学组织形式等方式在行动中达成价值目标。

小学数学中讲时间和讲时、分、秒。我们通常会觉得时间是最无情、最客观的。但数学中讲的时间不是时间本身，而是计时的单位和方式，是人类发明的一种计量方式。如果我们在数学教学中只讲 1 小时等于 60 分钟，1 分钟等于 60 秒，要求孩子识记这样的换算公式，认识钟表上的时间，这只是在时间概念的表层开展教学。如果进一步在课堂上引导学生去感觉：1 分钟有多长？60 秒可以做哪些事？唱一首歌要用几分钟？上一层楼的台阶要几分钟？从家到学校要几分钟？那么，学生所学的时间概念就会成为生活中的一个尺度，可以用来计量自己的生活，帮助自己安排生活内容。如此，这个数学知识就成了日常生活中的管理性要素，不仅学习了时间的数学知识，也有了时间的生活感甚至生命感。这样的数学教学，就起到了规范生活甚至生命意义的作用，因而具有了价值的意义。

2. 思维启迪(科学思维方式的培养)

从认识论的角度分析，可以把思维方式看作人的认识定势和认识运行模式的总和；从个体的角度分析，思维方式是个体思维层次(深度)、结构(类型)、方向(思路)的综合表现，是一个人认知素质的核心。美国教育学家克罗韦尔指出：“教育面临的最大挑战，不是技术，不是资源，不是责任感，而是去发现新的思维方法。”

生命是一种开放性、生成性的存在，人的思维也应该具有开放性、生成性的特点。这是人的能力不断发展的内在机制。思维一旦模式化、格式化，就不可能有创新，能力发展也将停止。学校和教师要将学生科学思维方式的培养提升到奠基学生能力基础、关乎学生人生长远发展的高度来认识。当前，我们要从以下两个维度着力：第一，从客观性、科学性的角度来讲,要注重科学精神和客观性思维能力的培养,即培养学生学会用事实、实证、逻辑、推理和论证进行思维的能力。以《论语》中的“勿意、勿必、勿固、勿我”要求自己。“勿意”是指做事不能凭空猜测、主观臆断,一切应以事实为依据。“勿必”是指对事物不能绝对肯定或否定,要有辩证思维。“勿固”就是不能拘泥、固执。“勿我”就是不要自以为是。第二,从主观性、主体性的角度来讲,要注重对学生批判精神和质疑能力的培养,即培养学生独立、独特、个性、新颖的思维和想象能力。

3. 品格塑造(优秀、良好品格的培养)

有一名记者采访一位诺贝尔奖获得者,问:“您在哪所大学学到了您认为最重要的东西?”那位诺贝尔奖获得者平静地回答:“在幼儿园。”记者接着问:“您在幼儿园学到了什么呢?”诺贝尔奖获得者说:“学到把自己的东西分一半给小伙伴;不是自己的东西不要拿;东西要放整齐;饭前便后要洗手;要诚实,不撒谎;打扰了别人要道歉;做错了事要改正;大自然很美,要仔细观察大自然。我一直是按幼儿园老师教的去做的。”这就告诉我们两点:一是良好的品行和习惯是一个人事业成功的基本条件,二是小时候受到的教育对人的终身发展作用非常大。我认为,这两点是学校和家庭教育特别要重视的。孩子品格形成的关键期在少儿时期,少儿时期忽视甚至放弃对孩子的品格教育,必然给孩子留下隐患甚至危险。

有专家指出,衡量一个人是否是“受过教育的人”的根本标准,不在知识,而在美德,除了各种良好的行为习惯,还包括那些更具有道德意味的品德,如仁慈、公正、诚实、宽容、讲信用等。

值得强调的是,品格只能由品格来塑造,人格只能由人格来培养,要求学生做到的教师必须先做到。教师的劳动有特殊性,在引导学生认识周围世界的同时,自己也作为周围世界的一个重要成分(活的形象)出现在学生面前,参与到学生的认识过程之中。这是因为教学不仅是知识的输出,也是教师内心世界的展现,教师在教学过程中自然流露的思想、品德、风貌、学识、才能、作风、言谈举止、待人接物无不潜移默化地影响、感染和熏陶学生的心灵。学生有向师性,从幼儿园儿童到大学生都有模仿教师的倾向。所以,无论教师是否意识到这一点,事实上教师的言谈举止、为人处世都被学生视为榜样,被学生竭力模仿。

总之,素养导向的教学要求教师:首先要具有积极的生命情态,做心地善良、有情有爱、充满生命活力的人,对社会肩担道义,对工作爱岗敬业,对生活乐观向上,对困难愈挫愈勇,对他人团结合作,对自我勤奋进取;其次要具有强烈的育人情怀,教书育人是教师的天职,教书是途径、是手段，育人是目的、是根本。

第二节　“律动课堂”的展开逻辑

纵观课堂教学过程的结构，我们对“律动课堂”的过程结构展开逻辑加以研究：“律动课堂”共通层面的展开逻辑、“律动课堂”总体层面的展开逻辑以及“律动课堂”具体层面不同内容及不同课型结构的特殊的展开逻辑，简单来说也就是共同的推进流程系统以及变式的针对不同课型的流程系统。

一、“律动课堂”过程展开逻辑

共通层面的展开逻辑，是教师一般的操作形态，也可以从各学科共有的一般意义来思考，特别是针对当前的核心素养，应该说“核心素养”本身就是一个各学科共通的价值追求和育人方向，所以放到数学课堂中还需要找准数学学科的特质，具化“核心素养”在学科课堂教学中的实践。一切价值的实现都要求课堂教学要形成开放的、互动的学习空间，基于此，从师生交往互动的角度来看，我们把小学数学“律动课堂”的一般展开逻辑设计为“关联开放—互动探究—融合拓展”三个步骤，这三个步骤之间相对有区别，但是在内部又有层次性的关联。其中“关联开放”是过程展开的前提条件，只有关联开放后才有学生开放探究的空间生成；“互动探究”是过程中师与生思想交流和思维碰撞的空间过程，得以实现过程互动，并具有对课堂动态发展的推动力；“融合拓展”是过程推进中具有提升意义的必然结果，是学生思维生长、获得多维度发散的空间延伸。

它们的内在关系与逻辑可概括为如图 2-2-1 所示的流程：

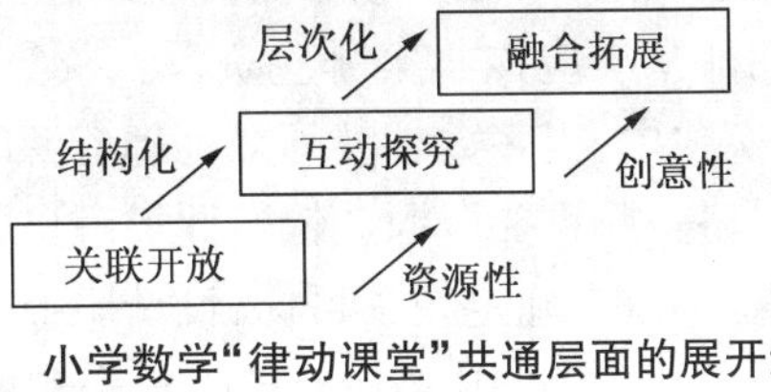

图 2-2-1　小学数学“律动课堂”共通层面的展开逻辑图

二、展开逻辑结构的主要特征

1. 关联开放

“关联开放”是指教师在确定了教学目标的前提下，在课始，基于学生的认知经验起点或者知识的逻辑结构特点，设置指向目标的开放性问题，从而横向打通学生的认知结构，激活学生的生活和知识经验，让每一位学生都能参与到课堂活动中来，体验发现问题、探索问题的乐趣。"关联开放"规定了课堂教学的开放不是无目的的开放，而是为了通过关联将开放的内容和学生的认知起点融合起来，形成新知识的探究空间。教师要改变以往一小点一小点的连续问答的方式，不再为创设花哨的情境而费力，更不是对一些活动方式的创新，而是要充分开发和利用多种资源促进学生数学思考得以真实地发生，让学生从原来的认知起点经历了探究过程后，体验和经历知识发生发展的过程，深刻理解知识、思维水平有层次性的提升。

"关联开放"是面向每一位学生的开放。"关联"是知识与经验的关联，"开放"除了大问题的引入开放外，还要充分开发和利用各种因素，促进学生合作学习，不仅仅是让一些好学生配合课堂的进程，或是通过几个学生的回答拼成的完整答案，而是以关联开放的问题为教学的推动力，展现学生真实思维的活动过程，适时地帮助学生克服过程中遇到的困难，纠正思维偏差和认知错觉。在"关联开放"这一展开环节中，一定要关注课开启时的结构化和资源性。

所谓课开启时的"结构化"，是指在引入起点时一方面要与学生的生活经验的结构相关联，另一方面要与知识的逻辑结构相关联。特别是与知识的逻辑相关联的时候，要注意让学生回顾以往的知识学习过程，这不仅仅是前一课时或单元的知识，而是要上升到对教材的知识点的串联结构的思考。有了对前续知识的学习结构思考，才会生成新知识的思考空间。

而资源性是指要利用好关联开放的引入过程，对开放生成的资源进行有效的收集。关联开放的目的是为了形成学习的新资源。在"律动课堂"的关联开放过程中，教师一定要做好资源生成过程的处理。面对多种资源的出现，教师在课堂里应该收集哪些资源？收集上来的资源又该如何处理呢？在课堂实践中，很多数学教师在处理资源时带有盲目性，缺乏层次性；有的甚至忽略一些重要资源。针对此类现象，教师有必要在课前对教材、学生进行重点分析，确定教学目标，设计服务于目标的大板块，更重要的是在"律动课堂"的推进中要有现场收集资源的能力，要有现场分析各种层次思维的方法，要分层次展示资源、处理资源。

关联开放的过程是"律动课堂"展开的首要环节，所以对教师前续对学生学情分析以及教材分析的要求极高，这也是教学的新基本功的首练之功，只有在关联思考中才能顺应学生发展的需求，才能找准知识的逻辑生成点。在此过程中的开放也是“律动课堂”的资源生成之根，这种开放不是以往教师认为的开放题。一般凡是具有完备的条件和固定的答案的习题，我们称为封闭题；有多种正确答案，结果是开放的问题称为开放题。这类问题给予学生以自己喜欢的方式解答问题的机会，在解题过程中，学生可以把自己的知识、技能以各种方式结合，去发现新的思想方法。而“关联开放”在思考上更多的是关注师生双向的开放，不仅仅是学生一方面的开放，更多的是师生双向积极有效的互动。当教师精心设计开放的大问题时，注意是大问题而不是开放题，学生就有机会，而且是每一位学生都有机会投入到问题的思考与解决的过程中，在自己思维的能力基础上，调用原有的知识基础或者生活经验，直面问题，能在不同思维层次上去挑战。学生对问题思考的需求感就会产生学习的内驱力，学生就会主动投入探索问题的过程中，因此，“律动课堂”的目标是让每个学生积极主动地参与课堂，与教师形成有效互动，形成思维涌动的原动力。

2. 互动探究

“互动探究”是在“关联开放”基本完成后的下一环，也可以在“关联开放”的过程中有机地穿插进行。在开放后的资源处理中，教师不断激活学生的思维，促使学生生成新的、具有情境和针对性的发展需要。通过不断地生成，形成对知识深层次的需求，发展和提升学生的思维水平，形成结构化的思维方式，将教学活动过程向纵深处推进，使“律动课堂”的教学过程真正成为师生共同参与的互动过程，有利于学生自主发现和解决问题，有利于学生自主和可持续地学习，有利于学生对学习保持积极性和热情。

对教师而言，课堂的互动生成是一个极大的挑战，面对现场突如其来的大量的资源，如何进行迅速捕捉、选择、利用、重组并形成有效的探究力，这需要一定的策略。

(1) 第一种策略是从点状到整体互动。

教师教学的内容会点状地分布在教学的环节中，学生的探究也会形成单线的探究路径，这时教师要恰当地回到整体，用综合的方式形成互动的整体感。

如教倍数问题时，举例：小红有 21 本本子，小明的本数是小红的 3 倍，问两人一共有多少本？

这节课中教师特别想让学生体会用先求倍数和的方法，再求一共的本数，但是多数学生还是用常规思维：$21\times3=63$(本)，$63+21=84$(本)。从学生的思维发展来看，求总数的常用数量关系是：小红的本数 + 小明的本数=一共的本数，而先求倍数和再求“每份数×份数=总数”的方法是反常规思维的。如何能激起学生的需求？我们不妨将数据扩大化，如把上题改成：人民小学有科技书286本，文艺书的本数是科技书的3倍，两种书一共有多少本？学生在比较繁杂的计算中便有选择286×4直接计算总数的思维方法。这就是一种体悟，在麻烦中体会简便，麻烦的过程是一个不可缺少的过程经历，教师选择数据是很有艺术的，在数据的设难中让学生感受其麻烦，从而学生才会有对简便的需求。

（2）第二种策略是从浅层互动到深层探究。

浅层互动是教学的问题之一，课堂表现是教师面对学生的资源反应不及时，捕捉不到位，没有进一步进行深层的处理，或者总想着教案，急于走到下一个环节。

例如，在两位数乘两位数的教学中，有一些现象会让教师不解，第一个困惑就是两位数乘两位数的竖式计算格式是教师直接教还是让学生生成；第二个困惑是乘数末尾有0的两位数乘两位数简便列式时，总有一些学生在计算中把0给丢了，如果用常规方法反而不会漏。

这两个问题摆在我们面前，我想更多的是要读懂学生的需求，了解学生知识技能的形成规律。笔者认为，经历过程才能使知识内化为学生的思维，才能让学生真正体会到数学思维中转化的思想。如何将复杂的过程变简单，这种化繁为简的方法是数学的重要思想，也是许多知识为什么要抽象表达的原因。

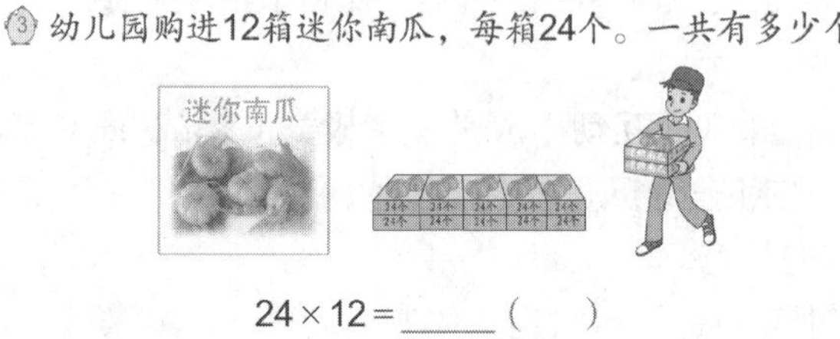

图 2-2-2　举实例

如图2-2-2所示，当24×12的算式出现时，教师要让学生自主解决问题，这时主要会出现以下两种解法：

方法一　24×10=240，24×2=48，240+48=288。

方法二　24×2=48，48×6=288。

大多学生是用第一种方法解决。因受分拆乘数的思想影响，也有个别学生把12分成几乘几来思考。

结合方法一，让学生尝试用竖式表达，学生出现的情况主要有以下几种：

情况一　把 24×12 分成三个竖式来写，即 24×10 的竖式、24×2 的竖式，最后来一个 240+48 的竖式。

情况二　接着原来 24×2 的方法向下写。

本着让学生经历全过程的思想，我们让同学们比较列三个竖式和一个竖式叠起来之间的关联，如图 2-2-3 所示。

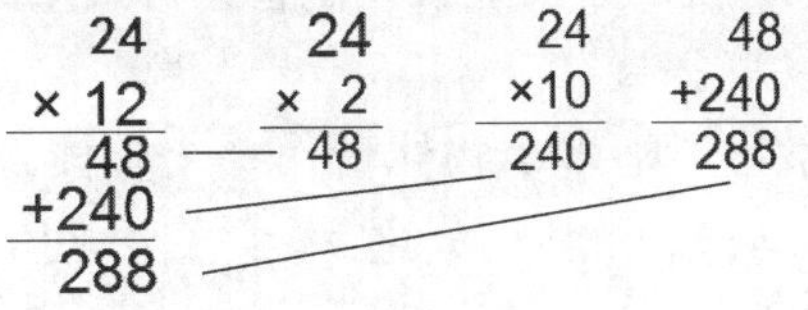

图 2-2-3　关联

这样关联后，我并不急着让他们用左边的竖式计算，而是让他们用自己选择的方法又做了两题，比较之后，学生都感到左边的方法更为简便。

在让学生用左边竖式做了两题后，我又提出了一个推进性的问题：“能不能把左边的竖式再简化一些？”学生小组交流。最后得出共识：+号能省略，两次乘积相加，个位几加 0 还得几，所以那个 0 也可以省略。

学生正是有了这种慢的过程经历，才能真正把原有的思维方法有效地链接到最后简化的两位数乘两位数的竖式里。

(3) 第三种策略是从单一互动到多维互动。

数学学科丰富的育人价值决定了每一节数学课堂教学都应具有多维性。教师的课堂教学组织要充分体现数学学科的育人价值和学生成长需求。多维的表现形式主要是思维方式的多维，如视角的多维、方法的多维等。让学生在多维的互动探究中，形成强烈的问题研究意识，提出自己的研究结论，改变学生对书本、教师和权威的迷信和盲从，形成思辨精神，不能把习惯性数学知识的认定就直接接受为结论。要把这种思辨精神形成互动的探究力，将课堂编织成真正的知识探究空间。

语文特级教师武凤霞这样说道：“在充满生长律动的课堂上，学习气氛不一定热烈，但要深沉，学生不能在文字中浮光掠影，要在思索中前行；不是在言说别人的思想，一定是在表达自己的心声。看一看，能感受到躬身前行的姿态，听一听，能体悟到生命拔节的声音。”

3. 融合拓展

在“融合拓展”这一环节，重点是将前续的课堂教学知识进行深层次的思维拓展。从教学的全过程来看，从资源生成到过程生成再到融合拓展,是教学过程的推进与提升。在这一环节中,教师的视线要集中在两个关键词上:融合与转化。融合是指学生把新知识与以往的知识体系进行对比和关联,而转化则是指学生能否根据之前的结构体系新生出可拓展的知识。

下面以小学数学三年级下册"认识分数(二)"的教学为例。

在教学完"把多个物体看作一个整体平均分成若干份,其中的一份是这个整体的几分之一"后不是马上就让学生进行大量的练习巩固,而是进行前后知识的融合关联拓展。

师:刚才我们学习了把多个物体看作一个整体,回顾上学期我们把一个物体或图形平均分,认识几分之一,它们之间有什么相同点和不同点?

让学生分组进行交流。

提出这个问题的意图是把学生的思维引入到对前后知识的关联中,学生会有意识地去对比前后知识的相同点和不同点。认识到都是把一个整体平均分,部分与整体的关系用分数来表达。所不同的是这个整体可以是一个也可以是多个。把前后知识关联到部分与整体的关系上去。

师:认识了分数,再思考一下,它与整数之间有什么不同点?

提出这个问题的意图是进一步让学生的思维再次关联到整个数的体系中去,通过整数与分数的对比,理解分数相较整数是不整的数,同时当把多个物体看作一个整体时,所表达的是部分与整体的关系而不是物体的数量。

通过这样两个问题的关联与对比,把学生的思维一步一步提升,形成鲜明的层次性。

以上三个步骤层层推进,每个环节是步步推进延伸,带来了课堂律动的生长感,让课堂充满了生长的气息。教师课前要思考三个问题:其一,要思考本节数学课我们要挑战什么,只有具有挑战的内容,才能让学生生长,合理适度的挑战有助于学生产生学习的兴趣与需求;其二,要思考本节课要突破什么,借助数学课堂的教学,师与生的互动对话,帮助学生突破学习上的难点与障碍点,凭借这样的突破,把难点与障碍点变成学生的生长点与发展点;最后,要思考这节课要提升什么。通过这节课的教学,怎样才能使学生在原有的基础水平上有新的变化与发展,形成新的提升。这三个问题是我们"律动课堂"的节点动态推进的关键,找准课堂的挑战点、突破点和提升点,是课堂律动生长的关键,在此关键处教师加以助推,才能让课堂充满成长气息,让师与生在其中实现同生共长。

第三节　“律动课堂”的教学逻辑

课堂基于学生，为了学生。教师，重在对学生的认识与发现。教师不仅要看到群体中的学生，还要看到每一个人，这就是经常说的要“目中有人”，这里的人指每一个学生，要考虑学生的个体学习需求，了解学生的学情，分析学生的个性差异。同时这里的人也包括我们教师本身，我们的推动力和思维力直接关系到学生在课堂中学习的节奏。课堂是学生学会学习的地方。教师要关注学生是怎样学习的。我们从“律动课堂”的研究开始尝试，从实然走向应然。

一、“律动课堂”律动曲线分析

小学数学“律动课堂”主要从认知起点、过程互动、思维生长三个方面进行课堂教学推进。如图 2-3-1 所示为小学数学“律动课堂”教学律动结构图：

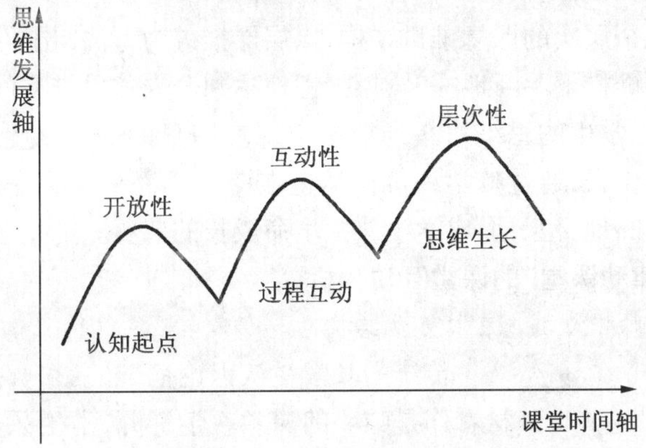

图 2-3-1　小学数学“律动课堂”教学律动结构图

1. 认知起点

课始要从两方面入手：一是以学生的经验作为课的起点，这就要求教师课前要了解学生，要进行适当的学情调查，分析学生学习的经验起点，思考这节课的内容对学生有什么挑战，因为挑战才能激发学生的学习需求；二是把知识的逻辑作为课的起点，这就要求教师能解读教材，把握教学知识内容的整体结构，在新旧知识的链结点上找准切入口，形成新的问题情境，引发学生的问题思考，产生知识的矛盾冲突，学生在这种问题情境和矛盾冲突中产生主动探究的动力。教师在备课时，要对教学过程的多样性有深层的策划，要考虑如何把有价值的研究内容呈现给学生，把课堂内容形成网状结构，而不是线状结构。

2. 过程互动

对比单线的过程流程，"律动课堂"更注重的是通过教学形成全面的互动空间。首先我们要认识到，教与学不是单向的教学指向，它是一个复杂的生态系统。教师要注重进行结构化的设计，让知识结构和方法结构外显，内化到学生的实践运用中，教师在课堂的关键点上要积极助推，从而层层推进。

3. 思维生长

这节课上完，你的学生思维"长"了没有？知识深入了没有？这是小学数学"律动课堂"的教师要多思考的问题。课堂教学是教师职业生活中的基本构成元素，直接影响着教师的专业发展和人生价值的体现。对学生而言，课堂教学更是其学校生活的基本构成，它的质量直接影响学生当前乃至未来的发展与成长。"数学是思维的体操"，数学课堂若不把思维生长放到关键位置，是不符合学科性质的。

以上三个层次的课堂推进结构，以层层推进为方法，让学生的思维水平在教师的助推下不断地提升，再弹性地达到个人的思维空间，再一层一层地助推，让学生的思维水平通过一节课有明显的"长"的感觉，不仅是教师感受着生长，通过教学评价让学生在课的过程中也感受到思维的发展。这样不断地交互，形成学生课堂生命成长的节奏。

二、"律动课堂"的课堂互动分析

1. "教师中心式"课堂交互结构

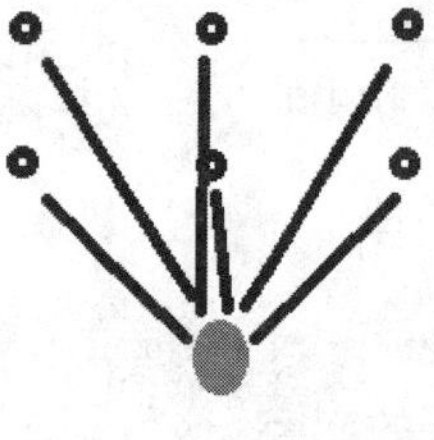

图 2-3-2 "教师中心式"课堂交互结构

传统的教学受认识论框架的影响，把教师和教材看作是唯一的课堂教学资源，学生只是被动的知识接受者，形成以教师为中心的结构，如图 2-3-2 所示。

在此结构中可以看到，大多是教师与学生的单线教学交互，教师采用的是中心控制的方式，把学生纳入课堂教学之中，这种互动形式的优点是教师可以高效率地传递知识，在最短的时间内将大量的信息呈现给学生；不足是教师为快速推进教学，不顾全班学生的接受水平，寻求反应好、基础好的学生作为对话的对象，以优秀学生的水平作为推进课堂的依据，从而人为地拉大学生之间的学业水平。

2.“学生中心式”课堂交互结构

相较于传统的教师中心结构，现在大多主张以学生为中心，在课堂中开展小组教学，让学生在课堂中有充分的时间进行互动交流，扩大课堂学习中学生的参与度。

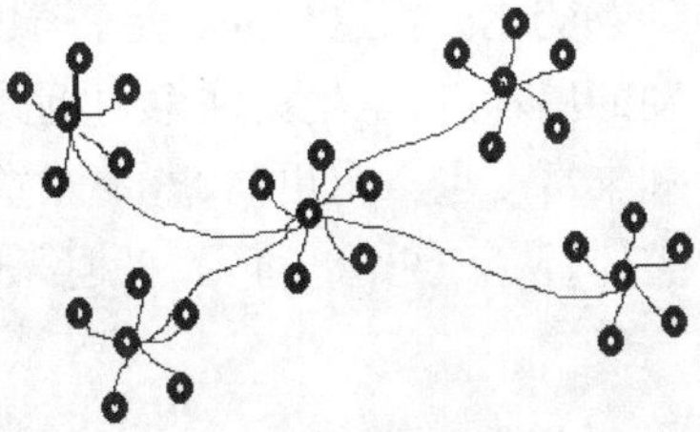

图 2-3-3 “学生中心式”课堂交互结构

从图 2-3-3 中可以发现，学生之间的交往对象变多了，体验到小组学习的挑战。但不足的是，这样的小组学习形式没法保证小组内部信息的传递，如何让小组学习有实效成了新的问题。小组成员之间的差异造成个别学生的低效，教师的作用在小组学习中被弱化了。杜威认为，学校生活组织应该以儿童为中心，使得一切主要是为儿童的而不是为教师的。因为以儿童为中心是与儿童的本能和需要协调一致的，所以，在学校生活中，儿童是起点，是中心，而且是目的。杜威强调，我们必须站在儿童的立场上，并且以儿童为自己的出发点。在强调“儿童中心”思想的同时，杜威并不同意教师采取“放手”的政策。他认为，教师如果采取对儿童予以放任的态度，实际上就是放弃他们的指导责任。在杜威看来，要么从外面强加于儿童，要么让儿童完全放任自流，两者都是根本错误的。由于教育过程是儿童与教师共同参与的过程，是他们双方真正合作的过程，因此，在教育过程中儿童与教师之间的接触越亲密，就能使得儿童更多地受到教师的指导。杜威说，教师作为集体中的成员，具有更成熟的、更丰富的经验，能更清楚地看到任何所提示的设计中继续发展的种种可能，不仅是有权而且有责任提出活动的方针。在他看来，教师不仅应该给儿童提供生长的适当机会和条件，而且应该观察儿童的生长并给以真正的引导。

3.“律动课堂”交互结构

不难看出，以上两种中心论所呈现的课堂交互结构把教与学的关系对立了。如何从整体思维、关系思维的角度去思考课堂中师与生的关系？我们把“律动课堂”互动方式定义为“去中心论”，形成如图 2-3-4 所示的网状交互结构。从图中不难发现，这种交互结构不是以教师为中心，也不是以

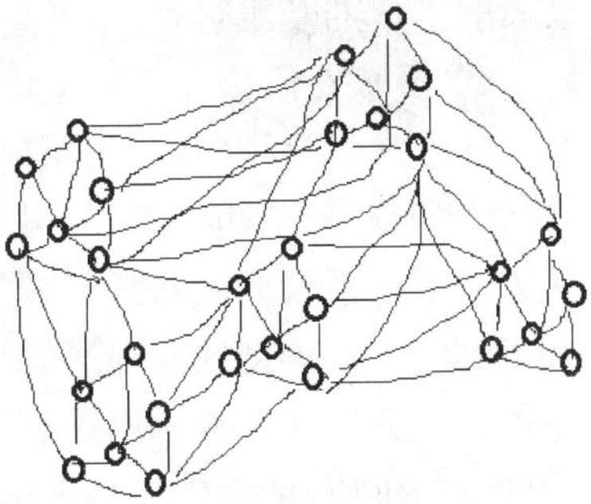

图 2-3-4 “律动课堂”交互结构

学生为中心,而是一个动态变换的中心,教学互动,因参与主体的变化而动态变化。在这样的课堂教学中,学生人人、时时都可能被关注,成为互动的展示点,学生的注意力更高,师生、生生互动的频度、深度、高度、宽度和丰富度也一定更高,整个课堂是有生命力的互动,在互动中链接成一个整体,认知、思维、直觉、兴趣等也会随着学生的向学之心同步生成。

第四节 "律动课堂"的思维方式

思维方式是一个人脑力劳动(认识活动)的武器(媒介)(管"脑"的),它是由思维方向、思维品质、思维方法和思维能力等构成的综合体。科学的思维方式决定一个人脑力劳动的水平和质量。学校教育教学不能只在知识点和能力点、知识和能力的细节上做文章,而是要在引导和启迪学生学会正确的思维上下功夫。

有学者将思维分为三种模式:(1)逻辑思维,也称抽象思维,指依靠抽象概念和公理对事物进行思维;(2)直觉思维,也称形象思维,指依靠直觉和经验对事物进行思维;(3)顿悟思维,也称灵感思维,指由意识内沟通与内交叉萌生的某个念头。

一、从数学教学的角度分析

1. 要积极倡导原生态的教学(学习)

要从根本上改变我们以知识授受为任务和以"记—练—考"为特征的教学方式,这种教学模式几乎把思维都"阉割"了,学生没有多少再思维的机会。要把原生态的学习还给学生,让学生有更多的机会直接面对原生态的问题情境,从而有更多自己的思维介入。例如,语文需要直接的读和想,而不是进行语言分析、搞字词句篇的拆零研究。前者才是人的语文素养形成的基本过程。

2. 要积极倡导有高阶思维的深度教学

深度教学是指"超越表层的符号教学,由符号教学走向逻辑教学和意义教学的统一"。也就是说,教师要引导学生超越表层的符号知识学习,进入知识的逻辑形式和意义领域。获得知识的价值和意义,进而使知识和思维能力获得良性循环。思维水平的发展主要包括思维能力的提高、思维品质的提升和科学思维态度的养成。实施深度教学,是实现知识教学的丰富价值,使学生的知识学习与思维能力同步发展的必经之路。

3. 要注重原生态的问题

根据提问概念的性质不同,可将提问分为“生活提问”和“逻辑提问”。前者主要是以现实的生活实践为基础,后者则是以抽象的逻辑思维为主要方式。我们知道,教科书中的知识和课堂教学中学生学习的知识是有根本区别的。教科书的编写主要遵循学科知识的体系逻辑,它是从现实生活中抽离出来并加以概括的,更多的偏向于“逻辑提问”。从学生的知识学习任务来看,需要将学科知识还原并运用于学生的现实生活,而不是仅仅学习孤立、静止的学科知识内容,还要注重原始问题与课本习题。原始问题是指对自然界及社会生活、生产中客观存在、能够反映科学概念、规律本质且未被加工的科学现象和事实的描述。而课本习题则是把科学现象和事实经过一定程度的抽象后加工出来的练习。

二、从发展整体思维方式的角度分析

数学学科的逻辑性决定了课堂推进的结构化,要求我们要从师生双向的角度培养整体思维、结构化思维、关系思维等。这些思维方式共同转化为小学数学“律动课堂”的教学思想生成和发展的基础。小学数学“律动课堂”之新就在于其引发了思维方式的变革。华东师范大学吴亚萍教授以教学研究为例,综合表达了新课堂对理想思维方式的追求:努力用整体关系的思维方式来解决这些看似难以调和的矛盾,即把矛盾的两极关联起来作为一个整体加以认识和思考,以实现超越两极对立关系的认识突破;用综合抽象的思维方式来形成教学理论的抽象,即改变用简单分析的眼光去认识复杂教学过程的思维方式,努力用复杂思维的方式来认识丰富复杂的、动态发展的教学过程,以实现超越静态和局部的认识突破。

1. 整体思维

整体思维又称系统思维,它认为整体是由各个局部按照一定的秩序组织起来的,要求以整体和全面的视角把握对象。它重点是强调用整体的眼光而非仅仅用点状的各个部分的视角,特别强调整体内各个不同要素之间的综合融通,而不是点状的、不同要素的简单累加。这种思维方式强调不仅要关注数学教学,还要学会从不同视角、不同维度去解读课堂、解读数学课程。因此,这种思维方式就是要打破以往的点状思维和割裂式思维。用詹明逊的话来说,这种整体思维方式是要求研究者和实践者:仿佛你必须道尽万事万物,才可说出其一;仿佛你必须对整个体系做出概要的说明,始可以阐明一个新的思想。

2. 关系思维

前面所说的整体思维是对不同要素之间关系的思考,所以整体思维也要依托于关系思维。从思维方式来讲,小学数学"律动课堂"的研究不是二元对立思维,而是建立在一定差异和空间之上的"关系思维"。研究从"律动课堂"的理论建构入手,到实践的形态转化,这至少要求我们关注以下几种关系:一是人的主动发展与人的实践的关系;二是教师与学生的双向互动的关系;三是教材与生活的有机融合关系;四是教法与学法之间的关系;五是教学内容间的网状关系。通过对不同层面关系的整体考量,"律动课堂"的意义才能得以展现并形成研究成果。

小学数学"律动课堂"要求教师在教学设计和教学互动的过程中,要多问一问内容的教与学是否符合知识和学习的逻辑。在这样的逻辑结构思考下,教师还要尝试用简明模型来表达复杂世界的因果关系,将概念和秩序高度抽象。关系思维所用的概念和秩序都必须是高度抽象的概念和符号。

3. 复杂思维

从思维方式上来讲,传统的二元对立思维长期影响着我们。

笛卡尔的二元论建立在世界具有精神和物质两个独立的本原的基础上,其哲学思维方式即是典型的"非此即彼、非彼即此"的二元对立方式。二元论、二元对立思维曾经被视为亘古不变的思维定势,尤其是矛盾的两极观被奉为神圣的定论,其影响"直到现在仍困扰着西方思想"①。

随后取而代之的是复杂性思维。复杂性思维或曰复杂系统方法,是"一种跨学科方法论,以此来解释复杂系统中微观元素的非线性相互作用造成的某些宏观现象"。"复杂系统探索方式可以是一种沟通自然科学和人文科学,消除其间隔的方法。"②

小学数学"律动课堂"正是把师与生在课堂生活中的学习过程看作一个复杂的生成系统,把过去的单线思维转变为网状的复杂思维,教师与学生在其中才能获得更好的发展。

---

① 伊·普里高津.确定性的终结[M].上海:上海科技教育出版社,1998:8.

② [德]克劳斯·迈因策尔.复杂性中的思维[M].北京:中央编译出版社,2000:12.

第三章　小学数学“律动课堂”的组织理论

第一节　“律动课堂”的时机意识

时机，表示具有时间性的客观条件。在课堂教学的推进过程中，教师一定要有时机意识。一个精彩的导入、一次有深度的活动，都可以引起学生积极的心理变化。按照学生的认知规律和个性特点去推进教学，才能把握课堂最佳作用时机：化无意注意为有意注意，进行提升学生教学思维水平。

一、把握教学中知识生长的关联时机

在课堂教学中，数学知识关联处是教师把握时机的关键点。这里的关联处主要是知识的结构关联和学法的结构关联。

1. 知识的结构关联的时机把握

一般知识学习发生发展的规律主要是通过主体活动建构的，学生的认知活动总是遵循从具体到抽象再到具体的顺序螺旋式上升。遵循学生的认知发展规律进行课堂教学，就必须激活学生的主体意识，最大限度地调动学生参与学习活动的主动性、积极性；激活数学知识形态，让学生充分感受与理解知识的发生发展过程；激活学生思维，不断提高学生创造性思维能力。

例如，在教学苏教版四年级下册中用数对确定位置一课时，课堂的第一环节是这样设计的——回顾知识，知识想象。

师：同学们，我们已经学过了简单的确定位置，如一年级时会用第几来确定位置。

教师出示一年级的排队图片，回顾第几是如何确定的，如图 3-1-1 所示；再出示二年级时用方向确定位置的图片，如图 3-1-2 所示。

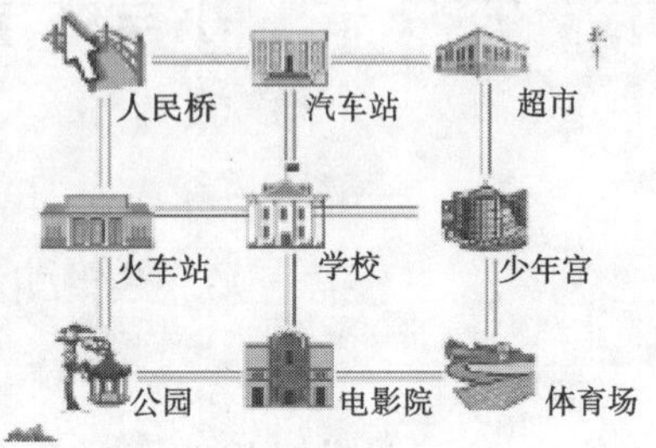

图 3-1-1　排队　　　　图 3-1-2　用方向确定位置

师：前面确定第几时是一条队，想一想，今天学习的确定位置会有什么变化呢？

生 1：可能是有很多条队？

生 2：可能要多条队加上方向？

……

以上是课起点时抓住知识关联时机进行追问。课中认识了数对后，在介绍完数对的发明者笛卡尔的故事后，我又出示了如图 3-1-3 所示的教学内容。

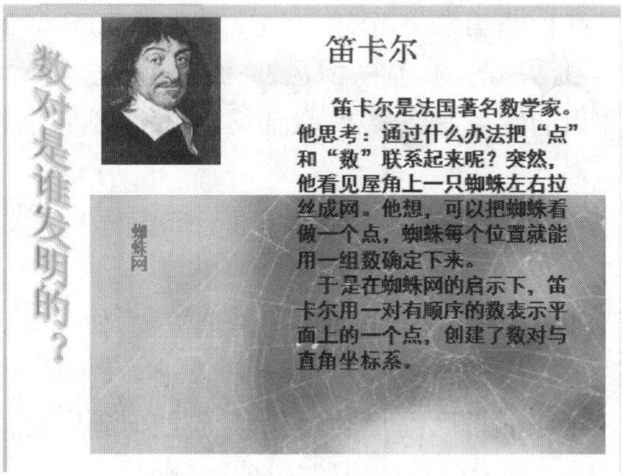

图 3-1-3　教学内容

师：下面是一个公园的平面图，只有几个位置的点，如何用数对来表示？

生：我们可以画出一些方格，标上数字来确定。

师：能不能想象一下，和蜘蛛网联系起来，把点放在横线与竖线的交叉点上？试一试并标出数据。

学生尝试画出方格网状图，教师结合学生的方格图，形成新的图。

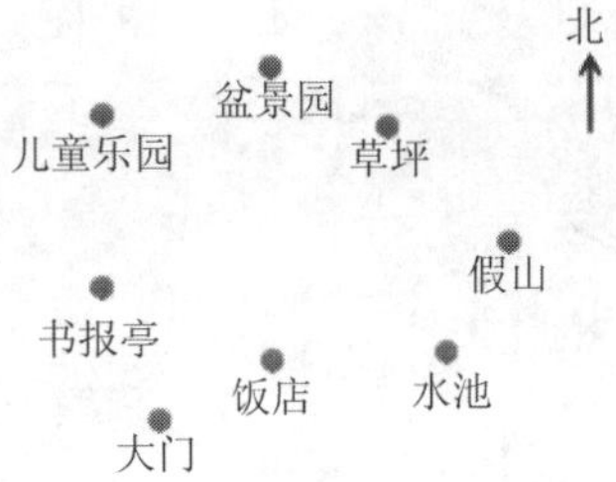

图 3-1-4　公园平面图

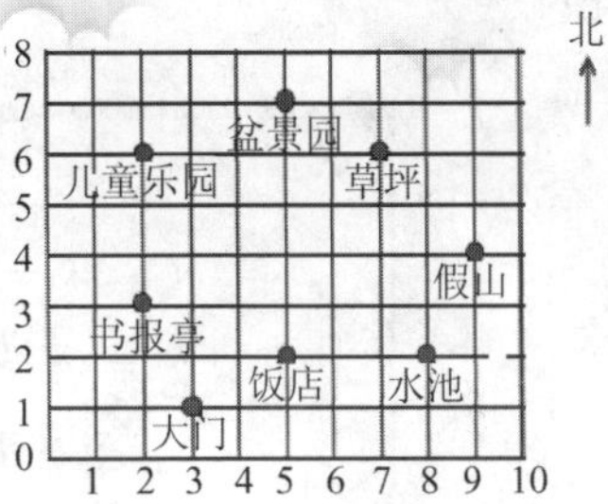

图 3-1-5　公园方格图

学生在看这幅图时，很自然地想到了用数对来表示。这时我还设计了一个环节，让学生设计从大门到儿童乐园的路线，有些学生在回答时还特别用上了方向标，说明学生对知识的关联性有了很好的理解。

2. 学法的结构关联的时机把握

学生自身的认知结构是继续学习活动的出发点与归宿。学生的认知发展具有稳定性与可变性、阶段性与连续性，是量变与质变的辩证统一。仍以上述课例来谈。课的最后环节设计——回顾知识，拓展想象。让学生进行学法的回顾，如图 3-1-6 所示。

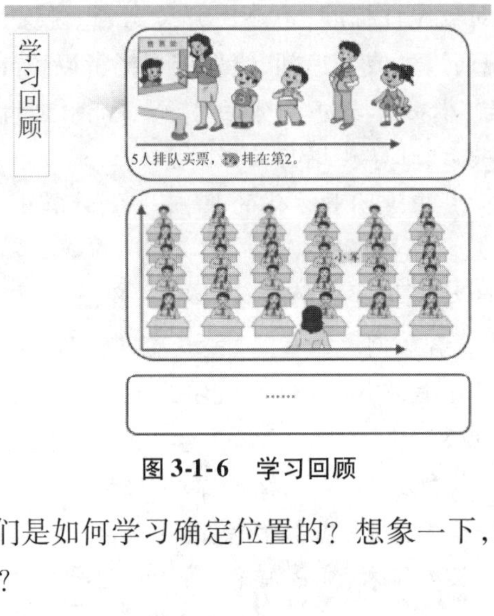

图 3-1-6　学习回顾

师：今天我们是如何学习确定位置的？想象一下，以后还会有什么确定位置的学习？

生：我们先是回顾一二年级的内容，在一条线上确定位置，再学习用横竖两个方向来确定位置，以后可能还会学习用三个方向来确定位置吧？

师出示以后要学习的内容，如图3-1-7所示，从六年级到初中的链接，让学生从整体上理解知识间的关联，也学会用关联的思想去学习知识，应用知识。

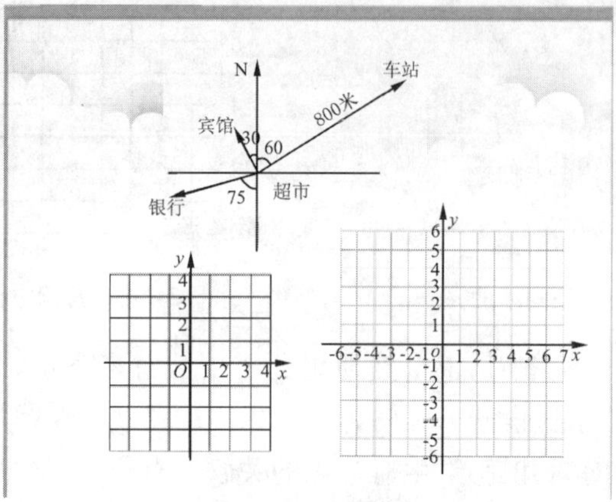

图3-1-7 以后的学习内容

二、把握教学中动态生成的追问时机

在数学课堂教学过程中，我们可以在以下几种情况下抓住追问时机，实施生成性追问策略。

1. 学生思维障碍时

如果学生面对预设性提问，不能展开思考，想说又说不出，或根本无从下手时，教师应通过生成性追问，给思维不畅者以疏导，使其打开思路。

案例1 教学"长方体与正方体的体积"时，学生猜想出长方体的体积和长、宽、高有关后，让学生进行验证。

(1) 先测量学具中透明长方体的长、宽、高，计算出乘积，再用小正方体去摆一摆。

(2) 看看摆的结果与算出的结果是否一致，独立研究后再与小组同学交流，找一找有没有反例。

教师给出了三个长方体透明框架，学生能在里面摆边长为1厘米的小正方体。数据如下：

长方体1——长5厘米、宽3厘米、高4厘米；

长方体2——长3厘米、宽3厘米、高4厘米；

长方体3——长4厘米、宽2厘米、高2.5厘米。

生：老师，这个2.5厘米高不好摆啊，怎么办呢？

师：那用数个数的方法想一想，半个半个地数，几个为一个？

生：哦，我能数出来了，可是如果不是半个半个地加，如何办呢？

师：想一想，一定要把所有小方格都摆满吗？如果最少，摆多少个能算出个数来呢？

小组进行交流讨论。

【说明】 面对一个长方体高是2.5厘米时，学生遇上了困难：摆的不是整个数，教师要进行动态调整，对生成的新问题组织交流，用数个数的方法，半个正方体的话，每2个就是1平方厘米。动态处理了学生的操作问题让学生认识到长、宽、高可以不是整厘米数。这是第一次动态调整。

第二次动态调整是一个学生的问题：“老师，我可不可以少摆一些？”抓住这一动态生成的学生资源，先让他演示摆法，然后让学生思考：“怎么摆简便？”学生在乘法原理的思考下，直接把操作与长、宽、高三要素有效对接起来了。再到下面的操作，不少学生都用了这样的简便方法，有效地提升了学生的思维水平。所以说在操作实践中教师不能无作为地机械按教案走。这种现场动态调整的能力是现代教师首先要练习的基本功。

2. 学生思维出错时

学生学习的过程，就是从不知到知、不会到会、模糊到清晰、肤浅到深刻的过程。在此过程中，学生从错误到正确正是思维提升的关键，教师在预设时就应对此有所预料，并且充分考虑到如何采取有针对性地处理方法。如果学生在回答预设性提问时出现了错误，教师应通过生成性追问，给思维方向错误者以明灯，助其纠正错误。

例如，在教学长方形和正方形的周长时，面对长方形的长这个概念，一些学生会发生认知错误。

案例2 一根长20厘米的铁丝围成一个宽为4厘米的长方形，它的长是多少厘米？

在这道题目的理解中，一些学生会做成“(20+4)×2”。起初我不是很理解为什么这样做。仔细想想，学生在认知上把一根铁丝的长和长方形的长的概念理解错了，这就是思维上生活中的概念与数学上概念的不同。这个时候，教师一定要把握时机，把这个错误资源拿出来，让学生一起分析，这样做的同学是哪里想错了，给学生们思辨的机会，让学生通过自由的想象去理解两者之间的不同和关系是什么，而不是由教师生硬地讲出来。

【说明】 在上例中，教师没有因为学生简单的错误而加以批判和指责，也没有马上另叫他人回答，而是把问题抛给学生们，让他们进行小组交流，把这个数学题目和生活概念的本质联系起来，在巧妙解决题目的同时，突显了概念的本质特征。

三、把握学生思维定势的弹性时机

1．当学生思维定势时

学生的思考方式容易受到已有解题经验的影响，在学习过程中不断形成的思考方法和教材中概念的限定都会使学生思维定势。教师应通过生成性追问，给思维指向不明者以点拨，使其明确指向。

案例3 如图3-1-8所示，正方形的面积是8平方厘米，求圆的面积。

学生的思维受圆面积概念，特别是受公式 $S=\pi r^2$ 的影响，圆的面积必须知道半径，这样的思维方法让学生认为求圆面积必须根据半径或直径，忽视了图形整体的联系，没有从整体分析半径和正方形面积之间的关系，这样的变式题型在数学教学中很多，学生会变得束手无策。

教学中遇到这样的情况时，教师一定要抓住时机对学生加以引导。

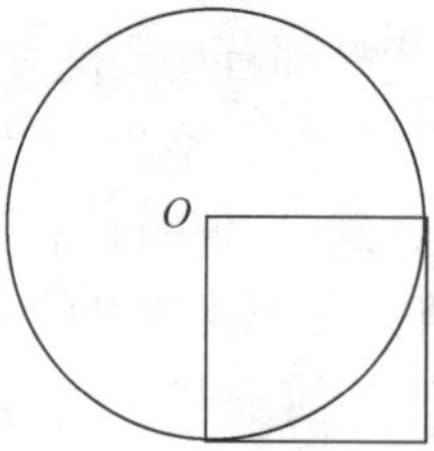

图3-1-8 面积为8平方厘米

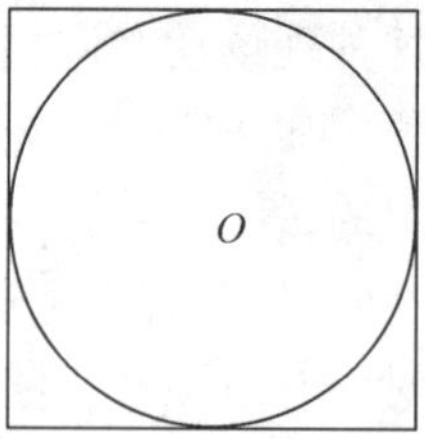

图3-1-9 面积为20平方厘米

师：同学们观察图形，如果想求出圆的面积你想知道哪些条件？

生：半径。

师：如果题目中没有告诉我们半径怎么办？

生：直径也行，可是本题这两点都没告诉我们。

师：那怎么办呢？

生：可以用转化的方式，找半径。

笔者在巡视过程，发现大部分的学生无从下手，学生不清楚哪两个数相乘为8。

师：我们可以细心分析题目中条件，寻找突破口，试一试。

生：正方形的边长就是圆的半径，而正方形的面积等于边长×边长，所以圆的面积等于 $\pi\times 8$ 就行了。

师：同学们，刚才他把正方形的面积转化为 r^2，从而求出了圆的面积。通过刚才的练习，我们要学会寻找条件与结论之间的关联，不能只盯着半径和直径不放。下面我们再做一题：正方形的面积是 20 平方厘米，你能求出圆的面积吗？（如图 3-1-9）

【说明】 教学中面对这样的思维定势，教师要分析学生的错识思维起点，引导学生从局部开始，慢慢深入整体，挖掘题目中的隐含关系，避免学生由于知识的短视形成错识思维，从而打破思维定势。

2. 当学生思维局限时

数学是思维的科学。学生学习数学，主要是学习思维的方法。由于受到许多客观和主观因素的限制，学生的思考往往不够全面，这是正常的现象。如果教师不能把学生生成的“不全面的资源”加以利用，那将是非常大的资源浪费。因此，当学生面对预设性提问思维不够全面时，教师应通过生成性追问，让其扩展思维。

案例 4 请你画出一个面积为 2 平方厘米的正方形。

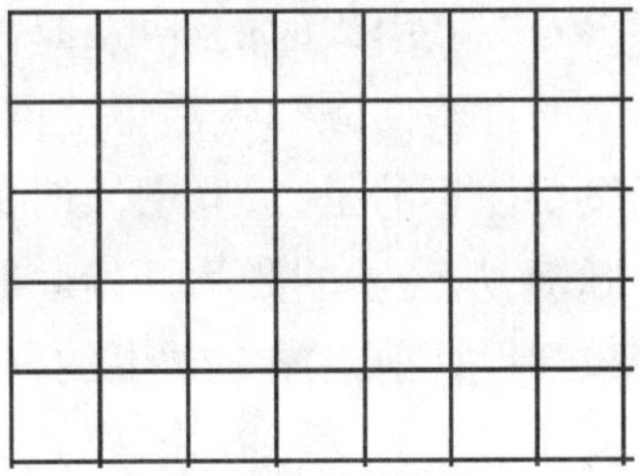

图 3-1-10 方格纸

大部分学生的思维起点是想通过正方形的面积公式求边长，再画图，但因知识局限难以从线性的逻辑思维中跳出来，学生无从下手。这时教师要抓住时机，提供一个方格纸（如图 3-1-10），让学生想一想，画出一个面积为 2 平方厘米的正方形。（每个小方格边长为 1 厘米）

师：可以根据方格图来思考，如何画 2 平方厘米？回顾以前我们学习图形时的剪、拼、移，想一想，能用到什么方法？

通过对剪拼思想的运用，不少学生想到了把每个小正方形沿对角剪，用 4 个拼成 2 平方厘米的正方形。

【说明】 本例中，教师没有因为学生不会解而直接给出提示，而是通过追问，使学生明确了不仅在思维上要注重以往的公式，还要关注变式中的转化思想，如通过剪、拼、移、补等方式实现图形的学习。

一节课只有 40 分钟，教师在学生知识学习的过程中要把握住上述关键时机，适时助推，不仅能促进学生的思维生长，也能为课堂教学形成灵动的生长气息提供土壤。

第二节 “律动课堂”的开放意识

传统的教学模式把课堂控制在教案中,把课堂控制在教师心中想要的那条线上,学生一旦偏离了这条线,教师就会用最快的速度把学生拉回来,这种知识本位的思想一直在数学课堂里盛行,这样的课堂我们称之为“控制型课堂”。如何从“控制型课堂”走向“开放课堂”?这就要求我们教师在课堂教学的推进过程中要有开放意识。所谓开放意识,是指对课堂教学的组织要注重将知识空间和思维空间还给学生,多给予学生思考的时间,给学生的思维提供开放的空间。课堂的开放,我们可以重点从以下几方面进行。

一、关联引入时的问题开放

关联引入时的开放,是教师指向目标实现的开放性问题,起到激活学生的经验回顾和生活记忆的作用。全体学生共同参与问题的思考中。这里要注意的是,关联引入时的开放讲究的是充分让学生回顾以前学习的脉络,从经验的激活开始。开放不等于开放性问题,开放的关键是教师在教学设计前要站在学生的立场,要对学生在课堂上的状态有深层的解读,读懂学生的学习方式,要有为促进学生发展的意识,尊重学生的学习原生思维,读懂他们的学习方法。

案例5 教学异分母分数加减法时,让学生计算$\frac{1}{2}+\frac{1}{4}$。

因为前面的单元已学习了异分母分数的通分方法,我就想放手让学生试算。我想学生们应该大都会想到化同分母的方法吧,所以也就理所当然地把方法聚焦到化同分母的方法上,也就是通分的方法。可是学生呈现的资源却精彩纷呈。

生1:化小数法,$\frac{1}{2}+\frac{1}{4}=0.5+0.25=0.75$。

生2:$\frac{1}{2}+\frac{1}{4}=\frac{2}{4}+\frac{1}{4}=\frac{3}{4}$。

生3:画图分析: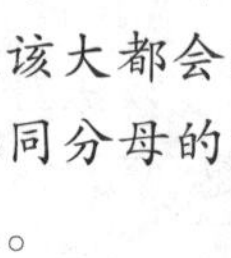

……

师：以上这几种方法有什么不同点和相同点？请同学们讨论一下。

学生们在小组内进行讨论，得出的结论主要有：他们计算的结果是相同的，0.75也是$\frac{3}{4}$，只是计算的方法不同。有的是画图，有的是化成小数。生2的方法是先化成同分母再算。

师：如果再给你们几道题，你们想用什么方法来算呢？出示一组题：

$\frac{1}{3}+\frac{1}{4}$　　$\frac{11}{12}+\frac{1}{4}$

学生试着用自己的方法解决这两道题。

师观察第1题，有些学生在化小数行不通时改用化成同分母的方法。用画图方法的学生比较少。

全班反馈时，师提问：第1题有人用化小数的方法吗？

生：化不了，化不成有限小数。

师：那么化小数的方法什么时候用好呢？

同桌间互相说一说。

师：第2题用画图的同学请您展示一下。

师将画图方法与化成同分母的方法进行比较，形成算理的共识。

教学是为了什么？为了人的发展。在开放的过程中，教师尊重每一位学生，不仅关注学生知识与技能方面的发展，还关注学生的情感态度与价值观的全面发展。学生在开放中活跃起来，重获教学的育人价值。

二、过程探究时的空间开放

长期以来，教师习惯于以本为本，以案为案，以一种“请跟我来”的控制式教学居多。回顾教材中对异分母加减法的处理，我们更能感受到开放理念的缺乏。

第一步：复习。把下面每组中的两个分数通分。

$\frac{2}{3}$和$\frac{1}{4}$　　$\frac{1}{5}$和$\frac{3}{10}$　　$\frac{3}{8}$和$\frac{1}{6}$

第二步：出示例题：$\frac{1}{2}+\frac{1}{3}$。

有了第一步的定向练习，学生马上就能想到使用通分的方法。在以往看似水到渠成的教学，用现在开放的新理念看，顿然明白学生思维整齐划一的原因，也清楚地明白一些教师在实践新课程标准时为什么知道要开放，但又放不开。

1. 控制化

教师受以往“复习—新授—练习—巩固”教学模式的影响很重，已习惯了用如此机械的模式化走课方式。实际上这还是把凯洛夫的"五个环节"进行细化的处理,教师关注的重点还是以完成预期的程序对学生进行学习上的控制,引入的复习、以旧还新的牵引式教学对学生还是一种思维上的控制与约束。这就是专家口中的"穿着新鞋走老路"的现象。这样的教学从一开始就把学生的思维定死了,将学生视为生产流水线上的一件商品一般,无视学生作为一个活生生的人所具有的主动性、创造性以及生命性。

2. 碎片化

教师控制课堂的行为惯性很强,所以教学以小碎步走的现象严重。教学知识碎片化,以线状的方式走课,在形式上好像给了学生自主学习的空间,但是学生很难在细小的空间中有所生成。小步子走的碎片化教学,整个过程还是被教师"导"向原有的线路,动态的资源难以生成。

3. 乱开放

教学中常看到一些教师无限度地开放,学生不能围绕问题和目标展开思考、讨论,会生出一些无关的枝节,占用大量的时间。开放性的课堂教学与控制性的课堂教学比起来,对教师的教学基本功要求更高。我们都有切身的体会,如果前续对教材与学生的解读不到位,开放下去生成的资源就会"胡子眉毛一把抓"。课堂上生成的不确定性和可变化的因素很多。要想改变原有的控制式教学的轨迹,就要从最初的对数学问题的开放转向对教学设计的开放,再到课堂教学意识的开放。从注重"结果"走向"过程"与"结果"并重,从关注学科内容的教学转向关注学科内容教学对于儿童主动发展的价值。

控制式的教学让教师有安全感,而开放式的教学必然要教师形成新的教学基本功。这要求教师要有开放的意识,要有资源收集的能力,要有动态处理资源的能力;要求教师对课堂中学生的学习变化要有相当高的敏感度。要想寻找新的平衡点,首先就要打破原有控制式教学的平衡点,也许一开始会有些不适,也许会在开放中慌乱,但是坚定地开放下去,就会发现精彩无处不在。把开放看成一种形式,而不是把它看作学习动态生成的过程。

三、融合拓展时的思维开放

在传统的数学课堂教学中,教师大多缺少结构意识,教学过程常常是以线状的、平面的方式流动,将一个个细小的环节和步骤连起来。教师缺少整体思维、关系思维和设计活动过程的能力。布鲁纳认为:"掌握事物的结构,就是允许许多的东西与它有意义地用联系起来的方式去理解它。

简单地说，学习结构就是学习事物是怎样相互关联的。”

1. 基于整体思维的结构意识

要从深层次认识和开发知识的内在结构的关联，要摆脱知识点教学的认识框架，以一个教学单元或一个学段的整体知识作为出发点，发现这些知识之间的本质联系和内在的结构体系，变点状教学为整体结构化的系统化教学。在融合拓展时要注意从多向的维度进行融合转化，本节课的内容与前续学习内容关联融合、本节课的内容与生活中的实践融合转化、本节课的内容与后续的拓展猜想等，只有从多维度进行整体的融合拓展，才能带给学生思维的灵动空间。儿童的认知方式各有不同，有的喜欢用图表、画面等直观的方式接收信息，有的习惯于通过听别人的讲解来接收信息，还有的乐于通过动手操作来实现自己的探索愿望。可见，对于同一方式的教学，不同个性的学生吸收知识的快慢程度也不同，内化知识的理解程度也有差异。因此，教者要有相应的教学对策来满足和适应不同学生的不同需要，用开放成就动态的生命课堂。

2. 基于弹性教学理念的转换

弹性是相对于定性、硬性而言的。在教学实践中，教师“目中无人，眼中只有案”的现象大量存在，学生的个性空间得不到关注。学生是具有个性特点的，是鲜活的生命体，他们的智力、经验、背景存在着差异。当他们带着各自独特的感受参与课堂活动时，理所当然地会生成不同的学习轨迹。教育回归生命的重要前提，就是要提升人的生命价值。叶澜教授说得好：“对于学生而言，课堂教学是其学校生活的最基本构成，它的质量直接影响学生当下及今后的多方面发展和成长。”

课堂是动态的，儿童是有生命的个体。因此，教学中必须根据儿童的实际情况以及教材中教学内容所体现的育人价值，对教学过程做出“开放”与“弹性”的设置。从教师单方面的教学，走向师生双向的交互式教学，这种弹性的调动正是通过教学过程的多向转换，把真实课堂中必然存在的有意义的不确定因素和可变化的弹性因素引入课堂，将儿童的主动发展的价值观引入生动的课堂。

第三节　“律动课堂”的关联意识

所谓关联意识，是指在课堂的设计和推进时，要注重每一环节之间的关联和知识之间的关联，在关联处适时进行对比分析，进行多向的沟通，让学生认识不同知识之间的关联，也学会用关联的方法去研究问题。小学数学“律动课堂”的教学思想是要关注知识的关联，教师在备课时重点要从知识的关联来思考教学设计，还要关注学生学习的规律和学习的心理需求。

教学中我们往往更多的是集中于一节课的一个点来思考课如何上，想的是学生学习的重难点是什么，而对学生在学习中如何经历知识的生长过程并没有更多的思考。下面以三年级“小数的初步认识”为例来谈一谈“律动课堂”的关联思想。

对于小数大家并不陌生，可是在其中总是有些问题。一是学生没有用米作单位的需求。一般都是由教师提出来“5 分米用米作单位怎么表示？”二是不清楚小数与整数、分数之间的具体关联。多数学生仅是从表象十分之几来推想出是零点几。许多学生会认为，分子是小数的几，分母十变成一个零。在后面的几元几角的学习中，学生更是会把它变成唱儿歌的形式：几元几角就是几点几元。学生并没有去深入理解十进分数与小数之间的关联，以及小数与整数、整数与分数之间的关联。

基于以上思考，我们将从关联的思想入手，以激发儿童的认知需求为出发点，从以下几方面运用“律动课堂”的关联思想。

一、以上位概念进行知识的整体关联

根据整数的认识与小数的认识之间的类同结构，我们要注意让学生先整体理解整数学习的框架，如数的意义、数的读写、数的分类、数的大小等，也就是让学生理解整数是如何学习的，再迁移到对小数的认识上来，这样学生在思维上才能表现出主动投入的状态。

课的开始，先来一首《数学律动操》如图 3-3-1 所示：1、2、3，上高山；4、5、6，翻跟头，7、8、9，拍皮球；伸出两只手，数一数，10 个手指头。通过律动数学操，让学生回顾相关联的整数数数，这时老师问：还能数出更大的数吗？学生会回答“20……”随着老师的连续提问，有学生说出“可以无限大”。这里通过整数的数数，回顾了相关联的知识，激起学生对前续知识的记忆，并产生极限的思想。这时老师出示“数源于数”，让学生理解以往我们数出来的这些整整的数，数学

图 3-3-1

上称为自然数，也叫整数。这样整数概念在课始给出来，可作为学生下面回顾分数和认识小数的上位概念。

有了整数的上位概念后，这时老师提问：除了这些整的整数外，难道还有不整的数吗？有了这样的引导，学生会感知整数与分数的整与不整的关系，从而将学生引入回顾分数的道路上来。这时老师再出示几个分数的图形，让学生回顾分数表示的意义。

从小数的认识的知识结构我们可以看到，用小数可以表示整数个位以下的部分，不仅产生了比个位更小、更精确的单位，更体现了数学无限逼近的思想。所以在课的最后环节，我们要让学生经历将数射线上相邻两个整数之间的距离平均细分并用小数进行表示的过程，帮助学生了解小数的形成过程，理解小数特有的精确性的作用，帮助学生知道在数射线上任意两个整数之间有无限多个小数存在，建立起对小数的内涵认识和基本敏感，更为重要的是，可以让学生体会到无限逼近的数学思想。

二、以转化的思想关联问题解决

转化是解决数学问题的一个重要思想。任何一个新知识，总是原有知识发展和转化的结果。它可以将某些数学问题化难为易，另辟蹊径，通过转化途径探索出解决问题的新思路。在教学中教师应结合恰当的教学内容逐步给学生渗透转化的思想，使他们能用转化的思想去学习新知识，分析并解决问题。面对“为什么要把5分米用米作单位？”，学生是被动的，所以当老师问“用米作单位分数如何表示？”时，学生也只是被动地去回顾分数的知识。所以教师要思考如何激发起学生的认知需求。我们采用的方法是，先找出一把米尺，让学生认识到日常生活中用米作单位的常用性，这时再找一个比一米多五分米的边，让学生用米尺一米一米地去量，当量完一米时，教师问学生“现在是多少米？”，学生会答“1米”。下面的长度还够1米吗？不够一米，再量，发现是5分米。这时教师引导学生写出1米5分米的长度。让学生数一数，这样表达用了5个字。如果只用一个单位米来表示，可以如何表达呢？

这个问题让学生感受到用米作单位的需要，1米没问题，5分米用米作单位如何解决成为教学的新问题。

师：要想解决这个问题，我们可以换一个思路，先研究简单的，再解决1米5分米＝（　　）米。那么最小可以研究几分米？

生：1分米。

师板书：化繁为简。

通过以上过程，这时教师再出示米尺图，让学生找出1分米与1米的关系,从而引出用分数十分之一米来表达。这时结合学生已有的经验,一般都会有学生知道是0.1米,再让学生说一说0.1与十分之一的不同之处。从而得出1分米=(0.1)米,再让学生类推5分米=(　　)米时,学生一般都能类推出5分米=(0.5)米。这时再从小数回到分数,这个0.5表示分数十分之五。再将米尺图化成正方形图,让学生找一找分数、写一写小数,从而将十分之几可以写成零点几的知识由学生发现出来。

最后学生小组交流写出“1米5分米=(1.5)米”的结果,其中的1表示1米,小数点后面的5表示5分米,也就是0.5米,即十分之五米。由此可以感受到学生不是在学知识的结果,更多的是在学习探究知识的过程和方法。有了这样的探究过程才能带给“律动课堂”别样的精彩。转化的思想可以应用于数学学习的各个领域,但不管在哪方面,它都是以已知的、简单的、具体的、基本的知识为基础,将未知的化为已知的,复杂的化为简单的,抽象的化为具体的,一般的化为特殊的,非基本的化为基本的,从而得出正确的解答。其实,转化本是化归数学思想方法的一种体现(把所要解决的问题,经过某种变化,使之归结为另一个问题,再通过另一个问题的求解,把解得结果作用于原有问题,从而使原有问题得解)。因此在转化的过程中,教师自身应该有一个强烈的转化意识,夯实转化过程中的每一个细节,在单元结束后的“整理与练习”中,再次提升转化思想,并在后续的学习中有意识地关注转化思想,进行必要的沟通与整合。

三、以几何直观的思想关联具象与抽象

数学是一门抽象性很强的学科,数学的抽象性和学生思维的直观性始终是数学教学的一对矛盾。而直观的几何图形是学生最容易利用的数学形象,图形架起了联结具象与抽象的桥梁。《数学课程标准》第二学段的“数学思考”目标中提出了让学生“感受几何直观的作用”的要求。而第一学段的学习,虽然学生对几何知识的认知比较少,但是教师还应多示范,帮助学生感受几何直观在描述、分析和解决问题中的作用。到了第二学段,我们就能有目的、有计划地教给学生利用图形描述和分析问题的方法,并鼓励学生在解决问题的过程中主动运用画图的策略,帮助学生不断积累借助图形直观分析和解决问题的经验,感受几何直观在解决问题过程中的作用。

“数缺形时少直观,形缺数时难入微。”数形结合一直都是学习数学的重要思想。小学生多以直观的形象学习为主,所以面对抽象的数,我们更应该让他们能去理解数学,掌握学习数学的方法。

在学习单位转换时,我们把原来的正向认识“1元2角=(　　)元”

改编为反向画图理解“1.2 元 =（　　）元（　　）角”，学生利用画图的方法去理解整数部分表示是整元，而小数部分表示的是十分之几元，也就是几角。如图 3-3-2 所示。学生用数形结合的认知方法，不仅理解了小数的意义，更多的是摆脱了以往只是对“几元几角就是几点几元”的机械记忆。

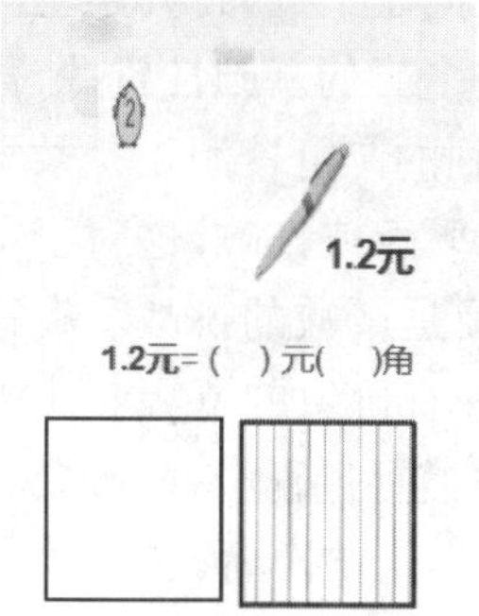

图 3-3-2　画图 1

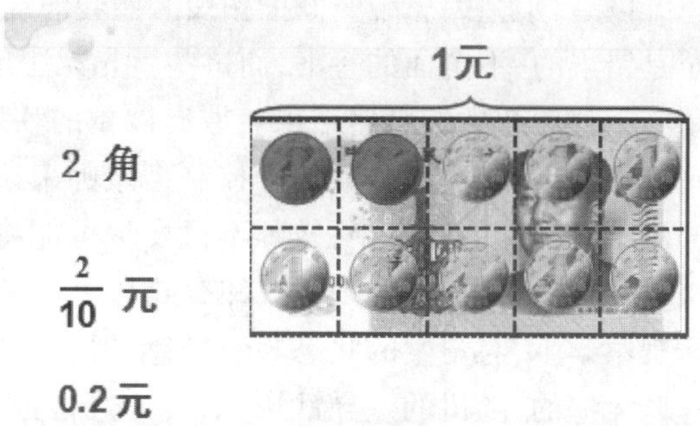

图 3-3-3　画图 2

这时再回到最为具象的人民币实物，通过长方形的阴影图形成十分之几的分数图像，再回到对小数的认知，更是形象地让学生体会到“具象—抽象”两者之间的灵活转化，这也就是学习数学的方法——看到具象想抽象，看到抽象想具象。如图 3-3-3 所示。

信息加工心理学认为，人的长时记忆分为两个系统，即表象系统和言语系统。表象系统以表象代码来储存关于具体的客体和事件的信息，言语系统以语义代码储存言语信息。两个系统相互独立又彼此联系，这种观点被称为双重编码说。按照双重编码理论，造成数学知识学习和记忆困难的主要原因在于数学学习材料具有高度的抽象性，它不容易唤起视觉映象。因此，在数学教学中，我们应该重视对学生进行心理映象方面的训练。也就是在知识的形成阶段，充分利用数学学习材料中数与形统一的特点，引导学生将数学知识的言语表征转化为表象表征，将数译成形，形成科学、合理的概念系统。

第四节　“律动课堂”的资源意识

课堂资源不仅仅是指教材知识资源，更多的是指课堂动态生成过程中在学生思维发展差异下产生的资源、课堂推进过程中思维互动新生的资源以及课堂推进中的重组资源。

一、关注学生差异,捕捉不同资源

达尔文曾说过:"世界上没有两片完全相同的叶子。"同样,每一个学生都是具有独特性、差异性的生命体。由于学生的认知水平、思维方式等因素的影响,学生之间的差异更大。教师将开放性问题下放,打开学生的思维以后,学生因思维空间的拓展必然会涌现丰富多彩的基础性资源,甚至是错误的、不全面的答案,而这些事先无法预测到的丰富资源正是教学重心下移后产生的必然结果。原有课堂的秩序与平衡被打破,这对于早已习惯四平八稳、配合默契的控制型教师来说无疑是严峻的挑战。在这充满不确定性的课堂中,教师不仅要尽可能将各种有价值的资源收集上来,还要注意资源的呈现方式和有效利用。在资源捕捉过程中,教师要善于观察学生,对学生的状态具有敏感性,努力倾听学生的声音;主动关注这些无序的、随机的差异性资源;设计好行走路线,防止采集样本的随意性,积极捕捉、采集不同层次学生的具有教育价值的各种资源,并呈现不同层次思维水平的具有代表性的有价值资源;让学生先独立思考再小组讨论,从而使学生的思维水平在辨析与比较中不断提升和发展。

二、利用重组资源,提升思维水平

开放问题后会生成许多丰富的资源,有些资源是教师难以想象的,这对教师来说是极大的挑战,因为这些资源要在当堂、当时的第一时间进行科学的处理,不仅要求教师具有现场捕捉基础性资源的能力,还要能及时启发学生对这些资源进行辨析比较、归纳概括,更为重要的是教师要能够引导学生对这些资源进行重组与创造,使学生对每个知识、每个问题形成有序、丰富、系统的认知。这样课堂教学才有可能不断向纵深推进和发展。

因为教学过程的推进是师生多元互动的过程。教师通过对多种可能性做出判断与选择,促使新的教学过程不断生成。绝对不是只有学生的主动活动就能自发推进教学过程,没有教师对这些信息的判断、选择、利用、重组,在更高思维层面上高水平的"动",形成新的、具有连续性、层层推进的"方案性资源",教学过程不可能呈现出动态生成的新质。

因此,我们强调教师收集资源后要及时有效地反馈。反馈无效,教师和学生就会在原地打转。反馈有效,学生又会生成许多新资源,这些资源主要有新的问题、新的认识、新的方法。对于资源的及时反馈,是课堂资源处理的关键,反馈得好,能推进课堂向着深度发展。这时要注意的是,教师要学会选取有价值的资源,个体的个别错误资源如在学生群体中不具有代表性，则不必在全体学生面前反馈，只要进行个别指导即可。当不同学生对知识产生不同的思考和感悟时，要及时进行对比沟通，加以思想上的提炼和思维的提升。

在资源处理的意识上，小学数学“律动课堂”要求我们教师要从以下几方面努力提升资源课堂现场收集和处理的能力。第一，教师要不惧怕开放，因为开放会有许多意料之外的思维出现，这些就是课堂最好的推进资源，没有开放就很难有学生产生鲜活的第一手资源。只有形成开放的心态，我们才不会一心想着走教案，而是去聆听学生的所思所想，贴着学生的走课，才是在课堂教学过程中对“人”深度的关注。第二，课堂上教师要心中有资源，眼中有资源，对课堂中的资源要有一定的敏感度，努力倾听和捕捉课堂中有价值的资源。第三，教师要有现场处理资源的能力，学会分类处理，并在第一时间做出合理的价值认可。教师要有从浅入深的思维，从群体到个体的方法，科学地处理，向着育“主动发展的人”的方向努力，在过程中不断调整教学的方案，从而让课堂真正拥有生命的生长感和律动感。

三、课堂生成性资源的多元处理

小学数学“律动课堂”实现一种从静态、封闭走向动态、开放的质态，课堂经常生成各种资源。所谓课堂生成性资源，是指在课堂教学中师生互动引发的、来自学生的、对数学学习有积极意义的认知成果。有效的生成性资源能引发学生的认知冲突，促进认知结构的扩展、重组与建构。在教学中，我们既不应一次次地与生成的教学资源失之交臂，也不能对来自学生的每一次“打岔”与“纠缠”都抓住不放。在面对和处理课堂生成性资源时，可以用哪些有效的教学策略呢？

1．关注学生一时创想并及时助推的策略

课堂上，开放资源的呈现会很丰富，特别是当学生的创想突显时，我们要及时捕捉，不放过与后续知识之间的关联，及时助推。

例如，在“认识周长”的教学中有这样一个环节：学生自己选一个物体的某一面用线围一围，然后放到尺上量出周长。学生们有的围铅笔盒，有的围数学书，有的围三角尺，还有的围自己的头……有一个女生正在用线围课桌面的周长，可是线太短了，她在那里比画了一会儿，突然点点头，若有所悟。我走了过去，她高兴地说：“老师，这个课桌面其实不需要围一圈，只要围出一条长和一条宽就可以了，因为还有一条长和一条宽加起来和它是一样长的。”在全班交流时，我让这个学生把自己的想法展示出来，同学们都点头赞同。我顺势留下悬念：桌面是一个长方形，下节课我们重点来研究长方形周长的计算方法,到时看看这个同学的想法对我们有没有什么启发。显然,学生在解决桌面的周长多少的问题时,创造性地提出了自己的方法,而这样的方法虽然是个别人的想法,但其普遍意义却不容忽视,因此,我及时引导其他学生加以关注,为后继学习作了初步的伏笔。

2. 给予学生自由观点阐述的策略

当生成性资源呈现之后,教师要予以鼓励、肯定和强化,通过适当的阐述,引起其他学生关注,从而彰显生成性资源的价值。

三年级(上册)"统计与可能性"的教学中有一个摸球活动:袋中放了1个红球和3个黄球,每次摸出1个球,再放回口袋,一共摸10次。笔者在组织教学时,9个小组中有3个小组摸球的结果与事先的猜测有很大出入:有两组都是摸到红球8次,黄球2次,一组是摸到红球5次,黄球5次。面对这样略带偶然性的结果,很多学生感到困惑。这时有个学生说:"因为摸的次数太少了,可以继续摸。"另一个学生也抢着说:"如果摸的次数多一些,那么摸到黄球的次数肯定会比红球多。我们可以把各个组摸的情况加到一块儿算。"显然,这两个学生的回答可以消除学生理解上的困惑。因此,笔者及时强化了他们的观点:"因为袋中有红球,在每次摸球的时候都有可能摸到红球。由于摸的次数少,这种红球比黄球被摸出次数多的现象有可能出现。但随着摸的次数增多就一定会是黄球摸到的次数比红球多了。那我们就把9个小组的结果相加起来吧。"笔者的进一步阐述,使学生对问题的认识逐渐清晰。

3. 让学生大胆表达想法的展示策略

在备"认识乘法"课时,笔者无意间听到其他班的同学在摇头晃脑地背"三四十二,四四十六……"。现在孩子的文具盒、玩具计数器等许多地方都印着乘法口诀表,二年级的孩子或许对乘法口诀表并不那么陌生,可能知道其中的一句或是几句,但他们真的弄懂了吗?他们也许只是知其然不知其所以然。我陷入了深思。果然上这节课时,我刚板书课题,就有几个机灵鬼迫不及待地在下面小声说"一一得一,一二得二,二二得四……"。对此,我微微一笑,在黑板上写下了这样几个算式:2+2+2+2+2+2+2,7+7+7+7+7,5+5+5+5+5+5,然后说:"老师先和大家进行一次口算比赛,看谁算得又快又准!"不用说,当然是笔者赢了。学生有点不甘心,于是笔者装着很神秘的样子说:"老师之所以算得快,是因为老师有一件法宝。"停顿一下,笔者接着说:"其实你们也有这个法宝,只是你们不会运用它而已!"学生很是吃惊。笔者说:"这个法宝就是乘法口诀，有的同学虽然会背，但不了解它，所以它就不会为你服务。这节课我们就来了解它、运用它，然后再进行比赛，好不好？”接下来的课，学生们听得格外认真。

在教学中，我们还可以采取评价、争辩、验证等方式来放大学生的想法，把看起来细小的思考放到全班关注的显微镜下，凸显生成性资源的价值。在课堂教学中促进学生的知识有效生成，成为我们研究的重点内容。精彩生成需要精心预设，而在课堂上教师要合理利用生成性教学资源，及时捕捉非预设性生成资源，这样才能达到应有的教育目的。

课堂的生成是人的认知结构的基本节点。正是有了生成的能力，才会有个体思维不断提升和教学资源不断涌现的基点。“生成”是课堂的活力之源，只有还原了课堂的生成性，才能真正呈现出律动的课堂。

第五节　“律动课堂”的表演意识

兴趣是最好的老师。兴趣是人们活动强有力的动机之一，它能调动人的积极性，使大家热衷于自己的事业并乐此不疲。人对自然产生兴趣，就能引发出对事物的体验，对问题的思索；人对生活产生兴趣，就能因好奇而实践，因验证而发现。古往今来，许多成就辉煌的成功人士，他们的事业往往萌生自青少年时代的兴趣，沿着兴趣开拓的道路走下去，找到了自己事业成功的路径。正如孔老夫子的一句话：“知之者不如好之者，好之者不如乐之者。”儿童的心理特点决定儿童喜欢动，这种动不仅包括肢体上的动，也包括在知识好奇心下大脑思维的动。数学学科知识的逻辑性强，对儿童的理性思维要求高，这种逻辑和理性往往把知识变得无趣和程式化，因此数学学习的特点与儿童的心理特点产生了冲突，这种冲突造成数学在小学生的眼里就是做数学题，长期以来的课堂也把数学教学演绎成了解题教学的课，数学课堂内在的丰富的育人价值没有得到充分的体现，也造成了一些小学生不喜欢数学课堂的现象。

近几年，“课程整合”成为学科教学的新话题，跨界融合的思想也影响着我们对“律动课堂”的研究。我们将数学知识与音乐、身体动作融合到一起，形成数学课堂的律动数学操。这就要求我们数学教师要有课堂教学的游戏意识。肢体就是教学最好的道具。教师要学会用肢体表演数学问题中的情节，帮助学生理解题意。将一些数学知识用表演的方式呈现出来，形成对数学知识的艺术加工，使数学内容、学习活动带着戏剧性的动作、冲突、情境、意象、场面等元素，进行现场的演绎，从而让学生深刻体会肢体与知识的律动融合。我们以“数学律动操”为突破口，在数学律动课堂上加以实践与研究。

一、用肢体创作“数学律动操”

数学学科本身具有一定的抽象性和逻辑性，知识点的整体结构和知识的重难点都比较容易形成一些知识口诀。以往的数学知识口诀比较散，也没有一定的体系，而且这些知识口诀往往更像公式。而数学律动歌谣将数学知识儿歌与肢体语言表达两者相融合。这里的数学知识儿歌和肢体语言表达不求统一，更求创编，这种创编的过程正是思维生长的过程。数学儿歌与肢体语言融合的过程正是手脑统一的过程，更有助于知识的内化和学生思维的发展。

二、数学律动操的创编

小学数学用数学律动操打造儿童美好的童年，构建创新的数学乐园，营造儿童玩转节奏大师的数学天地。因为我们发现儿童的特点决定了他们需要这种游戏化的语言，儿童学习的方式和规律决定了我们的律动课堂需要这种律动的声音，这样的数学学习才更有童趣。

1. 学生的自主创编

数学律动操注重以学生自主创编为主，在知识总结和单元总结时将知识点和知识的整体结构进行整理，然后让学生创编数学儿歌，并编排肢体动作。从最简单的数学表达入手再到复杂的知识整体结构。例如，一年级刚开始认完10以内数时，让学生进行数学手势操的创作。这里可以结合传统的手势表达，形成全班统一认可的数学手势。如果只是做数字手势，那只是简单认知。数学律动操的创编更侧重于将数学儿歌与肢体动作结合起来，并形成范式和变式的演绎方法，变式的演绎有助于儿童个性的表达，范式的演绎有助于形成集体认同的表演形态。如图3-5-1所示。

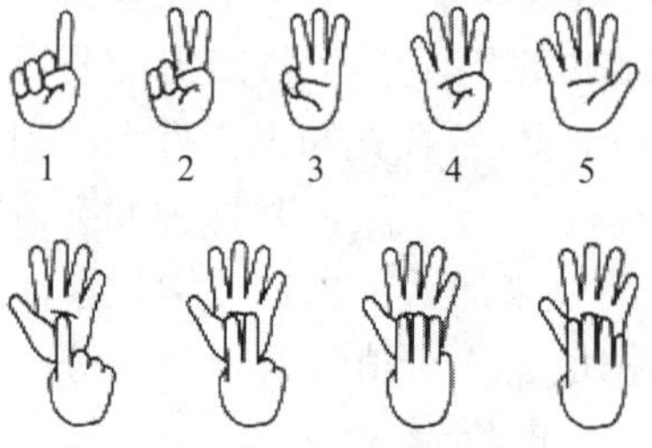

图3-5-1 数字手势

例如，10个数字的演绎。

1像棍子细又长（肢体语言：手势1，1个手指头，身体站直）

2像小鸭水中游（肢体语言：手势2，身体像小鸭游动）

3像耳朵听声音（肢体语言：手势3，做听声音的动作）

4像小旗迎风飘（肢体语言：手势4，做小旗的样子）

……

类似这样的数学律动歌谣，更多的要把创编机会还给学生。一开始要注重让学生个性地表达，还要有意识地让学生创编一些知识拍手操等游戏，让学生在玩中创造，在创造中学会学习。

教师的创编能力的提升也很重要。如何把知识结点成线，结线成面，结面成体？这就要求教师要有互联网思维，把一切能联结到一起的连起来。教师对数学知识的把握和儿童的身心发展规律都要有研究，也要学会在互联网上寻找资源，利用微视频把学生创编的数学律动歌谣进行网络传播，让学生有知识学习与创编的成功感。

2. 形成每周一操

这里的每周一操，周的概念并不固定。根据当周知识的模块形成知识线条性的数学律动操。例如，图形与几何版块可以这样设计：

点、点、点成线，线、线、连成面，面、面、动成体，图形世界真神奇！（动作表达：手指点三下再用手向右划动成线，手不断画线再用摸平面的方式画面，用两手掌不断累积做立体图形表达，最后双手打开做平展状。）

3. 建立数学歌谣和数学律动操库

儿歌浅显形象、有节奏感、易记忆，深受儿童喜爱，是学生最易理解和接受的一种文学形式。当枯燥无味的数学公式、法则让学生感到“厌学”时，就把教材中的重点和难点编成儿歌，让数学知识“活”起来。在学习数字 1—10 时，学生对书写和记忆有一定难度，因此，教师可以设计或借助儿歌来帮助学生记忆。一般采用的方式有跺脚、拍手、用手拍桌子等，有时也可借助辅助的东西进行敲击类表演。教师们可以去百度上搜一下关键词“桌子上的节奏”，会有许多相关的视频，如《身体打击乐》《桌子上的节奏》等，不需要特别的音乐，可将肢体动作所形成的节奏作为律动背景，这样学生的创编也会越来越有创造力。一般从最简单的节奏开始设计，12121212……，也可以 123 - 123 - 。我们采用的不仅是节奏，更重要的是将数学知识进行关联式的创编。

教师平时要及时将学生创编的好的作品加以收集，形成数学律动操资源库。有些个性化的表达视频与共识性的集体表达方式视频，教师要充分利用现代化信息技术把数学律动操录制下来进行集体表演。

如图 3-5-2 所示是部分与律动操相对应的数学儿歌。

加法的认识
左边一只鸭，
右边一只鸭，
合在一起用上“+”，
算出总数全靠它。

减法的认识
有整体，
有部分，
另一部分在哪里？
两数相减算出它。

数字歌
一二三，爬上山，
四五六，翻筋斗，
七八九，拍皮球，
伸出两只手，
十个手指头。

数数的方法
数数方法多，看谁多灵活。
一个一个数，数得多又准。
两个两个数，二四六八十，
五个五个数，一五又一十。
十个十个数，一十又成百。

认识时间
时针走过数字几，
表示时间几时多。
要问多了多少分，
请你仔细看分针。

数字歌
1像铅笔细又长，2像小鸭水上漂，
3像耳朵听声音，4像红旗迎风飘，
5像秤钩来买菜，6像哨子嘟嘟响，
7像镰刀割青草，8像麻花拧一圈，
9像勺子来盛饭，10像火腿加鸡蛋。

分数大小的比较
分数大小的比较，分子、分母要记好。
分母相同看分子，分子大的分数大；
分子相同看分母，分母大的分数小。

两步计算应用题
两步计算应用题，读题审题要仔细。
解题一环扣一环，中间问题是关键。
数量关系要找准，计算步骤要理清。
抓住中间带两头，准确答题乐悠悠。

图形关系认识
点点，点成线，
线线，线成面，
面面面，动成体，
图形世界真神奇！

小数的认识
数、数、数，真有趣，
十进制中显奇妙。
数一数、分一分，
整数、分数、小数到。

图 3-5-2　儿歌

第四章 小学数学"律动课堂"的设计研究

价值观念决定了课堂教学的行为。有了前续的理论研究,我们现在需要研究将理论转化为实践的路径,这是一个复杂的转化过程,需要我们一线教师不断地在实践中探索。从传统的"认识论框架"中走出来,走进"律动课堂"的框架中,这种新形态课堂的建构是一个复杂多变的过程。本章我们将从课堂教学设计开始研究教学实践的行动路线,探索"律动课堂"的教学问题。

第一节 传统课堂教学设计的不足

课堂教学有其基本的任务:一是这节课需要完成什么样的教学目标;二是如何设计课堂以实现这些目标。当我们用新的价值观去审视传统的课堂时,不难发现其中存在的一些问题。

一、教学目标的设计问题

教学目标的确定与教师对教学的育人价值的理解相关,是教师理解课堂、进行教学的基础和前提,也是课堂的灵魂。受传统的认识论的影响,我们的教师常常存在以下一系列问题。

1. 以教材内容为第一关注点

教材上有什么教师就教什么,更深入一些是学校考什么教师就教什么。教师忽视了所教内容的过程探究对学生的育人价值的思考。教师仅仅把教学变成了传递知识。虽然有一些教师也能关注三维目标的习得,如学生的学习技能、学习技巧,还有一些智力的发展,但大多数还是以教材内容的教学传授为第一目标。

叶澜教授这样描述:通常,在教学目标上,被规定得清楚而明白的,大部分且首先是本节课教学的"重点"和"难点",需要掌握的"技能"和"技巧",其他方面或简单、抽象地提及,或几乎每次都用类似的空洞词语点一下,更多的情况是干脆不写。在课堂上,认真负责的教师往往把力气花在讲清知识、落实练习上面,使学生能牢固掌握知识,考试时不出差错。

总之,被教师抽象地谈论的教学价值观与他们在教学实践中奉行的价值观并非一致,而且相差甚远。①

2. 点状处理三维目标之间的关系

新课程改革中对三维目标的关注相信是对教师的影响,许多时候它保留在教师备课的教案中,知识与技能、过程与方法以及情感、态度和价值观,一线教师把它们作为一种特定的符号。笔者到大学去做讲座时,发现师范生也是这样的状态。他们大多并没有真正去思考这三维目标之间有什么内在的逻辑关系。所以在一线教师的教案中,常出现每一节课都有的目标:通过本节课的学习培养学习的合作学习能力,培养学生的学习情感,更有甚者,每节课都培养学生的爱国主义热情。这样的表达方式把知识与情感人为地点状化,分割成碎片状。

3. 缺少对育人价值的思考

一线教师对数学学科的育人价值若不能进行有效的思考,教学目标的实现就是片面的、不到位的,也是缺乏生长力的,对学生思维的训练也是非常有限的,因而学生就无法进行有效的迁移并实现创造性学习。

造成这一现象的原因是,长期以来,教师已习惯了传统的课堂教学方式,虽然新课程理论和核心素养等理论进行了一轮又一轮的地毯式轰炸,但是一种心理上的认同感和安全感让教师不想改变,因为改变就会有些不适应,这种不适应就会造成课堂的乱。当教师还没掌握一些开放式课堂的组织形式时,就会无所适从,也正因为此,教师想改变,但又怕改变。加上长期以来评价机制一直滞后于新课程理念,包括核心素养理论,所以理论与行为的脱节是一线教师最常见的一种状态。说句大白话,改革有什么用,考出高分才是好学生,教出高分才是好老师,这些传统的价值观占据着一线课堂的高点。

二、教学过程设计的问题分析

教学过程是教学目标的实施过程。教学的过程设计涉及对纵、横多方面的综合思考,需要教师能够从时间和空间的多重维度综合编织教与学的展开逻辑。而现实情况却是,教师们只是单一、线性地处理教学过程。在我们看来,教学过程设计主要包括纵向和横向结构两个维度。

1. 教学过程的纵向结构问题

纵向结构是指教学过程如何按时间顺序进行安排,这是解决先教什么后教什么的问题,是对一节课教学流程的纵向思考。教师在考虑这个

---

① 叶澜. 重建课堂教学价值观[J]. 教育研究,2002(5):3.

问题时，首先要理解教学目标之间的内在逻辑关系，其次还要深层解读学生的认知水平和学习需求。但是在一线课堂中往往出现以下的几种情况。

(1) 题目式行进。

这种课堂形式是教师把一节课的任务以题目的方式串在一起，没有考虑知识与知识之间的关联，在层次上也只是简单化处理，各环节之间层次性不明显。学生的学习方式就是解题，题目与题目之间没在太多的关系，有些题目还会出现突然跳跃式，难度系数高，学生解题能力出现断层。这样的教学因不讲究环节之间的内在逻辑，学生无法根据前一任务去自主探究下一个教学任务，也无法主动参与到学习活动中，只能跟着老师一点一点地前进，遇到困难也只能等着老师来解决，没有建构学习方法的能力。

(2) 爬坡式行进。

这种课堂形式是教师根据教学内容从易到难、从简单到复杂的逻辑关系设计教学环节，特点是一个教学环节一个核心任务，前后环节之间的对比研究以及每个环节的横向拓展不够丰富。这样的设计层次性明显，教师也很好掌控课堂，能够遵循学生的认知特点，让学生在自己学习的基础上不断迎接新的挑战。但不足是可能对学生的挑战过大，每个环节的横向拓展不够，学生对教学的新知识的深度理解与掌握不够扎实，这种方式更适合学习能力强、理解能力好的学生，学习基础弱的学生很可能跟不上教学的节奏。

(3) 中心任务式行进。

这种课堂形式通常只有一个中心任务，教学过程主要围绕这一核心任务，教师从不同维度反复练习，往往会不注意有层次地设计教学环节。利用这种方式往往一节课解决的任务少，学生便于掌握，对一个问题的研究比较充分。但是也有不足，那就是思维较为单一，教学简单，挑战性不够，学生的学习兴趣和学习需求不足。

2. 教学过程的横向结构问题

横向结构主要包括两个方面的内容：一是某一教学内容的展开顺序问题；二是教与学的互动结构。

(1) 某一教学内容的展开顺序问题。

这个问题通常是指对教学知识的理解与运用的关系问题，也就是让学生先理解再运用，还是先运用再理解，或者是理解与运用交替进行，其设计的依据是学生学习的内在逻辑。但在实际教学中我们常发现，一些教师把理解和掌握等同起来,常使教学目标出现短板现象;或是认为“练习=理解”,也就是在课堂上,教师非常注重学生的模仿性机械学习。学生因不能深入理解学习任务,知其然,但不知其所以然,对知识的灵活迁移和创造性地运用知识方面也会受到影响。

(2) 教与学的互动结构。

这是教学活动中师生、生生的关系问题。关于教与学的互动结构,在前面已有阐述,主要是师生的关系。传统课堂主要以教师的讲授为主,以学生被动听讲为多。教师为了抢时间、扩大课堂容量,过度代替了学生的主动思考和学习探究的时间。因此,现代课堂要求我们尽可能地给学生学习的空间,让学生先行思考,找到学生思维生长的起点和提升点,诊断学生学习中的困难点,再及时组织学生交流反馈,形成双向互动的课堂。但要注意,这里不是把所有的责任都推给学生,教师要做助推者、引领者,比如当学生不能将知识内关联的结构转化时,当学生找寻不到知识内在的规律时,教师都要适时出手,给予学生及时的点拨、重组、转化和提升等。有的教师可能开放的内容是恰当的,但开放的形式不好,不管一项学习任务多简单也要四人一个小组讨论,就会影响教学过程的推进节奏;还有的教师没说清楚合作的事项就让学生无方法地直接合作学习,常常会出现学生茫然不知所从的情况;还有的教师给学生自主研究的时间不够,把这一环节当走走形式,快速进行反馈,进入下一轮任务。以上种种,都会使学生呈现被动学习的状态,不利于学生的主动学习。

第二节 “律动课堂”的设计起点

所谓“律动课堂”的设计起点,指的是遵循科学的教与学的规律,按课堂教学的进程设计的教学目标、教学内容、展开教与学活动的入口处或起始点。只有准确地设定有针对性和适切性的教学起点,才能让一节课的教学目标得以落实。这就像运动比赛中好的起跑一样,要快速有力,方向正确,才能形成好的起步状态。在日常教学中我们会发现,教学难度过低,学生对教学内容没有挑战,学生就会失去兴趣,课堂实效性不高;但是如果难度过大,学生也会畏难,自主探索的动力降低。

一、设计起点的两类认识及其不足

课堂教学的设计起点是教学实践中老生常谈的问题,对此问题的认识与看法长期以来主要有以下两种说法。

1. 教材起点说

这是传统教学设计起点最常用的思想认识。传统课堂教学以认识论为依据，把知识的传授作为课堂教学的中心或者说是唯一任务，准确全面地解读教材、把握教材和讲授教材是其基础要求。在这种教学观念的影响下，确定一节数学课的目标起点，并找出重点、难点与讲解的逻辑顺序是教师的主要任务。教师把课堂教学的认识重心集中到知识内容的点上，把点一个一个串起来就是主要的设计思路。

这种确立教学起点的方法，虽然说有了知识点的知识逻辑顺序，教师的操作性增强了，也保证了授课的系统性和逻辑性，但是教师却没有认识到教材是按照学年、学期、单元、课时匀速安排教学内容及其进度的，其前提是学生能够根据教学内容匀速推进，但这样也容易忽视学生在学习进程中的差异性，有些学生可能超前，也有些学生可能滞后于教材的进程。因此，教材只是给一线教师提供一个可能的参考范围，为教学设计提供一个教学起点的可能性。但是学生的发展进程是不一样的，我们不能置若罔闻，不顾及学生的真实水平和起点。另外，教材的安排是以一节节课的内容为主要构成的，在教材的编排过程中将整体的知识分解成一个个由易到难、循序渐进的知识点，从而将原本有机关联的知识结构人为地分为以"点"为单位的符号系统，如果仅仅按照教材设计教学起点，可能会导致教师的教学设计局限在点状的知识思考中，而忽视用关联的思想去整合知识，因为点状的思考不能将学生的思维引向整体性、纵深处思考，进而造成学生思维的点状化，不利于提高学生的能力素养。

2. 学生经验起点说

在传统的课堂教学中，教学任务被定义为由教师传授知识给学生，教师是传递系统文化知识的人，教学起点的确立依据知识逻辑与知识能力水平，忽视了作为学生的人的经验因素。儿童经验的基础性价值何在？杜威认为，教育就是儿童现在生活的过程，而不是将来生活的预备。生活就是发展，而不断发展，不断生长，就是生活。因此，最好的教育就是"从生活中学习""从经验中学习"。教育就是要给儿童提供保证其生长或充分生活的条件。由于生活就是生长，儿童的发展就是原始的本能生长的过程。因此，杜威又强调："生长是生活的特征，所以教育就是生长。"在他看来，教育不是把外面的东西强迫儿童去吸收，而是要使人类与生俱来的能力得以生长。由此，杜威认为，教育过程在它的自身以外无目的，教育的目的就在教育的过程之中。他反对把从外面强加的目的作为儿童生长的正式目标。尽管杜威并不是"儿童中心"思想的首创者，但是，他是赞同“儿童中心”思想。其最典型的一段话是:“现在,我们教育中将引起的政变是重心的转移。这是一种变革,这是一种革命,这是和哥白尼把天文学的中心从地球转到太阳一样的那种革命。这里,儿童是中心,教育的措施便围绕他们而组织起来。”

但是,以儿童的经验为起点的教学强调教学必须来源于儿童的生活实践之中,从采取儿童在生活中已经经历的活动开始,带来的后果是忽略了数学学科本身的知识逻辑性和系统性。数学学科是需要理性思维的,同时数学学科更需要想象、猜想、推论等,许多科学性的问题在现实生活中是不容易找出原型的,如果数学学习都从学生的直接经验开始,会低估学生对间接经验的学习能力,这是一种浪费时间的方式。

基于以上对两种起点的认识,如果单用某一种,都是教学的一种局限,因此,我们要把这两种方法进行关联性整合,实现真正有关联的课堂教学起点。

二、课堂教学设计的“可能起点”与“现实起点”的意义

确立课堂教学起点,既要关注可能的起点,也要考虑现实起点;既要考虑知识的逻辑结构,也要思考学生心理发展需求的逻辑。“律动课堂”在课堂教学设计的起点上要求我们既要考虑教学内容的起点,也要考虑学生发展的现实状态与潜在状态所暗示的现实起点与可能起点,并在教学过程的展开中将生成的新的资源转化为新的起点。

1. 教材内容——课堂设计的“可能起点”

“律动课堂”要求课堂设计要充分考虑教材作为可能起点的两层含义:一是在处理教材时,教师要认识到教材所提供的教学内容及其水平只是学生可能掌握的程度,提供学生学习该内容的可能范围与程度并不代表学生的真实学习状态与可能状态,不能仅仅以此作为教学设计起点的唯一依据;二是要求教师要从育人价值的高度,充分解读教学内容所蕴含的育人价值,不仅要考虑一节课所涉及的具体的命题、定理、概念和运算等具体的知识点,同时还要认识到数学教学对形成学生精确的逻辑思维能力、数学的眼光和数学的审美能力等育人价值方面的影响因素。

解读教材也是教师的新基本功之一。“律动课堂”的教学要求教师必须具有两种眼光:

第一种眼光是教师眼光。数学知识的背后都有原生的逻辑价值,教材内容背后的成人眼光是具有知识结构价值的,它是数学知识结构的基点。教师要从成人的高度去形成知识的结构化思维,在教学中呈现知识间的内在结构性关系。在处理教材时不能固定教材的呈现方式,要在实

践转化的过程中从整体上做好纵向重组和横向关联。纵向重组要求教师在处理单元教材时,纵向打通一个单元教学内容各课时教学内容间的关系,重组教材和教学内容。而横向关联则是把相关知识按其内在的类型特征组成一个整体,便于学生在整体感悟中把握知识的共性与差异性。

作为教师,我们一定要有这样的思考:我到底教什么?(明确教的起点和重点)我为什么要教这个内容?(找寻知识的育人价值点)我如何教?(科学选择恰当的教学方法)这三问要求我们不仅要解决教学中的知识逻辑问题,更多的是要解决知识的转化逻辑问题。

第二种眼光是学生眼光。这就要求教师要学会站在学生的立场上,从学生的成长需要出发,遵循的不是“教师逻辑”而是“学生逻辑”。因此,教师要想象一下,如果我是学生,第一次遇上新内容时,我是否会想研究想学习?我为什么要学这个内容?我理解掌握这个知识的困难在哪里?我应该如何去学习并深入地理解知识?

教师眼光是教学的源泉,学生眼光是教师眼光的依据,我们应将这两种眼光关联起来思考课堂教学设计的起点。

2. 儿童经验——现实起点与可能起点的统一

与教材起点不同,学生发展的现实状态不仅能提供课堂教学的“现实起点”,还能提供基于现实基础的“可能起点”,这与学生发展中的两种状态有关。苏联教育学家维果茨基提出的“最近发展区”理念指出,在儿童的发展中,其实一直有两种发展水平,一种是现实发展水平,是呈现出来的显见的发展水平;另一种是可能发展水平,在这两种水平之间有一个区域叫“最近发展区”,通过这样区域可能发展水平才能转变为现实发展水平。鉴于此理论,小学数学“律动课堂”在课堂设计起点上首先充分考虑学生的发展状态,并从学生的现在状态与潜在状态两个方面把握。如果不能从学生的实际发展状态出发,就会忽略学生的潜在发展可能,那么就很难提升学生的发展状态,进而无法促进学生数学素养的发展。从这个意义上讲,对学生状态的把握,既是课堂教学的起点,也是设定课堂教学的可能起点。

此外,仅对学生的发展状态做现实性和潜在性的分析还是不够的,还应从“具体学生”的角度进行分析。学生之间存在着巨大的差异,如果只从整体上对学生的发展状态进行把握,把学生都认为是在同一个起跑线上,学生以同一速度,沿着同一个路径,到达相同的终点,这样的结果必然是“要么牺牲好学生来换取落后学生的进步,要么牺牲落后学生获得一小部分好学生的发展”。那么教师应该如何面对学生的差异?教师应设计弹性教学方案和不同层次的教学目标,有区分度地进行教学,使学生在开放性的教学过程中都能有不同程度的发展。

三、课堂教学设计起点的互动生成与动态调整

课堂教学的过程不是简单地执行教案设计的过程,在很大的意义上,我们把两者的关系比喻成“足球比赛预案”与“足球比赛现场过程”的关系,因为在足球比赛中,教练和球员都要根据实际比赛状况进行即时的调整。当然,这种动态关系的呈现在传统课堂教学中是不会出现的,只有当真正是动态生成、学生主动参与的课堂教学才是这种关系产生的条件。

“律动课堂”理论认为,主动探索和发现是儿童智力发展得以集中的最主要根源。如果没有互动探索与主动发现,儿童的学习力就不会集中,儿童的学习兴趣、爱好和灵感也就无从产生。只有让儿童主动地投入到学习中去,其学习的潜力才能使整个课堂燃起思维之火,才能推动课堂教学活动向更深层次迈进。

强调学生主动探索和发现的课堂教学必然是师生、生生之间多向的互动、动态生成与相互关联的活动过程。在“律动课堂”展开之初,教师可能已经选了一个起点开始切入教学过程,但是随着课堂教学的展开,师生、生生之间产生的多向互动就会不断生成多个基于不同学生发展状态和教学推进过程的课堂教学新起点。特别是因为学生发展状态的非线性、偶然性与复杂性,从而决定了课堂教学起点预设的有限性与生成性之间的矛盾与统一的关系。

由此我们不难理解,课堂教学设计的起点并不是唯一的,而是多元的,是动态生成与动态调整的。因此,不管如何理解课堂教学设计的起点,学生的主动发展才是真正的也是最终的起点。

第三节 “律动课堂”的学情分析

学情分析是教学设计的重要组成部分,与教学设计中的其他部分有着密切联系,可以说,没有学情分析,一切教学目标的实施都不可能真正实现,只能是空中楼阁。学生是课堂的真正主体,一切教学活动都是围绕这一主体的主动参与展开的。只有当教师充分了解自己的学生,对学生进行学习前的各种情况分析,才能有效地利用学生的最近发展区完成各项教学活动,从而做到有的放矢。

一、学情分析的主要内容

学情分析应该包括以下几个方面：一方面是对学生原有知识的分析。要了解学生，首先要了解学生原有的知识基础，这对备好课具有重要的指导作用。在课堂教学中，学生已获得的知识与即将获得的知识是密切相关的。另一方面是对学生现有认知能力的分析。在学科教学中，学生的基础学习能力是指在学习过程中能够独立获取知识的能力，包括收集、处理信息的能力和动手操作的能力等。教师应全面了解学生能力发展的水平，便于有的放矢地组织教学。

学情分析是伴随现代教学设计理论产生的，是教学设计系统中影响学习系统最终设计的重要因素之一。现代教学设计理论认为，认真研究学生的实际需要、能力水平和认知倾向，为学习者设计教学、优化教学过程，可以更有效地达成教学目标，提高教学效率。

二、学情分析的具体步骤

分析学生，其实就是了解学生、研究学生。学生是具体的、活生生的、有丰富个性的、不断发展的主体，因此，课堂教学必须以学生为主体，以学生的发展为本。

《基础教育课程改革纲要》指出：教师应尊重学生的人格，关注个体差异，满足不同学生学习需要，创设能引导学生主动参与的教育环境，激发学生的学习积极性，培养学生掌握和运用知识的态度和能力，使每个学生都能得到充分的发展。智障学生中个体差异尤为明显。要使全班学生都有所发展，并发展学生的个性特长，这是我们教育的宗旨。

对于所教学生的个性、已有的积累、面对新知识可能出现的障碍等，教师都应该有先知式的通晓和预测。教师可用下面的具体步骤对学生进行透彻的了解。

（1）了解学生“已经有了什么”。

教师需要了解，学生走进课堂之前，已经有哪些兴趣和需要、情感和态度、知识和技能、方法和习惯以及已经掌握了什么样的思维方式。

（2）发现学生“还缺什么”。

要掌握今天所教的知识，达成教师设定的教学目标，这些学生还缺什么。我们常常发现教学开放以后，学生互动对话的频率加大了，但是他们缺少相互倾听的意识和方法，所以教师要注意加以引导，一开始要形成一些程式化的小组合作探索对话方式，如让学生复述前一个学生的回答；对同学的发言做好评价；提出自己的观点和问题；把同学的问题和观点记录下来；等等。

(3) 研究“学生的困难和障碍是什么”。

针对当堂课的教学内容,教师要预先设想学生在学习过程中可能会遇到的具体困难、障碍点及其原因,哪些是他们理解上有困难的?为什么会形成这样的困难?学生数学思维的难点和障碍点找到了,学生的生长点也就找到了。

(4) 寻找“学生的差异是什么”。

学习同一个内容,不同的学生难免会有这样或那样的差异,教师不仅要把握这些差异,还要把差异变成教学资源。

(5) 追究学情与教学目标、内容、方法和教学过程的关系是什么。

除了上述五个步骤外,教师还需要渗透两个意识:年级意识和班级意识。要依据年级特征和班级特点来解读学生和教材。教师最需要思考的问题是“这个内容放在这个年级和这个班级教,学生的反应会如何?”读懂了学生的实际状态,教育教学就有了可靠的前提和依据。比如设计教学目标、提出学习任务就要从各层次学生的实际情况出发,使各层次学生都有自己的学习目标,这样才能让他们“跳一跳,摘果子”。制订教学目标要从大纲、教材出发,从各层次学生可能达到的能力出发,这样制订出来的目标才恰当、全面、具体,才能体现层次性。苏霍姆林斯基有一个非常形象生动的说法:“教师要学会对准学生心弦的音调。”许多教学之所以低效、无效甚至负效,常常与教师对不准学生心弦的音调有关,要么对歪了,要么对偏了,也就是我们平常所说的“没有找对学生的学习基点。”在这种对学生缺乏深入了解,甚至一无所知的情况下,便开始促使学生生长的教育工作,必定是失败无效甚至负效的。

第四节 “律动课堂”的教材重组策略

在日益强调教学变革的今天,一线教师需要反思与重建。反思传统的小学数学课堂,教材常被看作单一的教学资源,教师缺乏对知识的重组能力,教学推进散点化,致使儿童数学思维偏向单维度发展。如何科学地重组教学内容,创造儿童思维的生长空间?带着问题笔者进行了实践,旨在通过结构化重组,提升师生的思维品质,唤醒儿童能动发展意识,进而打开一片数学思维生长的新空间。

一、问题审视——对教学现状的分析与思考

众所周知,美国教育学者布鲁纳提出了结构化教学思想,注重引导教

师系统地重组教材，使所教的内容尽可能呈现出前后左右的关联性（如图4-4-1）。然而，我们发现，传统教学以认识论为基础，把知识传授作为教学的中心，重视对已有的知识技能以及知识情境的运用，对可能提升的空间与可能拓展的知识情境缺乏关注，使儿童思维空间单一化。

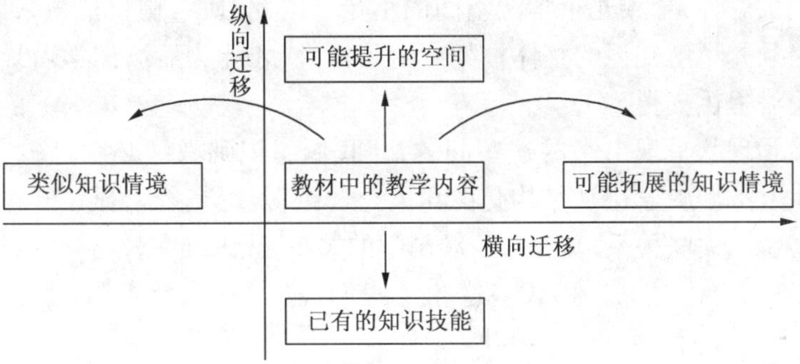

图 4-4-1　关联性

1. 教学以点状推进，儿童思维的长线逻辑性不强

传统的数学教学以课为单位组织展开，在教材中以“点”为单位，按知识的难易度编排内容。这种方式导致教师长期以“点”备课，儿童只知其然，不知其所以然，对知识缺少整体的感知，容易失去自主建构的能力。最终产生的结果是：“对于孤立部分的强调，能够系列地训练学生的常规知识，但并没有教育学生理解知识的全貌，而掌握知识的全貌才能保证整合知识结构和了解知识应用的情境。”①

2. 教学仅重视双基，儿童思维的空间纵深度不够

传统的教学重视双基，即基本知识和基本技能（如图4-4-2）。双基仅仅是儿童浅层的学习，而更为深广的是深层学习空间。2011 年版新课标中明确提出“四基”的概念，特别要求培养儿童的抽象思维和推理能力，培养儿童的创新意识和实践能力。这样的提法更多的是满足

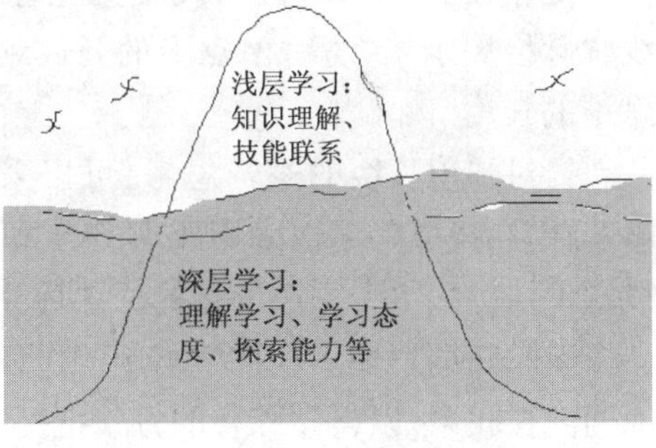

图 4-4-2　浅层学习和深层学习

---

① ［美］约翰·布兰思福特. 人是如何学习的：大脑、心理、经验及学校［M］. 程可拉，孙亚玲，王旭卿，译. 上海：华东师范大学出版社，2012：122.

儿童深层学习的需求。

3. 教学偏重于教法，儿童思维的整体关联度不足

教学中最为核心的两个关系是：教师↔学生、教↔学，但我们在日常教学中感受到较多的是教师→学生、教法→学法的单向传递，忽略了两者之间的关联性，导致儿童学法空间的不足。因此，从结构化视角来思考，儿童必须先了解知识的整体框架或上位概念，才能为后续的学习导航和主动思维提供支撑。

教学现状呈现出来的这些问题，让我们意识到教师必须打破“点状化”的教学状态，学会从结构化的角度整体把握学科教学，抓住知识间内在的转承和关联关系，真正理清教与学的关系，让思维在教与学的过程中不断发展、变化、生成、生长。这才是我们提出“教材重组”的真正意义所在。

二、实践展开——重组的实施路径与方法

在寻求实践新路径的过程中，我们用多维的新视角去重组教材，生成新思维。

1. 横向关联：结构化把握教材，延展儿童思维的逻辑度

结构化把握教材，是指在处理教材时不拘泥于教材已有的呈现方式，而是抓住知识的内在结构进行重组。数学学科的特点决定了教材内容是呈线性的、连贯的、阶梯式的。一个单元是一个相对独立的整体，这个整体用新的思维方式去教学就会呈现不一样的教学效果。教师要把关注一节课的行为转变为整体规划和系统培养，把知识结构的线状脉络展示给儿童，由点上的开放到线上的整体规划，延展儿童线状思维的长度。

针对知识长线的逻辑思考，可以采用课内学方法、课后用方法的策略。在教方法时，可以采用发现的方式，让儿童通过体验、发现、建构，形成知识结构和学习方法的结构。课后让儿童借助课上的经验用方法去自主探索和归纳发现。这种学与用的过程可以帮助儿童认识知识与方法之间的内在联系，以整体综合的方式把握知识的结构，培养儿童判断与选择的自觉意识，锤炼儿童灵活敏捷的思维品质。

以苏教版新教材四下第六单元运算律教学为例。原有主要内容如表4-4-1所示。

表 4-4-1 运算律教学

课时	教学内容	主要任务
1	加法交换律和结合律	探索加法交换律和结合律
2	加法运算律的应用	运用加法运算律进行简便计算
3	乘法交换律和结合律	探索乘法交换律和结合律
4	乘法分配律	解决实际问题的过程中发现乘法分配律
5	运用乘法分配律简便计算	学生能应用乘法分配律进行简便计算

从发展儿童思维的视角来看，教材有重组的空间。原因是整体结构尚需增强。教材只选择了加法交换律、结合律，乘法交换律、结合律以及乘法分配律。从内容上看没有减法、除法的运算规律；从结构上看，从一种运算到两种运算的规律之间断裂点多。基于以上思考，笔者对教材结构化重组后的设计如下表 4-4-2 所示。

表 4-4-2 结构化重组

课时	教学内容	安排	主要任务
1	加法交换律	课内	区分特殊与一般的差异，根据特殊对一般进行猜想，掌握验证猜想的过程，提炼学习的方法
拓展	乘法交换律	课外	课后探索在减法、除法、乘法中是否也有交换律，从而自主研究出乘法交换律
2 拓展	研究交流课	课内	辩论：在减法、除法、乘法中交换律是否存在，并得出结论，引出乘法交换律
3	加法结合律	课内	强调举例验证过程中的典型代表性，特殊数“0”和“1”的验证
拓展	乘法结合律	课外	利用研究加法结合律的方法探索在减法、除法、乘法中是否也有结合律，从而研究乘法结合律
4 拓展	研究交流课	课内	辩论：在减法、除法、乘法中结合律是否存在，并得出结论，归纳出乘法结合律
5	加法运算律的运用	课内	能根据题目的数据特点灵活运用加法运算律，理解运算律作为特殊规律的应用的前提
6	乘法运算律的运用	课内	理解乘法运算律在运算中的使用情境，灵活区分使用的适切性
7	乘法分配律（乘法与加法组合）	课内	辨析乘法与加法组成混合运算后在什么情况下可改变运算顺序，且保持结果不变，通过比较、分类凸显规律使用的前提条件
拓展	乘法与加、减、除法组合的分配律	课外	让学生运用方法结构在课外进行探究，得出结论，防止负迁移。排除 $a \div (b+c) \neq a \div b + a \div c$

从重组后的内容不难看出，课上让儿童自己去猜想、验证、质疑，生成了探索兴趣，并掌握了探索规律的方法。课后让他们带着一种研究精神去质疑验证，第二天的研究交流课就是一个辩论会，每个孩子会用自己的研究成果去举例和辩论，儿童在探索发现的过程中获得了发现知识的喜悦。孩子们不仅仅能体验过程与结果，更多的是学会对知识质疑的精神和批判的思想。这样的重组有利于儿童思维品质的提高，特别是思维的清晰度、思维的合理性和有效性、思维的深刻性与严密性（必要的审视与批判）。

2. 纵向组块：递进化把握教材，加强儿童思维的深刻度

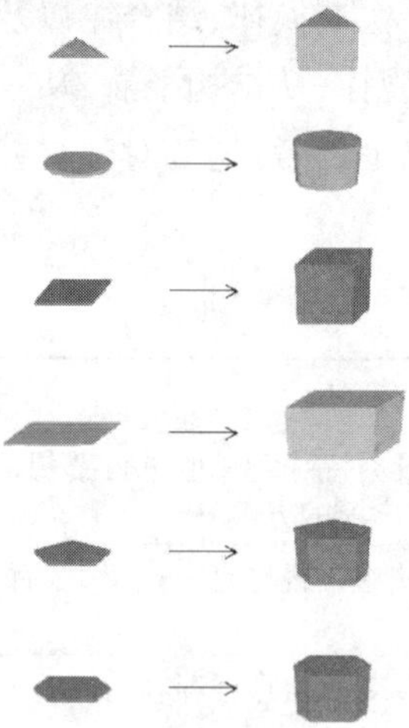
图 4-4-3

递进化把握教材，就是不仅要考虑一节课知识的递进与转承关系，还要整体递进地理解教学内容的内在关联性。可以按其内在特征组成一个整体，使儿童先整体认识再局部把握知识，在整体感悟中把握知识的共性和差异性。因为儿童的认识过程是非线性的、跳跃的、在反复循环中进行的，要结合儿童的实际对内容进行整合。正如叶澜教授所说的：“在研究课堂教学时，要注意两方面的关系与整合：一方面是知识体系的内在联系与多重关系，以求整合效应；另一方面是学生生命活动诸方面的内在联系、相互协调和整体发展。”①

以苏教版最新版六上长方体和正方体的表面积和体积的教学为例。原来的教学内容是从长方体的体积计算切入—正方体的体积—圆柱的体积—圆锥的体积，这样设计没有体现柱体的类特征，没有展示图形从二维至立体的变化规律，不能让儿童感受到知识的整体发生过程，也失去了对思维的类比需求，因此教师可以利用类特征进行柱体的整体教学。

首先，采用整体感悟的教学策略，引导学生整体感悟柱体体积计算的思维策略，补充三棱柱的教学，打通三棱柱、四棱柱、五棱柱……至圆柱的教学。

其次，让儿童整体感知柱体的类特征，类比柱体的体积计算方法是底面积乘高，从而拓展柱体教学的空间。

① 叶澜. 让课堂焕发生命活力[J]. 教育研究，1997(7).

这样的重组在空间与图形领域可以用累积的思想让儿童感知由面到体的过程，进而从中生成表面积和体积这一类计算的共同表征。

我们发现，教材中没有教学三棱柱、五棱柱等，明显感觉知识在结构面上有缺失。所以补充三棱柱、五棱柱等概念与体积计算的学习，意在打通知识间的联结，让儿童经历从平面图形的累积到形成柱体的整体思考。这种重组方式强调递进式思考，找准类知识结构间的关联，对知识形成聚类思考，从而形成抽象的概括力和类比思维力。

3. 整体建构：有机化把握教材，编织儿童思维的关联度

所谓有机化把握教材，是指在从结构化和递进化角度把握教材的同时，还要考虑儿童的学习与发展状态，从儿童发展的角度对教材进行有机化处理，使教材更具趣味性。教学要关注儿童思维前后的关联，打开儿童原有类知识情境与可拓展知识情境的通道，真正有机地创设学生思维生长的“活情境”，提升思维的灵活性、综合性与创新性。

教学中要注意对专题内容进行多向的关联，让思维生长成为一种力量，促进儿童的类比思考，融合儿童的创造体验，帮助儿童建立起关系思维习惯和方式。以线、面、体度量概念的教学为例，不难发现“长度”“面积”与“体积”三维概念之间具有如下的内在关系结构：

首先，长度、面积和体积在要素构成方面具有内在逻辑关系。几何形体构成的基本要素是点、线、面，其中无数的点累积成线，无数条线累积成面，无数条面累积成体，因此，点、线、面、体中的前者分别依次是后者的构成要素，而后者又分别是前者基础上的形成与拓展。基于以上分析，在教学中可以设计三维形成的动态演示，让儿童整体感悟其关联性。

抓住主题式结构勾连，形成如下表格：

表 4-4-3　主题式结构勾连

	线段（长度）	平面图形（面积）	立体图形（体积）	儿童思维空间
知识结构	一维度量	二维度量	三维度量	空间观念关系的思维方式
概念内涵	两点间线的长短	物体表面或平面图形面的大小	物体所占空间的大小	比较和归纳思维
比较方法	观察法、重叠法（重叠一条边）	观察法、重叠法（重叠两条边）	观察法、重叠法（重叠三条边）	体悟数学方法与思想
测量工具	借助“边”	借助“面”	借助“体”	类比迁移能力

续表

	线段(长度)	平面图形(面积)	立体图形(体积)	儿童思维空间
常用单位	米、分米、厘米……	平方米、平方分米、平方厘米……	立方米、立方分米、立方厘米……	
思维过程	感知概念—形成长度度量工具和度量单位标准统一—延伸更大的长度单位	感知概念—形成面积度量工具和度量单位标准统一—延伸更大的面积单位	感知概念—形成体积度量工具和度量单位标准统一—延伸更大的体积单位	儿童聚类思维的生长

通过这种立体结构的前后勾连,在知识的行进中让儿童沟通与比较,重点是在每单元的第一课时和最后一课时加强融合,从知识内在联系上加以开发,让儿童体会到蕴含在数学知识背后的数学思想和思维策略。

总而言之,通过三维重组,我们能够看到教学是一个多维的生命成长系统:儿童个体本身就是整体性的系统,同时又是系统中的一部分。科学的重组,从内容上培育思维的生长点和时机,为儿童提供广阔的联想空间,从而使教与学相互作用、相互促进。通过重组,我们可以感受儿童生命成长的力量像一棵勃发的生命之树,根植于思维,流传于时空,支脉不断向远方扩散、延伸。

下篇

小学数学“律动课堂”的实践探索

第五章　“数与代数”领域的教学实践

小学阶段数与代数的教学主要有数的概念、数的运算、数量关系运用、数和数运算内部规律探索的教学，这一部分作为小学数学最基本的课程内容，是数学学习的重要基础。它的思想和方法对学生理解数的意义、学习代数初步、发展必要的解决问题能力有着重要的意义。

“数与代数”的主要内容有：数的认识、数的表示、数的大小、数的运算、数量的估计；字母表示数、代数式及其运算；方程、方程组、不等式、函数；等等。在“数与代数”的教学中，应帮助学生建立数感和符号意识，发展运算能力，树立模型思想。

数感主要是指关于数与数量的表示、数量大小的比较、数量和运算结果的估计等方面的直观感觉。建立“数感”有助于学生理解现实生活中数的意义，理解或表述具体情景中的数量关系。

符号意识主要是指能够理解并且运用符号表示数、数量关系和变化规律；知道使用符号可以进行一般性的运算和推理。建立符号意识有助于学生理解符号的使用是数学表达和进行数学思考的重要形式。

运算是“数与代数”的重要内容，运算是基于法则进行的，通常运算满足一定的运算律。学习这些内容有助于学生理解运算律，培养运算能力。

模型也是“数与代数”的重要内容，方程、方程组、不等式、函数等都是基本的数学模型。从现实生活或者具体情境中抽象出数学问题，是建立模型的出发点；用符号表示数量关系和变化规律，是建立模型的过程；求出模型的结果并讨论结果的意义，是求解模型的过程。这些内容有助于培养学生的学习兴趣和应用意识，教师应帮助学生体会数学建模的过程，树立模型思想。

利用数与代数的教学，可以让学生建立良好的数感，形成初步的代数思想。结合对“律动课堂”的诠释，我们更为关注每一部分内容的知识有什么结构关联，怎样遵循知识生长和儿童思维发展的规律。本章重点就从以上所述内容进行课堂实践探索。

从表5-1-1中可以进一步认识数的概念、数的运算、数量关系、运算规律之间的结构关系，便于教师在实践中对知识进行整体思考，并把握关系。

表5-1-1 认识数

内容	整数	分数	小数	正、负数
数的概念	整数的意义、读写、组成、比大小、分类	分数的意义、读写、组成、比大小、基本性质	小数的意义、读写、组成、比大小、基本性质	负数的意义、读写、组成、比大小
数的运算	整数的加减乘除、运算法则、算法理解	分数的加减乘除、运算法则、算法理解	小数的加减乘除、运算法则、算法理解	会用负数表示生活中的一些量
数量关系	简单数量关系 复合数量关系 特殊数量关系	简单数量关系 复合数量关系 特殊数量关系	简单数量关系 复合数量关系 特殊数量关系	生活中的一些简单加减关系
运算规律	加减乘除不变规律 组合运算不变规律 加减乘除共变规律	加减乘除不变规律 组合运算不变规律 加减乘除共变规律	加减乘除不变规律 组合运算不变规律 加减乘除共变规律	

在教学中，我们要让学生从知识结构的规律去思考知识学习的框架，整体认识数与代数领域知识的结构网络，注重使用"整体感悟—部分研究—整体深入"的策略，对知识进行系统的学习，关联各部分知识之间的内在联系，从而使学生在数与代数的知识学习中打下坚实的基础。

第一节 "数的概念"教学实践

小学对数的概念的认识主要有一至三年级的整数认识、分数小数的初步认识，五六年级的分数、小数意义的再认识以及六年级的正、负数的认识。从1~10的认识、11~20以内数的认识、100以内数的认识到多位数的认识，这是整数认识的一次螺旋上升，有助于建立分数与小数认识的学法结构，形成小学数概念不断学习建构的过程。《义务教育数学课程标准(2011版)》[以下简称《标准(2011版)》]在数的认识内容中分两个学段设定课程内容。

第一学段(1～3年级)

(1) 在现实情境中理解万以内数的意义,能认、读、写万以内的数,能用数表示物体的个数或事物的顺序和位置。

(2) 能说出各数位的名称,理解各数位上的数字表示的意义;知道用算盘可以表示多位数。

(3) 理解符号<、=、>的含义,能用符号和词语描述万以内数的大小。

(4) 在生活情境中感受大数的意义,并能进行估计。

(5) 能结合具体情境初步认识小数和分数,能读、写小数和分数。

(6) 能结合具体情境比较两个一位小数的大小,能比较两个同分母分数的大小。

(7) 能运用数表示日常生活中的一些事物,并能进行交流。

第二学段(4～6年级)

(1) 在具体情境中,认识万以内的数,了解十进制计数法,会用万、亿为单位表示大数。

(2) 结合现实情境感受大数的意义,并能进行估计。

(3) 会运用数描述事物的某些特征,进一步体会数在日常生活中的作用。

(4) 知道2,3,5的倍数的特征,了解公倍数和最小公倍数;在1～100的自然数中,能找出10以内自然数的所有倍数,能找出10以内两个自然数的公倍数和最小公倍数。

(5) 了解公因数和最大公因数;在1～100的自然数中,能找出一个自然数的所有因数,能找出两个自然数的公因数和最大公因数。

(6) 了解自然数、整数、奇数、偶数、质(素)数和合数。

(7) 结合具体情境,理解小数和分数的意义,理解百分数的意义;会进行小数、分数和百分数的转化(不包括将循环小数化为分数)。

(8) 能比较小数的大小和分数的大小。

(9) 在熟悉的生活情境中,了解负数的意义,会用负数表示日常生活中的一些量。

了解这部分内容在课程标准中的基本要求,有助于我们在“律动课堂”的实践中进一步把准方向,理清内容之间的关联,从而在数的概念教学中将“律动课堂”的新质呈现出来。

一、“数的概念”教学的基本原则

1. 结构关联的原则

数源于生活。如何让学生经历由生活中的具象抽象到数,是小学生在学习过程中第一个要进行的抽象过程。教师在教学中要把握这两者之间的关系,也就是具象与抽象的关系。要让学生能看到具象想到抽象的数,同时看到抽象的数也能想到具象的物体。正如华师大吴亚萍教授经常说的:“我们要让学生在思维上能实现具象到抽象的转换,也就是看到具象想抽象,看到抽象想具象。”所以在低段数的概念的教学时,教师要提前为儿童准备大量生活中数的情境,让学生在丰富的材料积累中经历抽象的过程。而到了高段数的教学时,则要引导学生自己去生活中收集相关的信息,通过抽象的数去理解生活中具象的数的应用。

2. 互动生成的原则

小学数学“律动课堂”关注的是规律与互动,所以在知识关联中,要让学生学会在过程中形成学法结构,从而在“律动课堂”的学习中能在课堂互动中生成新知的学习。这里要指出的是,以往数的概念教学中按规律来讲,学生在认识了百以内的数后,一下子就学习万以内的数,没有让学生体会到数位的累进生成的过程,所以我们要借助学生学习的数位顺序表,运用前面学习的百以内数的学习方法,让学生体会原有的百位已经不能容纳更大的数了,从而体会到千位的生成需求。这样不仅可以让学生理解十进制计数法的特点,更可以在此过程中不断创生出更多的数位,特别是在后续小数概念的学习后,还可以把小数部分的数位进行横向的生成。

3. 关系融通的原则

在数的概念的学习中,要注意利用关系融通的原则,将整数、分数与小数进行多层面的融通,理清它们之间的关系。首先,在整数的几次螺旋式学习中,从20以内数的认识到百以内数的认识、千以内数的认识、万以内数的认识以及大数的认识,要注意联系各个数位之间的进率关系,揭示十进制计数法的结构,还要注意联系数的读写之间的关系,使数的概念的认知结构化。其次,要注重把整数与分数、分数与小数以及整数、分数与小数之间的关系进行相关的融通,让学生体会整数与分数之间具象与抽象的关系,同时要注意分数概念中部分与整体的相互关系,帮助学生理解分数的意义。最后,要注重沟通小数与整数之间的十进制关系,使学生能运用整数的数位特点和两者的关系去创造生成新的小数位数。

二、“数的概念”教学的实例分析

(一)一年级11~20以内数的认识

案例1 11~20以内数的认识。

教学内容:

苏教版一年级教材上册的第82、83页。

教材分析：

这部分内容是在学生已经认识了10以内的数，并已经积累一些认数经验的基础上进行的教学，也是为下一单元学习"20以内的进位加法和退位减法"以及下学期"100以内数的认识"做准备。本单元教学内容分三段安排：第一段，认识"10个一是1个十"，通过数数掌握11～20各数的顺序及读法；第二段，理解11～20各数的组成，学习写数；第三段，应用11～20各数的组成，探索10加几和相应的减法。本节课的教学内容就是其中的第一段，教材首先通过数出10根小棒捆成一捆的操作活动，让学生体会10根小棒可以看作10个一，1捆小棒可以看作1个十，进而理解"10个一是1个十"，接着提出"摆12根小棒，怎样摆能看得很清楚"这一问题，引导学生自觉运用已有的认数经验摆一摆，感知1个十和2个一合起来是12，突出把十作为一个计数单位。然后通过三幅小棒图，让学生借助摆一摆的活动初步学会认、读11～19各数，掌握"十几"所表示的含义和顺序。在此基础上，通过"19根添上1根是多少根"这个问题，启发学生认识20。"想想做做"安排了6道题，让学生感知11～20各数的实际数值和大小，进一步体会11～20各数的顺序，培养学生的数感和估计意识，从而初步学会用数描述身边的事物。

本单元第一次出现计数单位"一(个)"和"十"，第一次提出"10个一是1个十"，并初步接触计数器上的个位、十位。这是学生数概念形成过程中的一次重要突破，也是学生进一步认识100以内的数乃至更大的数的基础。因此，让学生掌握好这部分内容对后续学习有着十分重要的意义。基于以上考虑，把本节课设计成两大环节：一是认识计数单位"一(个)""十"，理解"10个一"是"1个十"，初步感知11～20各数的组成；二是整理11～20各数的顺序，明确数的大小排列；通过操作活动练习，帮助学生进一步积累认数经验，发展数感。

学情分析：

在日常生活中，大部分学生已经接触过一些比10大的数，而且不久前又认识了10以内的数。学生对11～20各数的认读、书写、大小比较不存在任何困难，而对于以"十"为计数单位及11～20各数的组成认识不多，但这个知识却是后续学习的关键。因此，本节课的设计以通过动手操作帮助学生建立计数单位"十"这个概念为起点，逐步学会掌握11～20各数的组成，并能够简单应用。一年级学生的思维以具体形象思维为主，大量的操作活动有利于学生把新知识自觉纳入已有的认知结构中。因此要特别注重操作活动，引领学生由具体到抽象，逐步认识11～20各数。

教学目标：

(1) 学生在数数、读数等活动中认识计数单位“一(个)”“十”，初步理解“10 个一是 1 个十”，知道 11～20 各数的大小、顺序，初步感知 11～20 各数的组成，能正确认、读 11～20 各数。

(2) 学生经历数数和用数描述简单生活现象的过程，体会数在日常生活中的广泛应用，培养初步的估计意识，发展数感。

(3) 学生在获取知识和技能的过程中获得有关数学思考、情感态度、价值观等方面的发展。

教学重点：

通过学生的实践操作、自主探索、合作交流，掌握 1 个十和几个一表示十几，能正确地写出 11～20 各数。

教学难点：

建立“10 个一是 1 个十”的概念。

教学过程：

1. 关联回顾，活动探索

(1) 我们之前学过的数有哪些？

(2) 在数轴上填数。

(3) 比较数的大小。

(4) 数物体。有多少只小鸟，多少只蜜蜂？都是 10 只，为什么蜜蜂大家数得快呢？(小鸟位置乱，蜜蜂是 2 只 2 只在一起的)学生写一写、数一数，并口答。

设计意图：回忆学习过的数以及数数的方法，为今天学习计数单位“一”“十”做准备。让学生有关联的思想，在学习每节新课时，先要想一想前续我们学过了什么内容。

2. 自主探索，动态生成

(1) 认识“一”“十”，感知十几的数的组成。

学生按要求数出 12 根小棒，摆一摆，要求一目了然。

学生摆放结果预设：

方法一　1 根 1 根，共 12 根，摆成一排。

方法二　2 根 2 根摆在一起。

方法三　5 根 5 根摆在一起。

方法四　10 根摆在一起，旁边再放 2 根。

展示学生的摆放结果，通过比较得出：方法四是最清楚地看出是 12

的方法。

设计意图：通过摆小棒，比较不同的方法，让学生体会10根小棒捆在一起的好处，感受十进制计数法。

（2）认识计数单位“一（个）”“十”。

留下方法一和方法四的摆法，并在黑板上展示。

师：咱们今天要研究这两种摆法。

① 认识计数单位“一”。

师：方法一的摆法，像这样一个一个地数，每一根小棒都是“一”。（板书：一）

这里有几个一呢？（板书：10个一）

② 认识计数单位“十”。

师：方法四的摆法，像这样10根摆在一起，我们可以把它们捆起来，这样的一捆是“十”。（板书：十）

一捆是几个十？再加一捆呢？再加一捆呢？

③ 10个一是1个十。

师：这里的10个一和几个十是同样多的？

（板书：10个一=1个十）

师：你会用盒子里的小棒捆1个十吗？

（3）感知数的组成。

师：看展台，我们刚才摆的12根小棒是由几个十和几个一合成的？

师：那你知道几个十和几个一能合成13吗？15呢？（板书：13，15）

师：你能像这样摆一些十几的数并和同桌互相说一说它是由几个十和几个一合成的吗？比一比，看谁摆得多、说得好。

点名交流。（相继板书：11，14，17，16，18，19）

（4）认识20。

师：你会摆出20根小棒吗？

学生摆放结果预设：

方法一　20根，摆成1排。

方法二　1捆10根加1排10根。

方法三　两捆，各10根。

展示摆放情况并进行比较。

师：他们摆的都是20根，那有什么不一样的地方？怎么摆看得最清楚？

师：那么20是由几个什么合成的呢？（板书：2个十是20）

设计意图：通过感受"几个一"和"几个十"，让学生真正理解"10个一"和"1个十"表示的数量，构建"1个十"的概念。通过摆一摆、说一说，让学生体会十几的数的组成。通过几种摆放结果的比较，加深学生对"10个一是1个十"的理解，体会十进制计数法，为今后学习更大的数打下扎实的基础。

3. 操作练习，发展数感

（1）完成数轴，感受大小顺序。

① 在数轴上排列顺序，比较大小。

老师手指黑板上排列的数。

师：这些数这样排列你们喜欢吗？怎么排列好呢？

师：老师把我们前面练习过的这题中的线向右延长，你能在上面找出11～20的位置吗？11排在哪里？（11在10的后面，10在11的前面）

师：从左数，11是第几个数？（第12个数）

师：你能把其他数也填上去吗？

展台展示答案。

师：这些数从左向右看是按什么样的顺序排列的？

同桌互相检查订正。（教师完成数轴板书）

师：请按照从小到大的顺序轻声读一读线上的数，再说一说，它们分别是左起的第几个数。

② 数数。

师：你能从7数到17吗？先在心里数一数，再举手回答。11到20呢？

师：请同桌的同学互相合作，一个同学提要求，另一个同学数。然后再互相交换一下。

师：你完成同桌的要求了吗？

（2）操作活动，发展数感。

① 抓一抓、数一数。

师：请大家把纸盒里的小棒上的皮筋都拿掉放在桌上，小棒全部放到纸盒里，然后按老师的要求抓小棒。

师：请你从纸盒里抓一把，再数数抓出来的小棒有多少根。

师：抓一把小棒，根数要在11～20之间，你有把握做到吗？试一试。

② 估一估、数一数。

展台出示草莓图5秒钟。

师：大家估计图中的草莓有多少颗。谁估计的和正确颗数差不多呢？我们一起数一数。草莓有点乱，数的时候要注意什么？

师：那么多的草莓咱们能不能想办法在图上圈一圈，让别人一下子就能看出来？

师：请大家看练习纸上的小伞图，像刚才学习草莓图那样，先估一估，再数一数，然后圈一圈。

③ 数一数、捏一捏。

拿出数学书，数出10张纸，捏捏有多厚。再数出20张纸，捏捏有多厚。

师：两次的感觉一样吗？有什么不同？用手势比给老师看10张纸有多厚。20张呢？20张有几个10张那么厚？那大家猜一猜30张会有多厚。40张呢？

（3）生活中11～20以内的数。

师：刚才的操作活动大家都完成得非常好，谁来说一说生活中，我们在哪些地方见到过11～20各数？

师：请看下面的图片，图中分别画了什么？图中标出的数是什么意思？

设计意图：通过延长数轴填数，让学生体会数轴的延伸性，积累认数经验。通过第1、2两题的填数、读数、数数，帮助学生把11～20各数与10以内的数联系起来，形成相对完整的认识，并让学生体会到它们都可以表示物体的个数和次序。通过分层次的两次抓小棒活动，引导学生根据已有的认数经验，控制所抓小棒的数量，感受11～20各数的大小，促进数感的发展，培养学生估计意识以及验证习惯。通过感官练习，增强数感，体会2个十是20。通过说一说，使学生初步学会用数描述身边的事物，体会数在生活中的应用。

4. 关联延伸，开放生长

（1）总结并回顾课堂的过程。

师：同学们，回想一下，今天我们学习了哪些数？（板书：认识11～20各数）

师：我们今天只是学习了11～20各数的数数和读数，下节课我们还会继续研究11～20各数的其他知识。通过今天的学习你们知道了哪些知识？

(2) 分类,深化认识。

师:你能给数轴上的 0 ~ 20 各数分分类吗?

同桌讨论。

分类预设:

方法一　按位数分类,一位数和两位数。

方法二　按单双数分类,单数和双数。

方法三　10 和 20 后面是 0。

(3) 结束语。

师:同学们今天的表现都很棒,现在让我们从 20 开始倒数,结束今天的学习。

> 设计意图:通过分类练习和倒数练习,加深学生对 0 ~ 20 的认识,拓宽学生的思维。

板书设计:(淮安市清江浦实验小学　高重庆)

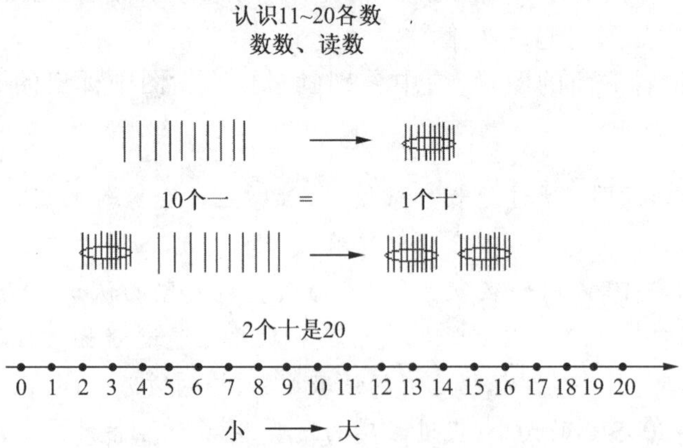

(二) 三年级上册案例“认识分数”

案例 2　认识分数。

教学内容:

苏教版义务教育教科书小学数学三年级上册第 87 ~ 89 页。

教材分析:

在小学阶段,有关分数的概念的教学分为两个认识循环,第一个认识循环就是我们三年级分数的初步认识。由于分数的概念涉及学生对于整体与部分之间关系的认识,反映的是一种“关系认识”的思维方式,所以分数概念较之整数概念来说更为抽象。这种整体与部分的关系又可以分为两个认识层次：第一个就是我们现在认识的单个整体与部分的具象关系；第二个是三年级下学期要认识的多个整体与部分的抽象关系。由于单个整体的分数认识与多个物体抽象整体的分数认识属于两个不同层次的认识水平，且具有结构类同的关系存在，因此，在分数认识的教学中，我们应采用整体关联的教学策略，以单个整体的分数认识为教学结构，以多个整体的分数认识为运用结构。从这个意义上来说，本次单个整体的分数认识就显得至关重要。

在单个整体的分数认识的教学结构阶段，我们改变过去从分蛋糕的情境引入，按照“了解概念—理解记忆概念—辨析强化概念—巩固运用概念”的教学逻辑，采用“辨析比较材料—提炼抽取本质—归纳概括命名”的活动过程，一方面使学生在大量的背景材料中对单个整体的分数概念的本质内涵形成丰富且深刻的认识；另一方面使学生充分感知单个整体的分数认识的教学过程结构。教师首先为学生提供丰富的感性材料，引导学生在对这些材料充分感知的基础上进行辨析、比较、分类，不仅可以培养学生对材料的处理和辨析能力，而且可以培养学生发现相同材料中隐藏着各自不同特点的数学眼光，还可以培养学生透过表面现象发现其中本质属性的穿透能力和抽象能力。再通过聚类分析的横向比较和纵向比较，让学生发现这些材料背后的本质属性，从而归纳概括和提炼抽象出分数的概念：把一个物体平均分成几份，每份就是它的几分之一，它表示的是部分与整体的关系。然后通过联系生活举例，激发学生努力将几分之一与现实生活建立联系，进一步加深对“几分之一”内涵意义的认识和理解，从而避免出现分数仅仅与分蛋糕和几何图形建立联系的认识局限。同时我们还要注意结合教学过程，培养学生的语言表达能力，以期学生能够在归纳概念和提炼抽象的环节中用比较准确和清晰的语言进行表达。

学情分析：

从学生的角度来讲，学生在二年级已经学习过除法，有把整数平均分的知识基础，会用语言表达把总数平均分成几份，每份是几。也有平均分和不平均分的认识基础，本课在此基础上，学生要体会把单个物体组成的一个整体平均分成几份，认识它的几分之一。教师在单个整体的分数认识的教学中首先要注意给学生提供大量的感性材料，引导学生在对这些材料充分感知的基础上进行比较和分析。其次要注意与学生的现实生活相联系，帮助学生对几分之一的内涵形成丰富的认识。最后还要注意引导学生在大量材料感知的基础上进行归纳和提炼。

教学目标：

（1）通过对丰富材料的分类和分析，培养学生观察数学的能力，帮助学生建立关系认识的思维方式，使学生对一个物体的部分与整体的关系有一定的观察力。

（2）通过对材料的聚类分析，感悟把一个物体平均分成几份，其中的一份就是这个物体的几分之一，初步感知分数的本质是部分与整体的关系。

（3）通过引导学生经历“辨析比较材料—提炼抽取本质—归纳概括命名”的活动过程，帮助学生形成对分数概念内涵的丰富认识，提升比较分类、概括抽象的能力，使学生能用比较准确、简练和严密的数学语言表述几分之一的意义，提升学生的语言表述能力。

教学重点：

理解几分之一的意义。

教学难点：

物品的分类分析以及对几分之一意义的提炼表述。

教学过程：

1. 关联回顾，开放引入

（1）回顾平均分意义。

出示 12 幅图片。

师：请用一句话描述每幅图所表示的意思。

学生自己说分法。

丰富的资源让学生感受分数来源于生活。

（2）辨析材料，比较分类。

① 辨析材料，指出相同点和不同点。

共同点：一个物体分成了几份。

指出不同点：是否平均分、分的份数不同。

比较分类：根据分法的不同，将这些材料进行分类。

呈现一级分类资源，有两种情况：一种是关注是否平均分，分成平均分和不平均分两大类；另一种是关注分成的份数，分成 2 份、3 份、4 份三大类。

② 引导推进二级分类。

在我们分成的每一大类中，还有不同的特点吗？试比较它们的不同点，再接着分一分。

③ 呈现二级分类资源。

比较两种不同的分类结果，引导观察，达成共识：两种分类的路径不同，但是分得的最终结果是相同的。

④ 聚焦本课研究内容。

师：今天这节课，我们重点研究平均分的这一类分法，不平均分的，我们就暂时放在一边。

设计意图：提供大量的感性材料，引导学生在对这些材料充分感知的基础上进行辨析比较和分类分析。通过对丰富材料的分类分析，培养学生发现关系意义的数学眼光，帮助学生建立关系认识的思维方式，使学生对一个物体的部分与整体的关系建立敏感性。

2. 聚类分析，认识几分之一

(1) 认识二分之一(教结构)。

“放”——首先观察第一类，这三个物体在分的时候有什么共同特点，你能用一个数表示其中的一部分与整体的关系吗？先想一想，再和同桌说一说。

“收”——这一类物体在分法上有什么共同的特点？

师：如果我想表示这个平均分成 2 份中的一份，用我们以前的数已经无法表示了，要学习新的数——分数。

介绍二分之一的读法、写法、各部分的名称。

形成规范的语言表述“$\frac{1}{2}$”的含义。

(2) 认识“$\frac{1}{3}$”“$\frac{1}{4}$”(用结构)。

“放”——下面这两类，每一类又各有什么特点？又可以用怎样的一个分数来表示其中的一部分和整体之间的关系。先想一想，再写一写，然后和同桌相互说一说。

“收”——学生汇报，认识“$\frac{1}{3}$”和“$\frac{1}{4}$”。

(3) 纵向比较，提炼本质。

过渡——通过刚才的分类分析，我们认识了“$\frac{1}{2}$”“$\frac{1}{3}$”“$\frac{1}{4}$”，请同学们竖着比较一下，有什么发现？和同桌说一说。

学生汇报，过程推进——如果把一个物体平均分成 6 份，其中的一份是这个物体的(　　)，如果平均分成 10 份……你能用一句话概括一下吗？

小结：把一个物体平均分成几份，其中的一份就是这个物体的几分之一。

(4) 联系生活，丰富内涵。

你还能举出这样的例子吗？先想一想，再与同桌交流一下。

生活中这样的例子还有很多，让我们一起来欣赏一下，你能想到几分之一？

设计意图：通过聚类分析，让学生发现材料背后的本质属性，从而认识几分之一的内涵，归纳概括和提炼抽象出分数的概念。深化对分数几分之一的本质认识。培养学生运用准确简练和规范的语言进行表达的能力。丰富学生对分数内涵的认识。

3. 关联拓展，提炼学法

(1) 回顾学习方法及知识，类比产生学习需要。

师：通过今天的学习，我们认识了新朋友——分数（几分之一）。谁来说说什么是几分之一，我们是怎么认识几分之一的？

(2) 整理学习方法，拓展学习内容。

设计意图：分数的概念关涉学生对于整体与部分之间关系的认识，反映的是一种关系认识的思维方式，所以分数概念对于整数概念来说，更为抽象。数学概念要经历简约化和符号化的表达，这是一种显性的符号化知识，而感知丰富的材料—比较和提炼抽取本质—归纳命名的过程则是一种隐性的学习过程，其育人价值更胜于前者。所以在课堂的最后总结要让学生去体会学习的过程，并提炼学法结构，为后续的学习提供研究的路径和方法。

（三）三年级下册案例“认识小数”

案例3 认识小数。

教学内容：

国标苏教版小学数学三年级下册第87、88页。

教材分析：

学习数学的过程实际上是一个数学认知的过程，在这个过程中，学生在教师的指导下把教材知识结构转化成自己的数学学习结构。“认识小数”中的例1从测量长度的实际问题引入，学生测量课桌的长与宽，得到的结果分别是5分米和4分米，接着启发学生思考“5分米是几分之几米？4 分米呢？”然后直接告诉学生$\frac{5}{10}$米可以写成 0.5 米，$\frac{4}{10}$米可以写成 0.4 米。例 2 从文具用品的价格引入，认识整数部分不是 0 的小数，最后介绍小数各部分的名称。这是教材的知识结构。但实际上，小数和整数与分数之间内在的关联是长线数学的知识体系，并且在十进制的大结构下更有助于提高学生对小数意义的初步认知。

教学目标：

（1）结合具体情境认识小数，知道以米为单位或以元为单位的小数的具体含义，懂得十分之几的分数可以用一位小数表示。

（2）会认、读、写一位小数，知道小数各部分的名称。

（3）通过观察思考、比较分析、综合概括沟通整数、分数和小数的联系。

（4）认识小数在实际生活中的应用，沟通数学与生活的联系，感知小数的应用价值。

教学重、难点：

理解一位小数的含义。

教、学具准备：

课件、作业纸。

教学过程：

1. 情境设置，关联引入

（1）以“数源于数”引入。

师：同学们，这句话谁会读？（师标出读音）

师：一起数，1，2，3，4，…，10，这些都是我们从一年级起就认识的数，谁再说出一个更大的？（板书出这个数）

师：这些通过数自然界中物体个数所表示出来的数叫作自然数，加上 0，这些都是整的数，也叫整数。（板书整数）

除了这些整数外，还有没有不整的数呢？回顾分数，随着学生说分数，教师出示一些长方形、正方形、线段图中的分数让学生说一说。

在数数时，我们常用手指头数，所以古人发明了计数的十进制。（在板书的一个大的整数上写出个、十、百、千、万）还有哪些我们学过的单位之间也是十进制？能说一说吗？

师：以前我们都会知道 1 米 =（　　）分米，如果换一下，1 分米 =（　　）米，你会填吗？这里面又能产生什么新的数呢？除了整数、分数，你还知道什么数？（板书：有没有？）

说说你在哪里见过小数？（学生举例）

出示课题：认识小数。（那么小数是什么？板书：是什么？）

2. 数形结合，融通探究

（1）借助米尺测量，沟通十分之几与一位小数的联系。

① 认识一位小数的基本元素0.1。

师：日常生活中最常做的事情是测量和买东西，我们先从测量入手，这是一把人们常用的米尺。日常生活中的物体的长度是不是都是整米的呢？

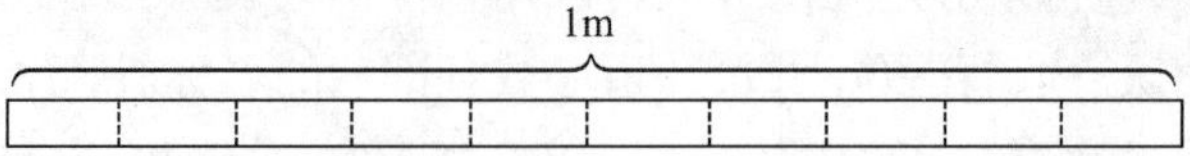

1分米=（　　）米，画于黑板上。

写出1米，指出1是个整数。现在平均分成了几份，1分米是其中的几份？你想到了什么数？（板书；十分之一）

师：如果用小数表示，你知道怎么写吗？（板书：0.1读作零点一，连着单位一起读就是零点一米）它是由哪个分数转化而来的？

② 认识十分之几到一位小数的转化。

随机测量课桌的长和宽，够整米吗？现在说一说，你想到了哪个分数，猜一猜转化成小数怎么写？（学生交流后到黑板上板书）

③ 在米尺上再找一找分数，想一想分数，写一写小数。

小组自由说一说、找一找、写一写。

④ 其他长度单位十进制之间的分数与小数的关系。

由米和分米的十进关系，思考分米与厘米、厘米与毫米之间的小数关系。

练习第1题。

图5-1-1

（2）在物品价格中认识几点几。

① 刚才研究了测量中产生的小数，下面再来看一看生活中经常用到小数的地方：物品的价格。出示两个物品的价格，如图5-1-1所示，问一问：如果用元作单位，应该怎么表示？

1元2角=（　　）元　　3元5角=（　　）元

如果把1元看作1个正方形，在正方形里涂一涂，想一想。

同桌互相研究，交流想法。

② 写小数、读小数。

如图5-1-2所示的食品如果也用元作单位，你会写出小数吗？

2. 在(　)里填小数，再读一读。

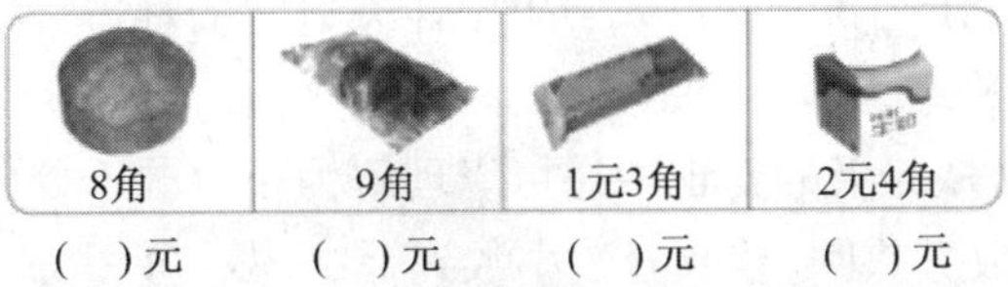

图 5-1-2

沟通小数、分数两者之间的关系。

观察米尺图和正方形图，写出小数的共同点，一位小数表示十分之几。

③ 比较整数与小数的区别与联系。

观察小数与整数有什么区别。

认识小数的各部分名称。（整数部分、小数部分）

师：咱们来观察一下这几个小数，它们都有什么？（小数点）小数点把这个小数分成了两部分，左边的是整数部分，右边的是小数部分。

3. 沟通整数，拓展想象

（1）游戏：百变魔尺（变米尺为数轴，抽象一位小数的本质意义），小数在哪里？（板书：在哪里？）

① 调皮的米尺开始变化了，现在它变成了 0 ~ 1 之间的一条线段。在这条线段上你还能找到小数吗？老师指一个点，谁来说说？再请一个同学指个点，让大家找找分数和小数。

② 调皮的线段又忙开了，它向两边伸展，变成了数轴（如图 5-1-3）。

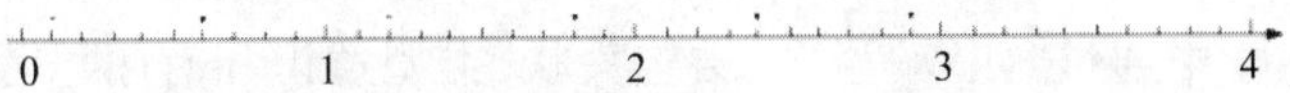

图 5-1-3

师：在这根数轴上，知道这个点表示哪个小数吗？（0.1）那这个点呢？……2.5 这个小数的家在哪里？如果老师想表示 3.6，你知道在哪吗？

（2）每个点都表示一个数，数轴还能继续伸展，我们还能找到更多的小数。尽管屏幕上看不到，你能想象出来吗？

（3）回顾整数的数位，猜想叫什么位？（十分位）一位小数。由一位数、两位数、三位数……联想，小数会不会有二位小数、三位小数……联系数轴，体会如果把 0.1 再平均分成 10 份，也就是把 1 平均分成 100 份，会产生二位小数，把每一小段再平均分 10 份，产生三位小数……

（4）想不想知道小数是怎么来的？如果你想对小数有更深入的了

解,你打算怎么办?(生活中的小数:视力表、身高、常见建筑的数据)

出示小数的产生历史,在数学史中体会数学的魅力。

(5) 全课总结,关联开头。

数源于数,从今天的知识中还可以理解为小数源于分数。(创作律动数学操:数数数真热闹,整数分数小数到,数一数、分一分,十进制中显奇妙)配合身体动作做一做后下课。

板书设计:

认识小数

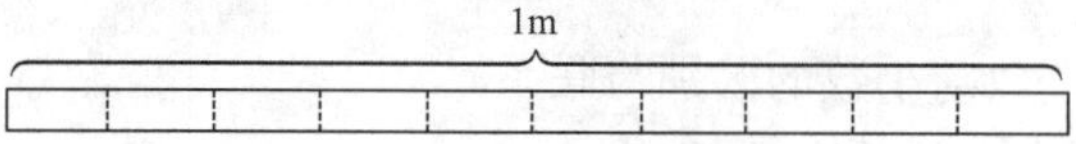

整数	1 分米	5 分米
分数	$\frac{1}{10}$米	$\frac{5}{10}$米
小数	0.1 米	0.5 米

十分之几可以写成一位小数,即零点几。

第二节 “数的运算”教学实践

数学计算教学从教师的角度看是简单的,但从学生学习发展的角度看却是不简单的,因此要从学生发展的需要出发,实现由“教”向“学”的转变。教学中通过“四算”融合、结构关联、类型意识和有序思考等方面,促进学生的思维发展,为小学生打造计算教学的开篇巨著。

《标准(2011 版)》中将数的运算内容分两个学段设定课程内容。

第一学段(1 ~3 年级)

(1) 结合具体情境,体会整数四则运算的意义。

(2) 能熟练地口算 20 以内的加减法和表内乘除法,能口算简单的百以内的加减法和一位数乘除两位数。

(3) 能计算两位数和三位数的加减法、一位数乘两位数和三位数、两位数乘两位数的乘法、两位数和三位数除以一位数的除法。

(4) 认识小括号,能进行简单的整数四则混合运算(两步)。

(5) 会进行同分母分数(分母小于 10)的加减运算以及一位小数的加减运算。

(6) 能结合具体情境,选择适当的单位进行简单估算,体会估算在生活中的作用。

(7) 经历与他人交流各自算法的过程。

(8) 能运用数及数的运算解决生活中的简单问题,并能对结果的实际意义做出解释。

第二学段(4~6年级)

(1) 能计算三位数乘两位数的乘法、三位数除以两位数的除法。

(2) 认识中括号,能进行简单的整数四则混合运算(以两步为主,不超过三步)。

(3) 探索并了解运算律(加法的交换律和结合律、乘法的交换律和结合律、乘法对加法的分配律),会应用运算律进行一些简便运算。

(4) 在具体运算和解决简单实际问题的过程中,体会加与减、乘与除的互逆关系。

(5) 能分别进行简单的小数和分数(不含带分数)的加、减、乘、除运算及混合运算(以两步为主,不超过三步)。

(6) 能解决小数、分数和百分数的简单实际问题。

(7) 在具体情境中,了解常见的数量关系:总价=单价×数量、路程=速度×时间,并能解决简单的实际问题。

(8) 经历与他人交流各自算法的过程,并能表达自己的想法。

(9) 在解决问题的过程中,能选择合适的方法进行估算。

(10) 能借助计算器进行运算,解决简单的实际问题,探索简单的规律。

小学数学“律动课堂”通过一个个例子夯实学生的算理认识,再通过一组算式进行法则提升,最后是高标要求,让学生学会判断选择、灵活运用、渗透思想、立体推进。数学教学非外在情境冲击,非平面移动,教师应着眼于学生思维发展的空间,借助于真正开放的教学过程,针对学生思维的真实起点状态,帮助学生形成有条理的、比较严密的思维习惯,使学生的思维能够从无序的状态向有序的状态提升、从点状的水平向结构状的水平提升。

在了解了课标对数运算内容的要求后,我们进一步思考数运算教学存在的问题。下面从理论思考和实践中的案例分析来进一步阐述数运算教学在“律动课堂”中的实践探索。

一、“数的运算”教学的思考

谈起数的计算教学,许多教师都是一副不以为然的表情,一年级不就是一百以内的加减法嘛,二年级也不过是千以内的加减法和简单的乘除法。小学数学教学必须从学生的数学学习出发,从学生发展的需要出发,实现由“教”向“学”的转变。很多教师可能非常关注“怎样教计算”,而很少思考“计算怎样结构化地教”,更甚少从数学思想与数学思维上思考“儿童需要怎样的数学计算”。因此,本着“从学生学习和发展的需要出发”这一朴素的数学教育思想,在数学计算中如何让儿童的思维得到发展,是小学数学“律动课堂”很好的研究抓手。

(一) 计算教学存在的问题和分析

1. 重计算结果,轻计算过程体验

在一年级,许多教师都有这样的感觉,孩子们都已经会了,所以在计算方法的教学上就只是点到为止。经过观察与调查,100 以内的加减法和表内乘法大多是家长和幼儿园老师教会的。而不同水平的家长对孩子采用的方法各不相同,有的是死记硬背,有的是纯数数,还有的完全利用实例,特别是在口算时,大多是停留在机械计算的层面上,很少从加减法的含义方面来理解。所以一、二年级的教师发现在课堂教学前大多学生已经会做了,在解读学生上只从浅层的写出结果去考虑,没有从深层思维上去解读学生存在的教学难点。在教学中对算理的探究活动时间过少,缺少让学生经历计算方法的过程体验。

2. 重计算能力的单项提高,轻思维的深层发展

通过问卷调查,发现大部分教师比较重视提高学生计算的正确率,但是教师教学中有两极分化现象,一类教师不适当地提高了教学要求,口算、笔算几乎每天练,练习的形式比较单一,大多是布置直接写得数和列竖式计算的题目,学生计算的正确率和速度在机械的操练中得到了提升,但这样做增加了学生的学习负担,影响了学生的计算兴趣;另一类教师只考查计算的正确率,基本上对学生没有速度上的要求,特别是在考试前为了保证计算的正确,连口算也要求学生列竖式,影响了学生计算技能的形成与提高。

教师对学生思维能力的要求低,缺乏类型意识和有序思考的渗入,缺乏估算和灵活计算的要求。不少教师在教学时,只满足于把课本中的题目做完,对题目中一些内在的结构关联,很少让学生去发现和比较并形成数运算知识的整体结构意识。

3. 重竖式计算,轻估算、简算的有机融合

苏教版教材在新一轮的实验教材中加大了估算的教学,特别是从低年级开始就有了估算的要求,但不少教师把估算当形式,没有将估算与口算、笔算进行有机地融合。例如,在计算 498 + 273 时,有些学生算出的结

果却是671,学生在计算前没有估算的意识,所以更没有计算后与估算的结果比较的意识。

因为教材中没有对一、二年级学生进行简算的教学要求,所以教学中教师大多没有进行相关的简算方法的渗入,只是在教10以内加减法时,对10的组成有9和1、8和2、7和3、6和4、5和5的学习要求,学生对18+82、25×4等没有相应简算的数感,特别是在二年级做38+58+62时,很少有学生有先算38+62的意识。

（二）计算教学中思维发展的策略

1. 整体把握下的“四算”融通

从整体上研究教材的内容结构,注意将不同领域的内容有机结合,体现知识之间的相互作用和内在关联,引导学生从整体上认识和理解数学,促进不同数学能力的儿童的协同发展;对同一领域内容的教学,要注意体现知识的逻辑联系和阶段性要求,有序地引导学生逐步深入地掌握数学内容的实质,完善数学认识。

(1)“瞻前”——“十进位值制”数的理解。

在认识百以内的数时,要发展学生按群计数的能力。让学生在实物操作中建立“一对多”的对应关系,理解一个数群就能代表一个物体群的数量。如十个十个地计数,一个物体群的数量就是1个十,两个物体群就是2个十,依此类推。这样,学生在按群计数的过程中不仅能体悟“十进位值制”,还能积累有关几个几的概念和连加运算的认识经验,为表内乘法的学习打好基础。同时,让学生形成对整十、整百、整千这类数的敏感性。

a 从教20以内数的认识起,到教百、千以内数的认识时,可以利用数轴图让学生去估一估,哪些数接近整十、整百、整千,如图5-2-1(a)、图5-2-1(b)所示。一年级下学期“100以内数的认识”中,面对众多的彩球,学生先要估一估,再去圈一圈,如图5-2-1(c)所示。

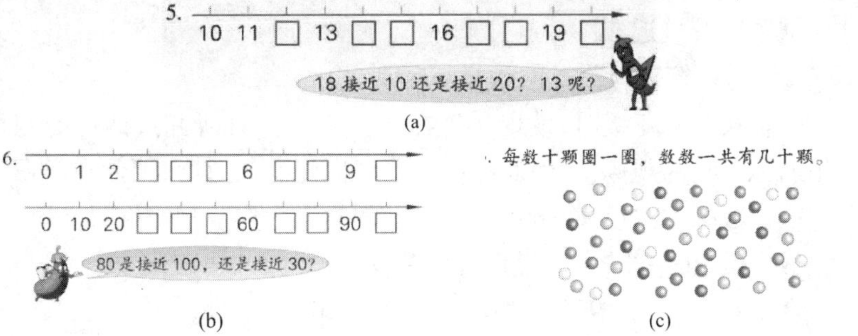

图 5-2-1

在二年级上学期学习"100 以内数的加减法（二）"的内容时，教材中专门安排了一个练习来讲解 100 以内的加减法估算，正是有了这些练习，才有了后面的"加减法的估算"。因为学生在估数时，为了便于记忆，一般取其邻近的整十数作为近似数，而这无疑为估算教学奠定了有利的基础。

（2）融合——"四算"教学的有效途径。

教师如果把估算、口算、笔算、简算看作孤立的计算形式，往往会根据题目要求进行分割教学与训练。这是对计算教学的错误理解，它忽视了学生在计算过程中非智力因素的影响，浅化了计算的价值。教师应通过融合渗透的方式，让学生根据各种具体情境做出恰当的形式判断和灵活的方法选择。

① 估算、口算与笔算的融合与沟通。

在苏教版教材二年级下册两位数乘一位数的笔算教学中，首先根据小猴摘桃的情境让学生列出算式"14 × 2 ="。让学生估一估，学生一般估的得数在二十多，再让学生想一想得数。学生的方法主要有：

方法一　$10 \times 2 = 20$　$4 \times 2 = 8$　$20 + 8 = 28$

方法二　$4 \times 2 = 8$　$10 \times 2 = 20$　$20 + 8 = 28$

方法三　$\begin{array}{r}14\\ \times\ \ 2\\ \hline 28\end{array}$（如图 5-2-2）

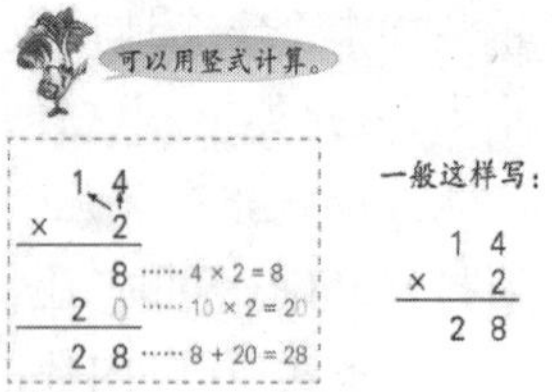

图 5-2-2

这部分学生如何知道是这样做的？学生大多回答是爸爸妈妈教的，但问他们为什么应该这样做却说不清楚。

教师将几种方法收集上来后，将方法列成并列的形式，让学生发现其中的融通关系。

最后再让学生比较计算结果和估算的结果，学生在比较中发现和估算的结果比较接近。

② 估算、笔算与简算的融合与区别。

笔者在教二年级时，发现学生在一年级时没有研究过两位数与两位数相加为 100 的规律，因而对这样的一组数没有敏感度，因此在学习三位数与三位数的加法后，笔者进行了如下的教学内容的规律探寻。

做一做、想一想，说一说你有什么发现。

91 + 9 =	986 + 14 =	100 + 200 =
86 + 14 =	281 + 719 =	99 + 200 =

45 + 55 =　　　123 + 877 =　　　99 + 199 =

通过第一、二组题让学生感悟相加为整百、整千的数的规律，由第三组题让学生感悟简算。

（3）“顾后”——“数画结合”的意识渗透。

一、二年级的学生大多喜欢画儿童画，所以从“基于儿童”的角度思考，应满足儿童的认识需求与情感需求。教学实践中笔者采用将儿童画和计算学习相结合的方法，特别是计算知识结构图，让学生用儿童画的形式来表现，学生乐在其中，思在深处。

图 5-2-4

以一年级中计算结构图（如图 5-2-4）为例，学生从左右两边的加法与减法两条线展开结构，如加法线：10 以内的加法→20 以内的加法→两位数加一位数→两位数加两位数，每一类又在小树叶中举例，两位数加一位数：20 + 6，15 + 4，18 + 4，这是以类意识进行的分类列举。

而这样的类意识渗透，必须尊重学生发展的差异，不做整体性学习的要求。例如，百以内数的加减法类型表如表 5-2-1 所示：

表 5-2-1　百以内数的加减法

	加法		减法	
整十数的加减	整十数与整十数相加		整十数与整十数相减	
	整十数与一位数相加		整十数与一位数相减	
	整十数与两位数相加		整十数与两位数相减	
两位数与一位数相加减	两位数与一位数的不进位加法	两位数与一位数的进位加法	两位数与一位数的不退位减法	两位数与一位数的退位减法
两位数与两位数相加减	两位数与两位数的不进位加法	两位数与两位数的进位加法	两位数与两位数的不退位减法	两位数与两位数的退位减法

2. 有序思维中的“深浅”适度

低年级儿童从开始学习数的组成到初识计算的加减法，教材中总有形如（　　）+（　　）=6 的开放题，这些题目不能一做了之。利用开放题形成有序思维，是教学中不可忽视的一笔资源，但又不能对学生提出“齐步走”的要求。教师应根据学生发展的个体差异，设置层次性的动态空间。

将有序思维渗透于低年级长线安排及要求如表 5-2-2 所示：

表 5-2-2 安排与要求

时间	内容	举例说明	层次动态要求	备注
一上	10 以内数的认识和加减法	5 可以分成( )和( ) 10 - ( ) = ( )	第一层次：要求学生看谁填的方法多； 第二层次：进行有序整理； 第三层次：要求有序的填写	对教学目标做弹性要求，如第二、三层次不要全班学生都掌握
	20 以内数的认识和进位加法	用 6 颗珠子在算盘上能表示哪些不同的两位数	第一层次：在操作中任意摆； 第二层次：方法有序地整理； 第三层次：找出用算珠表达两位数的规律	
一下	20 以内数的退位减法	( ) - 9 = ( )用 2,3,6 能组成哪些不同的两位数	第一层次：要求学生看谁填的方法多； 第二层次：进行有序的整理； 第三层次：直接要求有序地填写	采用游戏的形式，并加强小组间的合作与互动
二上	乘法口诀的创编	你能有序地编一编 9 的乘法口诀吗	第一层次：无序编后再有序排； 第二层次：有序创编； 第三层次：有序编后自主发展上下算式之间的联系	对层次目标做弹性要求，如第三层次不要全班学生都掌握
二下	有余数除法	□ ÷ 6 = 5……□	第一层次：要求学生看谁填的方法多； 第二层次：进行有序的思考； 第三层次：探究规律中的变与不变	第二、三层次不要求全班学生都掌握
	三位数的加法、减法	232 + □ = 300 1000 - □ = ( )		体会"加数""被加数"与"和"三者之间的变化关系，感受探索规律的科学方法

3. *互动游戏中的思维深入*

马丁·加德纳曾经做了相当正确的评价："唤醒学生的最好的办法是向他们提供有吸引力的数学游戏、智力题……"教学中根据儿童的发展设计对应的游戏，体现知识之间的融通。

（1）师生互动的计算游戏。

笔者在教学中注意实践的师生互动游戏有两类，一类是体会加、减、乘、除有机联系的游戏。例如，联想接龙游戏：师出 20 + 10 = 30，生接 30 - 10 = 20，30 - 20 = 10；师出二七十四，生接 2 × 7 = 14，7 × 2 = 14，14 ÷ 2 = 7，14 ÷ 7 = 2，7 + 7 = 14，3 × 7 - 7 = 14……

另一类是左右脑协作游戏，如双手互动两位数的计算表达。左手表示十位数，右手表示个位数，让学生用双手手势表达结果。这样能达到手脑互动，左右脑互动。

（2）亲子互动的计算游戏。

课堂的时间毕竟是有限的，许多有趣的计算游戏耗时太多，在课堂上时间上得不到保证。笔者尝试在班级建立家校联合的 QQ 群，利用网络平台指导家长进行亲子互动游戏。

例如，扑克牌十张连加游戏。具体方法是：将一副扑克中的花牌拿掉，由家长连发 10 张，孩子连续加，算出结果后，再由孩子将 10 张牌组对进行简算。如 2，3，6，6，5，4，6，9，5，7。

连加法：2 + 3→5 + 6→11 + 6→…→46 + 7 = 53。

组对简算法：3 + 7；6 + 4；5 + 5；6 + 6 + 2 + 9→53

3 + 7；5 + 5；6 + 6 + 6 + 2；9 + 4→53

……

通过游戏，儿童提高了口算能力，对口算与简算有了深层体悟，增进了亲子间的关系，思维得到了进一步的发展。

数学教学就是要把学生“教聪明”。数学计算课堂不仅要让学生掌握计算的知识，更重要的是能让学生产生智慧。思维的激活、灵性的喷发源于对话的启迪、思维的碰撞，只有深层思考的对话才能促进精彩的生成。

二、“数的运算”教学中的实例分析

（一）二年级“8 的乘法口诀”案例分析

案例 1　8 的乘法口诀。

教学内容：

《义务教育课程标准实验教科书数学》（苏教国标版）二年级上册教材第 71、72 页。

内容简析：

本节课知识是在学生初步掌握 2 ~ 5 的乘法口诀的基础上进行教学的。由于学生对如何编制乘法口诀的过程已经比较熟悉，6 ~ 9 的乘法口诀中大部分口诀在前面已经学过,新的口诀不多,而且教材的编写结构与前面乘法口诀的编排也相同,所以本单元教学应当给学生更多自主探索的空间,让学生运用迁移的原理,掌握这个单元的学习内容。与前面"乘法口诀"相比,本单元要帮助学生形成有条理地思考问题的习惯和初步的推理能力;在编制口诀的过程中,逐步培养学生抽象与概括的能力;在记忆6~9的乘法口诀时,要启发学生找联系、找规律来记忆乘法口诀。教学时,教师要设计多种有趣的练习形式,为学生创造各种运用口诀的机会,提高学生的学习积极性和学习效率。在每一部分口诀学完后,要注意复习已学过的口诀。

学情分析:

经过第五单元的学习以及本单元7的乘法口诀的学习,学生已经对乘法口诀的编制有了一定的基础,大部分学生能独立编制7的乘法口诀。所以本节课重点让学生经历编制8的乘法口诀的过程。

教学目标:

(1) 让学生经历编制8的乘法口诀的过程,了解8的乘法口诀的来源。

(2) 理解8的乘法口诀的意义,能记住8的乘法口诀,并能用乘法口诀进行简单的计算。

(3) 会用8的乘法口诀解决简单的实际问题。

(4) 通过编制口诀,培养学生运用类推的方法学习新知识。

(5) 让学生获得成功的喜悦,培养学生学习数学的兴趣。

教学重点:

经历编制8的乘法口诀的过程,理解8的乘法口诀的意义。

教学难点:

记忆8的乘法口诀,并能应用口诀进行开放式应用。

教、学具准备:

课件(交互性强),学生做研究用到的材料纸、检测纸。

教学过程:

1. 材料引入,编写口诀

(1) 介绍材料,编写口诀。

教师在屏幕上分别介绍三份材料:正方体图、方格图、空白纸,要求学生从其中选择一份材料帮助自己研究8的乘法口诀。

① 正方体图:

的个数	1	2	3	4	5	6	7	8
的个数	8							

口诀：

② 老师还为同学们准备了方格纸。方格纸也能帮助我们学习 8 的乘法口诀吗？方格图：

算式：　　　　　　　　　　口诀：

③ 还有一张！咦？怎么是空白的？这可以怎么用？空白纸：

算式：　　　　　　　　　　口诀：

学生观察三份材料，思考可以怎样利用材料帮助研究 8 的乘法口诀。

从中选择一份材料，仔细观察，想想怎样进行研究。

学生独立研究，编写口诀。

设计意图：打破原有的教材中只由 8 个小正方体摆成大正方体的单一教材呈现形式，体现学生思维的多样化、层次性。通过学生的自主选择，让各个层次的学生都有所学和有所思。

2. 研究展开、汇报材料

(1) 多种层面的材料汇报。

① 正方体图。

师：请你来介绍一下，你是怎样研究的？

(在学生介绍的过程中适时提问，引导学生发现规律)

学生介绍正方体图，说说填写表格的规律，然后介绍编写的口诀。

② 方格纸。

师：我们再来看看用方格纸编口诀的同学是怎样想的。

师：还有一位同学也是用方格纸来编口诀的。(出示)

师：这两位同学都利用方格纸来研究，有什么不同？

学生介绍算式和口诀。比较发现：两个算式都写出了同一句口诀，一句口诀可以写出两个算式。

③ 空白纸。

出示与众不同的材料。

师：看明白了吗？他是怎么想的？

学生介绍自己的材料：可能有多种多样的思维呈现，也有可能什么也没借助，直接在脑子里想，然后写算式，编口诀。

由学生的材料收集总结口诀并板书：（体现有序思考的方法）

一八得八

二八十六

三八二十四

四八三十二

五八四十

六八四十八

七八五十六

八八六十四

设计意图：通过对不同材料的思考和汇报，不仅了解了各个层次的学生思维展开的过程，也让学生了解更多的解决问题的方法，向同学讲述自己的方法的论证过程。同时有序思考可以为学生在后面能发现一些8的乘法口诀的规律做准备。

（2）口诀记忆，初步应用。

① 让学生自由记忆口诀。（3分钟左右）

② 让学生汇报记忆口诀的方法。（小组讨论，发表意见）

预设：

方法一　直接一句一句地背。

方法二　根据8的乘法口诀规律背。后一句口诀比前一句多1个8。

引导学生观察发现8的乘法口诀规律：

a. 每相邻两句8的乘法口诀都相差8。

b. 1个8是8，2个8比8多8……

c. 8的乘法口诀个位上的排列顺序是8，7，6，5，4，3，2，1。如果学生有发现这一规律，师继续提问：十位上的数字呢？

d. 8的乘法口诀，除8外，都是两位数。

由学生的方法汇报生成一些练习题。

练习想想做做的第1、2题。提示：一组一组地做，做完后想一想，你有什么发现？每一组的得数为什么是一样的？

$3\times8+8=$	$5\times8+8=$	$6\times8+8=$
$4\times8=$	$6\times8=$	$7\times8=$
$8\times4=$	$8\times6=$	$8\times7=$

(3) 口诀的初步应用与思维展开。

第一层面：你认为哪一句口诀最好记？由学生的回答生成一些练习内容。

练习想想做做的第3、4题。

第二层面：闭上眼睛，想一想，你觉得哪句比较难记？重点记一记。

交流：你觉得哪句比较难记？我们一起想怎样记。

a. 根据每句递增8来记。

b. 根据拆分的思想来记。

小结：看来我们可以想各种方法来记口诀。

3. 实践应用，检测延伸

(1) 一个超市购物图。

(单价2元的笔记本)

(单价8元的饼干)

(6元的蛋糕)

(7元的波力糖)

(奶片)

师：你还能提出哪些问题？

(预设学生能提出乘法问题、除法问题，老师再引导学生提出加法、减法的问题)

① 买8本笔记本需要多少钱？

② 56元可以买几包波力糖？

③ 小丽带了42元钱买了7包奶片，每包多少元？

④ 朱老师要买6个蛋糕，带50元钱够吗？

⑤ 一盒饼干比一块蛋糕贵多少钱？

设计意图：在解决问题的练习中，出示一组综合题，让学生在这组题中了解解题结构，熟悉数量关系，进一步提高解决问题的能力；同时培养学生能根据要求的问题合理选择信息、组合信息的能力。开放式的加法、减法、乘法和除法的问题不仅能让学生应用知识，同时也能打通不同运算之间的知识结构，让学生体会它们之间有联系与区别。

(2) 全课小结。

师生一起互动性小结本课内容，并一起读8的乘法口诀，读完后擦去。

(3) 课堂效果检测。

注意指导与批改。

实践活动题：

如果用同样大小的4个小正方体能摆成一个大正方体，那么8个同样大的小正方体能摆成一个大正方体吗？请你研究一下，还可以用多少个同样大的小正方体摆成一个大正方体，摆法有什么规律？

设计意图：实践活动题的选择和前面的正方体图相呼应，并有研究的价值。

板书设计：

8的乘法口诀

一八得八 二八十六 三八二十四 四八三十二 五八四十 六八四十八 七八五十六 八八六十四	生成性的题目和内容

设计意图：教材上安排的针对本节课内容的练习类型与以前的形式基本一样，如果教师一题一题地出示，师生都会觉得枯燥无味，所以我安排了学生用自己喜欢的方式自己巩固学习的知识，这样就摆脱了以往枯燥的一道题接一道题的单纯的练习。

开放式的教学在教学中由学生的生成来组织材料，体现对教学资源的有效利用，在生成中不仅给予学生思维的空间，而且在讨论、合作、交流的过程中让学生的能力得到提高。在学习过程中，我们为学生提供了丰富的研究材料：正方体图、方格纸、空白纸，从而为学生提供了更大的探索空间。这三份材料的作用是经过仔细考虑的。正方体图是一份比较显性的材料，尤其是能力稍差的学生可以通过选择研究这份材料，发现规律，编制8的乘法口诀。而在交流方面，我们也可以抓住学生的错误资源，先交流对的答案，发现规律，从而引导发现后面出现的错误并改正，在交流评价中更加明确8的乘法口诀的由来。方格纸则是略隐性的材料，学生需要通过进一步的观察思考，列出算式，编出口诀。而在对比交流方面，主要是想解决两个算式对应同一句口诀的问题。空白纸的设置，主要是留给学生更大的思维空间，目的在于让学生感悟，当学习遇到困难时可以自己利用材料，用摆一摆、画一画的方法来帮助自己解决问题。

在应用实践的过程中，通过学生在超市购物的情境使学生能将知识运用于实践，在运用的过程中呈现出多种思维，对比加减乘除的意义。实践活动题的选择和前面的正方体图相呼应，具有研究的价值。

（二）六年级“分数除以整数”的案例分析

案例 2　分数除以整数。

教学内容：

苏教版教材六上。

教材分析：

这部分内容是在学生已经掌握分数乘法的基础上进行教学的。教材先引导学生联系整数除法的已有认识，列出算式，再安排学生在教材提供的示意图中分一分，算出结果。教材呈现了学生可能会想到的两种算法。练习中让学生进一步探索被除数不是除数的倍数的算式的计算方法，从而认识到用分数除以整数这种算法的局限性，使学生进一步明确，分数除以整数可以转化成分数乘以这个整数的倒数。在此基础上，引导学生交流总结分数除以整数的计算方法。

为了让学生整体了解分数除法的类型并理解算理，我们把本节课分割成三大块内容：一是整体进入；二是分数除以整数的意义和算理的理解；三是拓展延伸。

学情分析：

在前期的学习与日常生活中学生已经积累了大量有关除法的感性体验。对于等分除法和包含除法这两种除法类型和整数除法的意义虽有一定的理解，但语言表述能力欠缺。由整数除法迁移到分数除法的学习对学生来说还是一个难点。所以设计本节课时加强了学生对意义和算理的理解。这节课在鼓励独立探索和解决问题方法多样化的前提下，突出将除法转化成乘以整数倒数的方法，让学生充分感悟到分数除法与整数除法的联系，以及分数除以整数的意义及算理。同时培养学生对于方法的灵活选择，增强数学学习的灵活性。

教学目标：

（1）学生理解分数除以整数的意义，探究并发现分数除以整数的计算方法，能进行正确的计算。

(2) 能根据分数除以整数的具体情况灵活选择算法。

(3) 学生在学习活动中,培养分析、对比、抽象、概括的能力,进一步体会数学知识之间的联系,增强学好数学的自信心。

教学过程:

1. 关联回顾,开放引入

(1) 对口令游戏。说出所说数的倒数。

(2) 先计算,再说说每道算式的意义。

(3) 分数乘法的计算题。

(4) 谈话:我们已经学习了分数加法、减法、乘法,从今天开始我们进入分数除法的研究。根据研究分数乘法的经验,分数除法有哪些类型呢?先想一想,把它们记录在作业纸的第二部分,如果每个类型再举个例子,就更好了,看谁写得完整。收集、展示、评析资源。

师:如果每类题我们都会算了,那么所有的分数除法我们就都会算了。

(5) 揭示课题:分数除以整数。

学生根据要求列举类型。预设:

① 分数÷整数;② 整数÷分数;③ 分数÷小数;

④ 小数÷分数;⑤ 分数÷分数。

(关注没有写全的学生)

设计意图:适当练习有助于让学生进入状态。引导学生整体认识知识并把握分数除法的各种情况。

2. 自主探索,互动生成

(1) 提供个例,理解情境。

出示个例:将一瓶$\frac{4}{5}$升的果汁平均分给2个同学喝,每人可以喝多少升?

提问:怎么列式呢?你的想法是什么?你能试着算一算吗?你有几种解决问题的方法?把你的想法都写下来,记录在作业纸的第三部分。

学生列式,并说明为什么这样列式。

预设学生的做法:

方法一 画图:

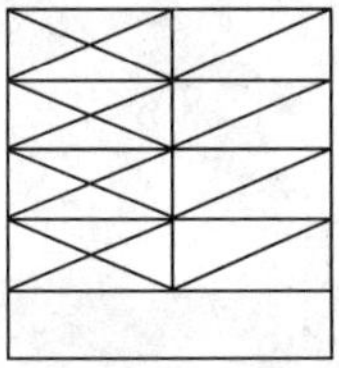

方法二　$\frac{4}{5}\div 2=\frac{4}{5}\times\frac{1}{2}=\frac{2}{5}$

方法三　$\frac{4}{5}\div 2=0.8\div 2=0.4$

(关注方法单一的学生)

① 收集并呈现资源。

每种做法你都能看懂吗？和同桌互相说一说。

② 交流反馈。

师：是不是每个分数除以整数的算式都可以这么算呢？

(2) 丰富情境，理解算理。

将一瓶$\frac{4}{5}$升的果汁平均分给3个同学喝，每人可以喝多少升？

预设学生的做法：

$\frac{4}{5}\div 3=\frac{4}{5}\times\frac{1}{3}=\frac{4}{15}$

(3) 分组练习，提炼法则。

请大家看算式、想情境、说算理、找方法，左边的同学做①②③题，右边的同学做④⑤⑥题。

① $\frac{16}{31}\div 4$；　　④ $\frac{4}{31}\div 2$；

② $\frac{5}{9}\div 10$；　　⑤ $\frac{6}{37}\div 12$；

③ $\frac{4}{15}\div 3$；　　⑥ $\frac{8}{27}\div 3$。

学生结合情境验证能否转化成乘法算式计算，提炼并完善法则。

(4) 灵活选择，优化方法。

① 展示、比较$\frac{16}{31}\div 4$的两种做法。学生通过对比形成优化的方法。

② 快速反应：

$\frac{11}{15}\div 6$；　　$\frac{14}{15}\div 7$；

$\frac{9}{17}\div 5$；　　$\frac{7}{12}\div 3$；

$\frac{1}{24}\div 4$；　　$\frac{16}{23}\div 8$。

学生进行快速反应。

设计意图：赋予算式一定的情境，有助于学生对算理的理解，让学生自己举例，丰富了情境。题组训练，既是对前面算法的巩固，也为法则提炼提供了依据。这样可以培养学生的判断和选择的意识。

3. 开放延伸，关联总结

（1）同学们，回想一下，今天我们学习了什么内容？是怎样学习的？

（2）今天我们学习了分数除以整数，那其他类型的分数除法该如何计算呢？

学生回顾学习过程，拓展思维，承前启后，对后续学习引发思考。

设计意图：学生自觉地将分数乘法、分数除以整数、分数除法的其他类型有机地结合在一起，在新旧知识的衔接处，在承上启下的过渡处，在思考问题的转折处，学生整体感悟到了知识之间的联系。这样可以拓展学生的思维，承前启后，为后续学习引发思考。

单元起始课（本单元包括：分数÷整数、整数÷分数、分数÷分数等）教学要体现整体进入的原则，引导学生提前感知本单元的学习内容，明确分数除法的各种类型，让学生经历“整体—部分—整体”这样一个有机的结构过程，这样有助于学生在了解知识背景的基础上主动学习，在主动探索的过程中有效提升思维品质，进一步完善整体思维意识。

（本案例由淮安市清江浦实验小学许加乐撰稿）

第三节　“数的运算规律”教学实践

运算律是四则混合运算的基本内容之一，包括加法交换律和结合律，乘法交换律、结合律和分配律。《标准》（实验修订稿）在“数与代数”的具体目标中指出：探索和理解运算律，能运用运算律进行一些简便运算。

一、小学阶段运算律教学存在的问题

1. 知识结构散点化

在知识结构上，教材主要选取部分的点作为学习的内容，主要是加法交换律，加法结合律，乘法交换律、结合律、分配律和除法商不变性质。点状的教学结构使得儿童学习散点化。教师如果对知识的背景少了整体的思考，往往就会在教学中出现就一个规律讲一个规律的“就点”教学，没有对各种运算规律之间进行有效的沟通，儿童没有研究的意识，没有主动探索与学习的心态不佳，更是缺少研究问题的思维方式。

2. 探索规律形式化

在教学中，不少教师将小学教材中的运算律探索教学上成了运算律运用教学，也就是说，把教学中的探索过程直接变为使用规律的过程，儿童在学习中没在亲历规律从猜想—验证—概括—应用的过程，而是直接进入应用过程。教学中不少教师为了避开学生抽象概括能力弱的局限，往往采用先进行字母表示，再进行抽象概括的直接抄写的方法。例如：$a+b=b+a$ 加法交换律，两位加数交换位置和不变。如此生硬的教学方法，让探索规律的教学形式化，使儿童失去了探索学习的生长过程。

3. 规律应用机械化

因运算律教学的散点化，往往一个运算律探索下来后，儿童只是机械地记公式，而一节课下来的练习大多是针对运用此运算律的过程。我们平时讲的简便计算的练习也是把运用运算律进行简便计算作为重点，这就使儿童形成定势，要求简便计算的就是要运用运算律，没有要求的就不用，所以在实践运用中常发现儿童在解决实际问题的过程中，没有灵活使用运算律的意识，形成“算、用分家”的现象。

二、小学阶段运算律探索的教学策略

针对以上存在的问题，笔者重点在整个探索过程中细化教学策略，找准儿童学习数学的自然生长规律，尊重儿童身心发展规律，采取科学的教学方式，找准儿童规律探索中的“生”——原生点在哪里，“长”——发展目标在哪里，有效地分三阶段经历规律生长探索的研究之旅。

（一）前续探索，找准研究的原生点

1. 明确核心任务，培养研究意识

小学运算律的教学，主要是要引导学生合理地猜想，着力于让学生了解探索规律要经历发现猜想、验证猜想到概括结论的一般过程。特别是在初始阶段加法交换律、加法结合律的教学中，注意以慢速教学让儿童经历规律教学的过程，形成研究的意识，主要包括：猜想的意识、举例的意

识、验证的意识等。

案例1 加法交换律的教学片段。

课始教师给出一组数据：

5 +3 =3 +5　　26 +34 =34 +26　　……

师：说一说你有什么发现？

生：前后两个数位置变了，得数还是一样的。

师：在以前加法的学习中，我们就会使用这个方法进行验算，但是你有没有想过，这个方法在加法中都可以用吗？

生1：可能行吧，一直都是这样用的。

生2：不知道呢，也许也有行不通的时候？

师：这位同学说得好，这个方法到底是不是在加法中都行得通，就要我们大胆地猜想，还要我们去验证它。今天我们就来研究这个问题。

学生往往以教师的话语作为指导，从一年级开始就有的加法交换律的意识主要是来自教师。在案例中，教师把这个疑问抛向学生时，激起儿童的思考，形成规律探索的新生长点，培养了学生的研究意识。

2. 明确研究前提，理解研究背景

运算律的探索中，儿童的“长”不仅体现在探索的过程体验中，更多地体现在规律探索课的整体结构意识上。教师首先要让儿童明确什么是研究的前提，重点是在变与不变间体悟这种等量关系。

案例2 加法结合律的教学片段。

教师出示一道题，让学生算一算：35 +28 +72。

方法一　35 +28 +72 =63 +72 =135

方法二　35 +（72 +28）=35 +100 =135

方法三　35 +72 +28 =107 +28 =135

师：这几种方法都计算出结果是135，那么这些方法都是合理的吗？第二和第三种方法都改变了原有的运算顺序，得到的结果与原来相同，这种做法是一种巧合吗？

生：是啊，运算顺序变了，三个加数没变，位置也变了。

师：是不是在这道题中这种方法行，所有三个数连加的题目都能改变运算顺序呢？你们猜测一下。

生：可能都行，也可能不行。

师：我们先要确定研究的前提，选三个加数，数不变，位置也不变，只改变运算顺序，大家开始举例验证。

在研究前提确立后，学生能提出猜想，但这时仅限于在教师提供的素材中打转转，并不明白为什么这三个数不变，为什么是运算顺序变，所以教师一定要有运算律规律探索的整体研究前提意识，如 23 + 18 + 45 = 22 + 20 + 44 就不是加法结合律的研究前提中的素材，可以在课始提供一下，让儿童进一步明确运算律探索的研究前提，才能真正走进探索之旅。

（二）中期探索，经历研究的生长过程

1. 寻找反例，渗透质疑意识

一直以来，在小学数学的教学中，学生最为缺少的就是对知识的质疑意识，所以在运算律探索之旅中，在儿童进行举例验证的环节，一定要让儿童有研究特殊数和举反例的意识。

案例 3　乘法结合律的教学片段。

师：刚才大家举了许多验证的例子。请看这两位同学的验证情况。

师：这两位同学在举例时有什么相同点和不同点？

生 1：他们一个举的是整数，一个是小数。

生 2：他们都是验证了先算前两个加数与先算后两个加数，结果相同。

师：你们的举例不仅要考虑举的类型不一样，而且要想一想还有什么特殊数的例子，比方说 0 与 1，能不能找到反例呢？请大家再举一些例子，找一找。

学生在运算律的探索过程中，往往只列举与前续问题类型相同的例子，而探索要注意对多类型多角度的事例加以研究。上述案例中两位同学对不同类型进行了相继的拓展，开阔了学生的视野。同时在寻找反例的过程中，培养了学生研究的思路，在研究中要有质疑的精神，这种由学生亲身经历的全过程才真正是一种思维的生长之旅。

2. 抽象概括，体验归纳过程

在运算律的教学中，教师感到最为难的是学生抽象概括能力差。抽象概括过程是由一个特殊的研究出发，再到猜想验证，发现一个普遍存在的一般规律的概括提升过程。教师不要想着儿童能总结出与教材中一样的结论，要注意在学生语言的基础上进行修改，让儿童经历规律的概括过程。

案例 4　你能用自己的语言把加法交换律总结一下吗？

生 1：把第一个数和第二个数换了位置，结果是一样的。

生 2：第一个加数和第二个加数换了位，和相同。

……

教师将学生生成的资源并排呈现在展台上，然后全班一起交流，将学生的语言慢慢地进行转化。

师：在加法中第一个数和第二个数，我们数学上有它们的名字啊，叫什么？加法的结果呢？

生：叫"加数、加数、和"。

师：大家看第二位同学的回答，他就用了这样的语言，"换了位"我们可以说成"交换位置"，"第一个加数和第二个加数"我们能不能说得更简单些呢？请大家再修改一下结论。

学生在修改中有了许多新的生成，最后再把"和相同"逐渐引向"和不变"。

这样的结论概括过程，一方面给学生提供了书面表达与实践的机会，另一方面利用学生生成的资源，有效地引导学生尝试用简洁、准确的语言表述结论，呈现出结论概括的生长过程，为后续进一步探索新的运算律、表达结论奠定基础。

（三）后期应用，体现育人价值

运算律的教学只有让儿童学会灵活运用，才能真正体现教学的育人价值。儿童在学习运算律后，会有机械使用公式的现象。事实上，在混合运算中，只有在运用运算律能起到简便计算的情况下，才能体现运算律的价值，所以在运算律探索的练习课中，要重点引导学生进行分类，通过分类体悟运算律简便使用的前提条件，使学生能够对使用的前提建立一定的敏感度，如 $25\times4=100$，$125\times8=1000$ 等凑整法的算式。注意在渗透运算律的过程中让学生养成先判断再选择运算律最后灵活运用的习惯。

案例5 *在学习乘法分配律的练习环节，教师出示以下六题。*

直接判断下列哪些题用乘法分配律运算简便：

$(40+4)\times25$	$125\times(803-3)$	$36\times101-36$
$256\times7-56\times7$	$25\times100+25\times4$	$68\times48+68\times2$

这样的设计提供给学生恰当选择算法的机会，重要的是让学生在判断中体悟到运用乘法分配律的灵活性，并不是能用就一定要用。教师要以运算律的探索为载体，帮助儿童建立判断与选择的自觉意识。

通过对运算律教学的探索研究，帮助儿童了解了知识的创生和发展过程，了解了从特殊现象到一般规律的探索方法。儿童在此过程中了解和掌握了研究的方法：猜想—验证—概括—应用。儿童在探索过程的经历中，有了不断发现和提出问题的可能。解决问题的研究过程正是儿童研究思维能力的生成过程。

三、实例分析

（一）“加法、乘法交换律”案例分析

案例6　加法、乘法交换律。

教材分析：

在“运算律”这一单元，教材的安排是先教学加法的运算律，再教学乘法的运算律；先教学交换律，再教学结合律；先教学运算律的含义，再教学运算律的应用。教材由易到难，通过迁移，提高教学效率。但是，教材“点状”地选择编排内容，使原本具有很强结构关联的知识链发生了断裂，容易让教师和学生只看到表面孤立的点状知识，而看不到有内在联系的知识整体。所以，教材内容的选择既缺乏对学生成长需要的关注与思考，也缺乏把知识作为促进学生成长的丰富资源的意识，导致教学的育人资源贫乏。加法交换律是规律探究的第一课时，是“教结构”。在探索过程中，让学生经历猜想—验证—归纳的学习方法结构，同时，掌握规范的验证书写格式等都将作为本节课的重点内容，使学生初步形成探究规律性知识的能力和意识，帮助学生建立结构意识和结构化思维模式，为今后探究其他运算规律“用结构”做好铺垫。

学情分析：

四年级的学生已经对加法交换律有了许多的感性认识，他们虽然没有正式学习过加法交换律，但在以前的学习过程中，教材已经涉及利用交换两个加数的位置对加法进行验算，学生已经有了应用加法交换律的体会。但他们缺乏科学的探究归纳过程，学生对经历猜想—验证—结论的学习过程的愿望不强烈，所以让学生真正深入体验就显得难上加难。还有用语言描述运算律以及一定的拓展延伸，都是学生以前没有接触过的，也是教学中的难点。

另外，学生对四则混合运算法则的一般性与应用运算律的特殊性两者之间的关系搞不清楚，后期会出现为了简便运算而简便的现象，没有思考应用的前提。因长期以来教材的内容安排是在有规律的背景下让学生去研究，所以学生会产生认知错觉，他们认为不用验证，老师提供的材料一定是有规律的。基于这样的思考，教师一定要让学生理解从猜想到验证再到给出结论的过程，并运用到减法、除法、乘法中进行验证，感知研究中变与不变的内在关系，并通过发现没有规律，形成对交换律的整体认识，同时也培养学生的质疑精神和正确的验证研究方法。

教学目标：

（1）学生经历探索加法交换律的过程，初步体会、感受规律探究学习

的方法结构，并能利用学法结构进一步探索交换律在减法、乘法、除法中是否成立，从而进一步探索出乘法交换律。

（2）学生初步区分特殊和一般的差异，根据特殊对一般进行合理地猜想，知道在数学中0与1在规律研究中验证的特殊性，形成在规律探索中加入0与1举例的自觉意识。

（3）学生初步掌握举例验证猜想的过程和验证的书写格式。能用自己的语言表述探索出的规律，并抽象出字母表达的方法。

教学过程：

1. 关联回顾，开放引入

（1）直接写得数。

3 + 6 =	28 + 17 =	40 + 60 =
6 + 3 =	17 + 28 =	60 + 40 =

（让学生感知每组算式之间有什么相同点）独立完成，校对结果。为新课做铺垫，让学生知道研究的前提是两个加数数字不变，调换位置，研究结果变与不变。

（2）初步感知加法交换律的特点。

我们可以把相等的加法算式用“=”连接起来，写成一个等式。

像“28 + 17 = 17 + 28”这样的等式，两边的加法算式有什么特点？

（3）猜想。

是否所有的加法算式交换两个加数的位置和都不变？（提出猜想）

设计意图：对学生而言，总会有“规律一直都存在”的思维惯性，学生的思辨力不足，所以要让学生理解今天研究什么，从个例入手，是研究的基本方法。让学生知道研究的前提是两个加数数字不变，调换位置，研究结果变与不变。从偶然的现象出发，引发学生猜想，激发学生的学习兴趣和学习需求。由个例引发后续猜想，是不是都存在这样的规律？

2. 自主探究，验证猜想

（1）你能像这样找两个数算一算，看看结论是否成立吗？

呈现学生举例验证资源，规范书写格式。

师：验证时，只有过程和结论都有了，才更有说服力。

举例验证，呈现资源，规范书写格式。预设：

① 4 + 5 = 5 + 4。

② 4 + 5 = 9，5 + 4 = 9。

（2）谁能找到反例，推翻猜想？

收集资源：呈现同一种类的例子。

打开思路：三位数呢、四位数呢？

小结：数量多、种类多、无反例，猜想是正确的。

反例：学生自主举例验证。呈现资源，拓展范围。

预设：都是同一种类的例子。

自己想一想，然后和同桌轻声地说一说。

（3）交换两个加数的位置，结果不变。

从个别到一般，逐步扩大研究范围，验证猜想。同时，在验证过程中，理解和掌握举例验证的规范书写方法及注意点，培养学生严谨的科学态度。（注意在过程中把特殊数0与1加入，并用计算器进行大数据加入）

设计意图：研究过程的经历是学生探索规律的价值点。通过不同类型、不同数型的举例验证，让学生经历个例猜想—举例验证的过程，这是一种研究方法结构的经历。特别是0和1特殊数的加入，以及用计算器加入大数据进行验证，都是一个学法建构的过程。

3. 互动交流，归纳结论

我们发现的是怎样的规律呢？你能用最简洁的符号、字母或者语言写一写吗？（归纳总结）

打开：有的同学不仅用文字表示，还运用了符号或字母。

收集资源：学生独立归纳结论。

预设：

① 甲数 + 乙数 = 乙数 + 甲数。

② 一个加数 + 另一个加数 = 另一个加数 + 一个加数。

③ □ + ○ = ○ + □。

④ $a+b=b+a$。

读一读，说一说，哪些地方归纳得好，还有什么建议？

（1）呈现字母表达式和文字的半成品结论，重点引导归纳概括。

（2）揭题：加法交换律。

（3）总结：我们是如何研究加法交换律的？（梳理规律探究步骤）

（4）快速抢答：

82 + 8 = (　　) + (　　)

36 + (　　) = 64 + (　　)

同桌说一说，尝试方法结构：提出猜想—举例验证—归纳总结。

举例中的注意点：格式规范、举例全面、寻找反例。

设计意图：归纳总结的能力也是学生的关键数学素养，所以在此过程中让学生开放地思考、动态地交流，在丰富的表达方式上要引导学生直指规律的最本质思考。

4. 关联拓展，学法总结

(1) 在减法、乘法、除法中是否存在交换律？

在加法中，我们存在交换律，那么其他运算方法呢？课后我们可以按照这样的方法自己研究。

学生进行举例验证，发现反例后就说明不成立。

全班进行反馈，在反馈中让学生感知验证的必要性。

得出乘法交换律的结论。

学生提出猜想，课后尝试用今天的方法进行研究，拓展研究的视角，促使学生主动探究。

(2) 横向拓展：在一步运算中成立，在两步运算或多步运算中呢？

交换律的发现在四则混合运算中有什么作用？与四则混合运算方法之间又有什么样的联系？课后进行探索。由一步运算引向两步运算的思考，为后续的结合律做准备，同时也为进一步研究多步中不同四则混合组合中运算方法的变与不变的规律做准备。

（二）"连减的性质"案例分析

案例7 连减的性质。

教材分析：

减法的运算性质在现行的苏教版教材中并没有作为专项内容单独编排，但是在二、三、四年级的题组练习中有不断渗透。在教学中，部分教师只停留于对学生进行理解与运用的教学，不注重对学生研究意识的培养和研究方法的灌输。这样学生的认知方法结构将遭到破坏。

本节课从学生认知方式结构化角度出发教学连减的性质，通过实际问题引发学生猜想，并通过比较突显规律灵活使用的条件，这是规律探究教学的重点所在。从完整的知识结构分析，本节课作为运算规律的探索课的最佳教学时机是在加法、乘法运算的不变规律（交换律、结合律）之后，能紧接着进行减法和除法运算中的不变规律（连减和连除的性质、差不变和商不变的规律），这几节规律探索课如果能进行这样的条状重组将运算规律的知识结构化，一方面有助于教师整体把握知识间的紧密联系，整体设计学生能力培养梯度；另一方面也为学生提供了更多实践和反思的机会，有利于学生整体和结构化地把握知识，为学生的类比猜想和结构思考提供可能，而且有利于学生形成主动探究的学习心态，在形成知识结构的同时建立起结构化的思维方式。

学情分析：

学生在系统学习这一内容之前，可能已经对连减的性质有了感性的认识，他们中有一部分学生已经具有根据减数的特点改变运算顺序进行巧算的直觉和敏感性，但对规律形成的过程缺乏了解，对规律的表述不严密清晰，不利于形成系统而科学的研究意识和能力。更重要的是在应用的过程中，对规律的使用缺乏主动判断和选择的意识。如何根据数据特点灵活选择运算形式是个大问题。因此我们需要培养学生对数据的敏感意识和对规律的判断选择能力。

学生学习这一内容最大的困难在于对规律的特点的把握，对规律使用的前提条件缺乏敏感度，语言表述也是学生十分困难的地方。

教学目标：

（1）在直觉猜想、自主验证、提炼概括的基础上进一步增强研究意识，形成清晰的认知结构。

（2）清楚规律运用的前提条件，能灵活运用减法的运算规律解决相关的实际问题。

教学过程：

1. 关联回顾，开放引入

（1）凑整练习。

（2）说运算顺序。

想一想，说一说。用练习作为铺垫。

（3）谈话导入。

师：这学期我们学习了列综合算式解决问题，老师这里有一道题，你们能试试吗？

教师出示：小明带 50 元钱去超市买学习用品，买一个笔袋用去 27 元，买一支钢笔用去 13 元，应找回多少元？

预设：

$50-27-13=23-13=10$（元）　$50-(27+13)=50-40=10$（元）

多种解法指导：你能用不同的方法列综合算式解答吗？写好的同学和同桌互相说一说你是怎么算的。

（4）比较，提出猜想。

师：这两种方法都有道理吗？它们之间有怎样的联系和区别？同桌

间互相轻声讨论后跟全班同学交流。

预设：

① 一种方法是一个一个地减，一种方法是先合起来再减，后一种方法更简单方便。

② 数都相同，结果也相同。

师：通过刚才的比较，我们发现 $50-27-13=50-(27+13)$，在前面的学习中我们知道同级运算要从左往右依次计算，可是这个实际问题中改变了运算的顺序，结果没变，计算还简便了，这是偶然现象还是存在什么规律呢？你能根据这个等式大胆地提出一个猜想吗？

让学生独立完成。

预设：一个数连续减去两个数就等于一个数减去这两个数的和。

设计意图：在观察分析的过程中进行第一次语言概述渗透。通过问题情境与运算规则的矛盾冲突，引发学生猜想。在指导学生表述自己的猜想时进行第二次语言概述的渗透。

2. 举例验证，得出结论

(1) 自主验证。

师：这个猜想到底是否正确呢？我们需要举例验证。怎么举例验证？

师：要想使验证结果具有说服力，我们举例时应注意什么呢？请大家现在开始验证，比一比谁举的类型更全。

师：有些同学举的例子都是可以凑整的情况，那不能凑整的数字符不符合这个规律呢？注意举例的全面性。

(2) 呈现举例情况。

预设：先写一个连减算式，再写成减去两个数的和，然后计算出结果，如果结果相同，就可以写成等式。

(3) 寻找反例。

师：同学们已经举了很多例子，有没有发现反例，就是两个算式结果不相等的情况？你还想继续举下去吗？大家举了那么多的例子，包含了各种类型，都没有发现不相等的情况，这就可以证明我们刚才的猜想是正确的。

(4) 概括结论。

师：你能把我们刚才验证的结论用文字或符号等形式表达出来吗？

预设：文字；符号；字母。

让同学们个别展示，交流并完善结论，自行修改，完善表达。

设计意图：通过验证，进一步明确减法性质的结构特点，掌握规范严谨的研究过程，对从特殊发现一般的数学方法有更深的体悟。完善结论，并体验用字母表达的简洁性。

3. 关联应用，开放延展

（1）减法的性质到底什么时候用合适呢？所有情况都适合用这个规律吗？

（2）怎样很快地算出表 5-3-1 中还剩多少元？

表 5-3-1

原有/元	189	795	512	450
用去/元	45	95	48	34
用去/元	25	480	52	150
还剩/元				

（3）你能进行简便计算吗？

$189-45-25$　$795-(95+480)$　$512-48-52$　$450-150-34$

辨析并判断，进一步明确运用规律简便计算的前提。使学生提高对规律特点的把握程度，增强对规律使用的前提条件的敏感度。

（4）总结，延伸。

① 回忆一下我们今天研究了什么，是怎么研究的。

② 学习了减法的性质，你又有什么大胆的猜想？

（5）思考，交流。

引导学生对基本研究进行拓展，对变式进行思考。

第四节　规律探索的教学实践

规律是数学研究的重要内容之一。小学阶段规律探索的教学除了一些数运算规律探索和数内部规律探索的学习外，苏教版教材从四年级起又专门安排了四个显性单元，以“找规律”命名，通过这些单元的教学，可以帮助学生了解和掌握规律发现的方法，体验探索的艰苦和发现的快乐，整体认识和把握规律，学生也能获得更深层次的实践与反思的机会。但日常教学中我们发现，教师在这部分内容的教学中，对找规律教学的价值理解不清，教学上呈现出点状化、简单化、公式化的现象，面对这些现象，我们在思考：如何让儿童深度经历和理解探索规律的过程，体悟探索规律的方法？下面我们重点以这四个显性单元的"找规律"教学为研究内容，一起走进儿童规律探索的研究世界。

一、探索规律教学中的问题思辨

"探索规律"是指通过观察、分析、归纳、猜想，认识问题的规律，寻找解决问题的方法，在这个过程中学生要学会从不同角度利用不同方法探索并发现数学规律，并能用数学形式表示出来。从以上论述中不难发现，猜想、分析、归纳等是探索过程中的主要方法，而用数学形式表示规律也是探索规律的重要内容。《标准(2011 年版)》在课程基本理念中写道：学生学习应当是一个生动活泼的、主动的和富有个性的过程。除接受学习外，动手实践、自主探索与合作交流同样是学习数学的重要方式。学生应当有足够的时间和空间经历观察、实验、猜测、计算、推理、验证等活动过程。基于上述理念，我们发现在日常教学中存在一些现象，我们需要进一步厘清现象背后存在的问题，在思辨中前行。

1. 规律呈现点状化，缺少对知识的整体思考

由于教师缺乏对知识整体背景的思考，在教学中常会以一个知识点接一个知识点的方法进行串联式教学，学生在规律的发现中容易割裂知识整体之间的内在联系，对规律的发生发展过程经历浅显化，容易导致学生思维的被动和无意义的记忆。

例如，苏教版四年级上册"间隔规律"第一课时教学流程：出示一组间隔规律图(两端物体相同的)→发现间隔排列规律→拿小棒验证规律→规律的应用(都是两端物体相同的)→拓展发现封闭图形规律。

从流程可以发现，教师在设计前没有思考规律的整体结构，只把其中两端物体相同的间隔规律作个例呈现，到最后环节再点状引出封闭图形规律。这种探索过程明显点状化。一节课下来学生会机械地记忆：两端相同多 1 个，围起来时一样多。到了应用阶段，面对多种形式的间隔排列，学生就会大乱阵脚。这也就不难理解，即使到了六年级，做到间隔规律的题目时正确率也不高的原因。

2. 规律探究简单化，缺少对规律的深度经历

在日常教学中，对于规律的发现，教师常讲一个例子就开始归纳规律，学生没有经历充分的验证环节。研究材料的不丰富性，也给学生后续发现规律带来困难，更谈不上能用数学符号进一步进行抽象归纳。

例如,苏教版教材五年级下册平移覆盖规律的常规教学流程。

1	2	3	4	5	6	7	8	9	10

每次框连续的2,3,4,5个数,一共可以框出几种不同的和?作为研究个案,让学生发现规律、总结规律,再通过15个数巩固规律,最后进行规律应用。

在此流程中,仅从个例就总结规律,缺少验证环节,学生不明确不完全归纳举例验证的必要性,学生进入研究前也不了解为什么要研究10个数的规律,没有体现思维的递进发展与探索规律方式的有机融合。

3. 规律应用公式化,缺少对课堂的动态生成

教师在教学中有把规律当公式教的现象,以个例的规律总结公式,在后续的应用中只是强化公式的记忆和运用。

例如,间隔规律:两端种 = 段数 + 1、一边种 = 段数、两端不种 = 段数 - 1;

周期规律:总数 ÷ 周期数 = 周期……余数;

平移覆盖规律:总个数 - 框中个数 + 1 = 不同和的种数。

大多数教师都对这些公式深有感触,一些教学成了模仿与套用公式的过程,当转换情境或规律变式练习时,学生常会机械地运用公式。这种片面的机械记忆知识的方法容易使学生仅停留在对数学知识的记忆和运用阶段,忽视对数学知识的形成过程的探究和发现。这种公式化的教学,使学生“熟记”了规律,却不能使学生学会用研究探索的方法去看待规律现象和理解规律的本质。

思考现象背后的成因,主要是教师忽视了规律探索过程中“找”的价值,教学只追求知识的最终结果,对过程的经历与处理过于简单化。点状化的呈现、简单化的探究和公式化的记忆,固然便于学生理解、记忆、掌握和运用,但我们不能仅仅停留在为了让学生了解和掌握这些知识而教学,探索规律更重要的教学价值是要培养学生的研究意识和研究能力,促进学生在深度经历中主动成长和发展。

二、探索规律教学的实践策略

实践中如何把握探索规律教学的育人价值?这需要教师在实践层面转变教学理念,把追求知识的获取转为追求教学的育人价值。正如吴亚萍教授所言,规律教学的育人价值更深层次的意义在于:作为培养学生研究意识的载体,它不但提供了学生更多实践和反思的机会,而且有利于学生整体地认识和结构化地把握这些规律。学生在探索规律的过程中不

仅要深度经历探索的过程与方法，还要进一步学会掌握探索的方法结构，为进一步灵活运用这些方法结构去习得自主探索规律的方法，由对知识最终结果的记忆转向对过程的建构与理解。为了追求以上的教学价值，在实践层面，我们重点研究了以下几个策略，让儿童在有效的策略中行走于探索规律的世界。

1. 整体感悟策略

整体观念认为：整体是由各个局部按照一定的秩序组织起来的，要求以整体和全面的视角把握对象。在这样的整体视角下，探索规律中的应用“整体感悟”策略要求教师按照“整体—部分—整体”的过程展开逻辑，也就是让学生对学习内容有整体的初步感悟和体验，再到部分的验证，最后再回归到对整体规律的归纳。

案例1 苏教版四年级上册“间隔规律”第一课时整体性教学环节安排。

第一环节：让学生选择一些圆形和三角形图片，如果要求一个隔着一个地摆，则如何去摆呢？（可以不用完）请拿出手中的图片摆一摆。

预设：

① ○△○△○△○△

② ○△○△○△○

③

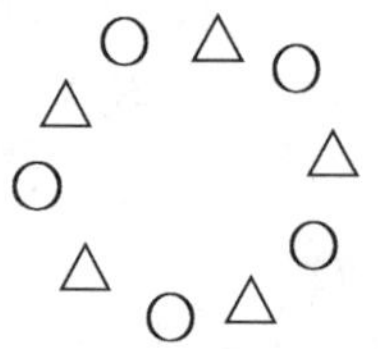

……

第二环节：对学生出现的资源进行分类，通过分类让学生整体感悟——间隔排列的类型。学生将其分为两种类型：同样多的情况，多一个的情况。

第三环节：分类后整体感悟，通过讨论几种类型之间的相同点和不同点，进行观察与分析，应用一一对应的思想，突出规律的本质。从而将规律分类为：同样多的类型与多一个的类型。

以上操作活动的过程，在学生的互动生成中将原有的一种间隔排列情况以多种资源整体呈现，学生在此基础上能对生成的材料进行分类、对比，找出相同点与不同点，在此过程中感知这些规律之间的联系，从而对本源性的对应思想得以感知，并对间隔规律的类型有了整体感悟，对后续学习周期规律和覆盖规律打下基础。奥苏伯乐认为，学生从已知的包摄性较广的整体性知识中掌握分化的部分，要比从已知的分化部分掌握整体性知识的难度要低。因为当学生了解了知识的整体框架或上位概念时，知识的总框架就能为学生的后续学习提供导航作用，为学生的主动思维提供框架的支撑。

2. 过程建模策略

建模就是建立模型，建立系统模型的过程，又称模型化。建模是研究系统的重要手段和前提。在日常教学中，我们常会发现学生遇上没有教过的题，错误率会很高，学生自主探索规律时常找不到方法，为什么会这样？我们要自问，我认为主要原因是学生只注意探索规律最终结果的记忆，缺少对过程方法结构的建模，也就无从深度经历探索的过程，理解规律背后的本质。基于对探索过程的教学要求，在探索过程中，我们将过程结构设计如下：

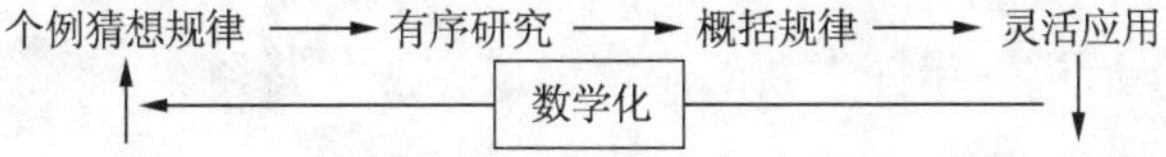

图 5-4-1　过程结构图

这个过程是由一个规律的发现开始，再到猜想验证，最后再通过归纳概括，发现一个普遍存在的一般规律的概括过程。在此过程中教师不要急着想让学生能总结与教材中的结论一样，要注意在学生语言的基础上进行修改，要让学生用自己的语言经历规律的概括过程，建立探索方法的模型意识。

案例 2　苏教版四年级下册找规律单元第三课时的设计。

第一环节：体会转化，激发内需。

出示题目：101 支球队参加比赛，每 2 支球队之间要进行一场比赛，一共要进行多少场比赛？

这一复杂的问题抛给学生，看似不合情理，实际上逼着学生从简单问题入手，化繁为简，化难为易，寻找规律。在这一过程中，转化成了学生解决问题时的强烈内需，有效地推动学生进行自主探索。

第二环节：有序研究，归纳规律。

从 2 支球队开始，有序地研究下去，4 支呢？5 支呢？10 支呢？100 支呢？N 支呢？你发现了什么规律，N 支球队一共多少场？

学生归纳出：$(N-1)+(N-2)+\cdots+2+1$。

另外有学生发现第一支球队除和自己以外要赛 3 场，整体重复了一半。

教师收集学生的列式方法：

第一种　$4\times(4-1)=12$

第二种　$4\times(4-1)\div2=6$

在这样的基础上让学生列出5支球队、10支球队、100支球队和n支球队的列式方法，从而抽象归纳出：$n\times(n-1)\div2$。

第三环节：灵活判断应用规律。

10个小朋友互赠一张新年贺卡。（双循环规律）

数学组8名教师，每两人照一张相片。（单循环规律）

一列火车往返于淮安与南京之间，中途要经过去4个地方，要准备多少种车票？有多少种不同的票价？

在尝试运用规律解决问题时，仍然要重视引导学生初步体会数学模型的价值，增强学生的建模意识。发现的规律要用数学方法表示，不只是接着写、接着画，有些表示方法可以看作数学模型或者相当接近数学模型了。让学生深度经历探索中知识生长的全过程，在过程中建模这样的方法结构，为以后进一步探索新的规律形成方法与路径。

3. 互动生成策略

课堂教学是互动生成的，师生的教学活动视为一个有机整体的活动，双方在活动过程中交互作用和相互规定，从而形成教学中特殊的“人-人”交往关系。具体地讲，就是要把探索规律的过程看作师生共同参与，通过对话、沟通和合作活动，以动态生成的方式推动学生深度经历研究过程。互动生成策略的目的，重要的是让学生形成对知识内涵的丰富认识和深度体验，发展和提升学生的探索规律的能力，形成学生探索规律的思维习惯。

案例3　苏教版四年级上册找规律单元第二课时的设计。

第一环节：先提出在一条路的一边种100棵树，可以怎么种？有哪些方案？

师：100棵树这么多，我们可以如何思考？

生：我们可以先研究少一些的，再找规律。

师引导把路抽象为一条线，把树抽象为一个点。（让学生动态生成不同类型的资源。教师在生成的资源中注意进一步让学生用分类和归纳的思想发现规律）

第二环节：由学生的资源进行互动处理，让学生初步猜想：

类型一　点数$-1=$段数；

类型二　点数$=$段数；

类型三　点数$+1=$段数。

第三环节：让学生试举例验证上面的规律。

通过学生大量的有序举例让学生归纳提炼规律，同时思考为什么有这样的规律，让学生寻找有没有反例，最后得出结论。

以上的教学中，最重要的一环是对学生的资源进行互动式的现场处理，这个策略对教师的现场教学灵活性要求很高，也就是新型课堂教师要练就的新基本功：现场动态助推力。正如叶澜教授所言：“教师在新的水平上发挥教学过程‘重组者’、动态生成‘推进者’的重要角色，不断捕捉、判断、重组课堂教学中从学生那里涌现出来的各种各类信息，推进教学过程在具体情境中动态生成的能力。”通过在教学中的动态生成资源的互动推进，再通过生成资源的动态处理让学生有思维的全面性，有利于学生的规律发现，教师重视这些生成资源的处理，并把它作为新的创造性资源来利用，培植提升点，为学生思维的创新力的延展埋下种子。用这种理念观照下的教学过程，不再是以往师生封闭的执行预设，转换到开放的双向互动和动态生成。

大科学家开普勒说：“数学对观察自然做出重要的贡献，它解释了规律结构中简单的原始元素。数学就是研究千变万变中不变的规律。”规律是事物发展过程中的本质联系和必然趋势。数学的规律是自然的、生长的，它隐于平凡的知识之中，让我们一起共同努力，打开儿童发现的翅膀，让儿童用数学的眼光，深度体验、深度经历，习得探索规律的方法和思想，感知规律的魅力。

三、案例分析

（一）“简单的周期”案例分析

案例4　简单的周期。

教学内容：

苏教版义务教育教科书小学数学第七册第30、31页，探索规律“简单的周期”。

教学目标：

（1）通过课前的研究学习单，学生进行知识的搜集与问题的思考，并在课堂中进行展示，提高学生的参与主动性与知识检索力，并在过程中让学生体会自信表达的成功感。

（2）结合具体情境，探索并发现简单的周期现象中事物的排列规律，通过不同符号规律表达和不同方法解决问题，给学生创造的空间，培养学生创新精神。

（3）学生通过列举、计算等策略解决简单的周期问题，能利用计算方法进一步解决一些物体数量和探索周期类游戏的秘密，激发学生对数学的探索兴趣。

(4) 学生通过一些图片(阅兵、生活周期图片)，感受祖国的繁荣富强，渗透爱国主义教育，体会生活中以及大自然中天体周期的科学与神秘，激发探索知识的欲望。

学情分析：

学生在三年级时已经有过探索间隔排列规律的经验，所以对规律的找寻有一定的敏感度，同时学生对周期中周的生活思考也有基础，所以教师要读懂学生的第一步就是了解学生的已有基础。本节课中对于算法的理解是学生比较难掌握的，有些学生只会记忆方法，对方法本身的意义不理解。

教学重点：

学生认识简单周期的特点，探索和发现周期现象的规律，学会选择合适的策略，确定周期现象中某个位置上的事物和物体的数量。

教学难点：

理解并掌握用除法解决周期排列实际问题的方法，根据余数来确定某个位置上的事物，并能根据组数与余数计算出周期中物体的数量。

教、学具准备：

课件，视频展示台，学生练习纸。

教学过程：

课前研究学习单：

① 你认为什么是"周期现象"？自主找一些材料(可上网检索)，把你的发现记录下来，可以画图。

② 根据你对知识的猜想和检索，试着用周期现象设计下面的三组图(灯笼图、盆花图、彩旗图)。

③ 游戏：点豆豆(尝试找一找获胜的秘诀)。

教师在上课前分类整理研究学习单，了解学生的自主学习情况，针对性地准备课堂资源处理顺序。

设计意图：通过课前的研究学习，提高学生自主研究知识的能力，以及对网络的检索能力。同时通过课前研究可以引发学生对知识的猜想，形成对周期的初步感知，以便在课堂中进一步去研究规律、应用规律。学生进行知识的搜集与问题的思考，并在课堂中进行展示，提高学生的参与主动性与知识检索力，并在过程中让学生体会自信表达的成功感，渗透民主、自由的价值观。

1. 自主展示，初步感知

师：课前每位同学都进行了研究性学习，下面我们来看看大家对第一个问题是如何理解的。

有序地展示学生知识资源的情况。（注意标注孩子的名字，给孩子成功的体验）

第一类：图形类。

自己画的一些水果、图形等。

第二类：时空类。

钟面上的时针时间周期（一年12个月、一天24小时、一星期有7天）。

教师展示收集的图片。

阅兵中的规律图片三张（我们的祖国繁荣富强，在庆祝一些节日时会用彩旗、灯笼和鲜花装扮），引出同学们根据自己的猜想设计的三组图案。

展示研究学习单上的设计（无规律、有规律有周期、有规律无周期）。

师：判断一下，这组图形的排列是周期现象吗？为什么？

出示：△○△○○△○○○

像这样同一事物依次重复出现叫作周期现象。根据刚才的经验，说一说，你怎么理解这里的“同一事物依次重复出现”？（周期现象的定义，结合定义进行周期规律的辨别）

提问：如何一下子看出以什么规律进行重复出现的？（搜集资源，用连线、圈一圈的方法表达，感受规律组）

师：你能用自己的方法在图上画一画，表示出它的排列规律吗？

学生画好后总结：表示规律的方法很多，我们可以画圈，也可以用竖线分隔，大家可以自由选择自己喜欢的方法。

设计意图：通过播放阅兵图片，学生感受祖国的富强，并从中感受灯笼、彩旗、盆花、飞行表演彩线在节日气氛中周期设计，从而回到研究学习单中资源的处理。通过另一种规律排列，让学生深度理解周期现象中“依次重复出现”的规律。在此过程中要重视让学生去展示、去表达，能结合自己的探索去质疑和讨论，体现社会主义核心价值观，培养学生的创新意识和质疑精神。

2. 应用规律，形成策略

(1) 运用规律，解决问题。

① 提出问题，尝试解决。

以如图5-4-2所示的盆花图为例（用学生的设计作品）。

图 5-4-2 盆花图

按这样的规律,第 19 面要放什么颜色?

请同学们试着用刚才找到的规律独立解决这个问题。板贴:解决问题。

教师巡视,过程中指导。

② 呈现资源,总结方法。

学生解题方法预设:

第一种 列举。用画图的方式按照排列规律一一列举。

第二种 19 ÷ 3 = 6(组)……1(盆),第 19 盆是蓝花。

总结第一种方法,可以用文字、符号、字母等代替物体进行列举。

出示第二种方法,两种方法对比。

师:你能看懂第二种方法吗?

师:这里的 3 代表什么?得到的 6 是什么意思?余数 1 呢?

引导学生理解:把每 3 盆看作一组,就可以分为 6 组还余下 1 盆。

追问:第 19 盆是第几组的第几盆,所以是什么颜色?

(2)这 19 盆中有多少盆蓝花?(学生练习后交流方法)

(3)同步练习。

设计意图:让儿童感知周期现象的规律,在这过程中结合阅兵式的飞机图让儿童感知规律的同时,渗透爱国主义教育,并巧妙联结到用彩旗、灯笼、盆花来装扮我们的校园。自由选择中学生不断创造,练习题没有一题一题去做,而是分两组,让学生选择,练习后再组织交流。这样的教学方法让学生感受到一种尊重。学生自由地交流自己的算法,从画图、列举、算式等,在练习过程中灵活选择策略。

3. 拓展延伸,游戏探秘

(1)游戏探秘。

找一组学生上台演示点豆豆游戏。

同学们之间交流获胜秘诀,并和周期规律进行勾连。

(2)师:同学们,回顾今天的学习过程,今天这节课你有哪些体会和收获?我们是怎么学习的?(学法结构:形成猜想、找出规律、运用规律、解决问题)

让我们一起在大家搜集的周期图片中感受周期的有序美。

播放图片(如图5-4-3),整体感受几种类型的周期。

图 5-4-3　周期图

通过对地球公转与自转时间的介绍,让学生进一步感受知识与生活的联系,也有效地把前续学习的年、月、日知识联系到了一起。

设计意图:通过游戏揭秘引发学生思考,感受数学与生活的联系,渗透团结合作的价值观。最后总结回顾的阶段,不仅让学生说一说自己对本节课的回顾,还要进一步思考是如何学得的,从而学会学习,爱上研究。天体的运行介绍让学生感受到祖国的大好河山之后,眼光能更远地看向宇宙,进一步感受知识的神奇。

板书设计:

简单的周期

形成猜想		
找出规律	周期现象:同一事物依次重复出现。	
	蓝 黄 红 蓝 黄 红……	列举法
解决问题	19 ÷ 3 = 6(组)……1(盆)蓝	算式法
	1 × 6 + 1 = 7(盆)蓝	

案例5　找规律——搭配现象。

教材内容:

本节课是苏教版小学数学四年级下册第6单元《找规律》的第一课时。它是在学生已经掌握简单数列中数的排列,一一间隔排列的两种物体数量间的规律的基础上进行教学的。

学情分析:

在日常生活中,学生经常会遇到与搭配有关的实际问题,如服饰搭配、饮食搭配、颜色搭配、路线搭配等，让学生在研究一些常见的搭配现象中，帮助学生由具体到抽象，由无序到有序，逐步优化解决问题的策略，体会搭配的规律及计算方法。

这部分知识的学习，将为学生进一步丰富解决问题的策略、提高解决问题的能力奠定基础。

教学目标：

(1) 学生经历对两种事物进行搭配的过程，初步发现简单搭配现象中的规律，能运用发现的规律解决一些简单的实际问题。

(2) 学生在观察、操作、抽象、概括、合作和交流等活动中，体会解决问题策略的多样性，发展初步的符号感和数学思考。

(3) 学生在探索规律的过程中，主动与他人合作、交流，获得一些成功的体验，培养学生对数学的学习兴趣。

教学重点：

探索对几个事物进行简单排列时的规律。

教学难点：

有序地搭配，并能用一定的符号等形式抽象表达。

教法、学法：

本节课采用直观情境和自主探究相结合的教学方法，让学生在玩中学、学中找。在小学阶段，学生以形象、直观的思维为主，创设学生熟悉的生活环境，可以使学生利用已有的生活经验，充分调动学生的学习主动性，在自主探索的过程中体悟规律、发现规律。结合笔者的教学方法，采用以尝试、观察思考为主，合作交流、动手操作为辅的学习方法。学生在探索的过程中，活跃思维，充分发表自己的看法，主动建构新知。

教学过程：

1. 第一个环节是创设情境，引入新课

游戏引入，体会搭配。

(1) 猜老师的姓名。老师的名字第二个字和第三个字是一样的。给出范围：

张	艳
朱	玲

(2) 猜学生的姓名。

让学生拿出自己的姓名卡。一般也是 2 对 2 的（也可能是三个字不同的),老师猜。

(3) 拿出一个姓是9个的,名是10个的,问学生,数量那么多容易猜吗?(姓和名的搭配的方法很多,所以不容易猜)

刚才猜姓名,是姓和名的搭配。(板书:搭配)

师:看到搭配这两个字,你想到了什么?

生活中有许多搭配的现象,今天这节课,我们就一起玩一玩搭配,找一找规律。

板书课题:找规律。

2. 第二个环节是自主探究,获取新知

为娃娃搭配帽子。四人一个小组,一起玩一玩。

玩过以后要有数学的思考,这样从选一个娃娃,再配上一顶帽子,有多少种搭配的方法呢?让学生同组再次动手操作,让学生在小组内交流如何搭配,有多少种方法。

在纸上进行搭配方法的记录。(注意提醒学生如何让大家能看懂你的方法,并且想一想如何能简单表达)

简单就是问题的核心,在追求简单表示的过程中,学生一步步地抽象,寻找搭配现象的规律。

预设的几种可能:从无序的、不全的、重复的找起,到有序的、全的记录进行展台展示,这里注意在过程中推进,在巡视中让学生思考能不能用更简单的记录方法,如符号、连线、字母等。

注意从学生的生成记录中进行对比与二次加工。例如,

方法一　红帽——娃娃1
红帽——娃娃2
红帽——娃娃3
蓝帽——娃娃1
蓝帽——娃娃2
蓝帽——娃娃3

方法二
红帽 —— 娃娃1
红帽 —— 娃娃2
红帽 —— 娃娃3
蓝帽 —— 娃娃1
蓝帽 —— 娃娃2
蓝帽 —— 娃娃3

方法三　字母与符号。

这一环节在上一环节抽象表达的基础上，重点体会搭配中如何有序，能不重复、不遗漏。初步体会搭配的方法，先选一类，再定另一类。

方法一　先选一顶帽子，可以有3种娃娃搭配的方法。
　　　　再选一顶帽子，又有3种娃娃搭配的方法。
　　　　这样就有6种方法。

方法二　先选一个娃娃，可以有2种帽子搭配的方法。
　　　　再选一个娃娃，又有2种帽子搭配的方法。
　　　　最后选一个娃娃，又有2种帽子搭配的方法。
　　　　这样一共有6种方法。

这一环节，对大多数学生来说并不困难，在这里困难的是一种表达方式的思维提升，通过放下去让学生用不同的表达，并在过程中加以适时的推进，可以实现让学生从文字到符号到连线的表达，重在提升学生研究思维的有序性，体会搭配方法，学生能结合上一环节进行符号式表达。

自主选择帽子的顶数和娃娃的人数，解决问题。

这里注意让学生思考，不要操作，直接用简单的记录方式，在问题中思考有没有什么规律。

发现规律，得出结论。

结合上述得出的一系列数据，让学生初步找规律，用一句话说一说有什么规律。（帽子顶数×娃娃人数＝一共的方法数）

3. 第三个环节是应用规律，灵活选择

(1) 练习巩固。

服饰搭配问题；路线问题；反向应用：饮食搭配问题。

本环节，通过基本练习，使学生进一步掌握搭配现象中的规律和计算方法。第二个层次的练习，一方面，让学生灵活运用今天所学的知识，解决实际问题，另一方面，培养学生的逆向思维。

(2) 搭配活动。

先播放一些生活中的搭配，让学生体会搭配现象的美，再让学生设计帽子的颜色搭配。

上台展示设计的作品，并从中选择一些数据让学生想一想一共有多少种不同的搭配方案。

4. 第四个环节是全课总结，拓展延伸

(1) 师生一起看板书总结：今天我们学习了搭配现象中的规律，你有什么收获？

这个环节设计的目的是让学生对本节课所学的知识进行整理，提高学生整理信息的能力，并让学生畅所欲言，体验学习带来的收获，与别人分享的乐趣。

（2）课外探索题。

回顾上课前的猜姓名，如果是两个姓和两个名搭配，有多少种方法？如果是三部分呢？再联系帽子，如果把帽子设计成三部分进行颜色搭配，又会有什么规律呢？课后探索。

板书设计：

找规律——搭配现象

有序　不重复　不遗漏

方法记录区

帽子顶数	娃娃人数	一共的方法数
2	3	
…	…	…

帽子顶数 × 娃娃人数 = 一共的方法数

教学反思：

本单元主要安排学生学习简单的搭配及简单的排列数与组合数的问题。教学内容主要分为两个部分：

（1）让学生通过对例题的学习，认识生活中的搭配现象，探索并寻找两种物品的搭配方法，这两种物品的搭配如何才能做到有序，探索这些现象中的一些简单的数学规律，在获得规律认识的基础上，再引导学生解决一些简单的实际问题。

（2）经历规律的再认识，解决稍微复杂的实际问题，感受规律的应用，提高解决实际问题的能力，培养了学生全面、有序地思考问题的意识。

1. 创设情境，引入新知

爱因斯坦说：“提出一个问题往往比解决一个问题更重要。”一节课的初始阶段，如果教师能恰当地创设问题情境，让学生在头脑中产生一个或几个有价值的问题，引发学生探究新知识的欲望，一节课就成功了一半。在备课时，为了更好地为学生创设情境，我将例题及两道练习题略加修改，设计了从小丽吃早餐——餐后散步再去少年宫——为外出准备衣服这样的教学主线，将例题的木偶和帽子变更为早餐的点心和饮料，更贴近学生的生活。通过过渡将几个主要的环节串成一个整体，让课堂变得更生动，也有效地引起学生解决问题的兴趣。本节课还有一个主线就是怎样有序地找规律。多媒体演示与教师设问的有机结合，创设出良好的问题情境，学生很快就可以进入数学学习的最佳状态。

2. 自主学习，探究规律

（1）实物搭配，感悟有序。

本环节教师让学生用猜测、验证、交流汇报、演示等方法初步感知无序和有序达到的效果的不同，最终确认有序更能帮助我们解决问题，从而得出有序的搭配才能做到既不重复又不遗漏。

（2）符号连线，体会有序。

师：刚才我们进行点心和饮料搭配时用的是实物代替，你们能用画简单的图形或符号来代表实物吗？你准备用什么表示点心？用什么表示饮料？又用什么方法进行搭配？

由于学生用符号代替实物初步接触，为了降低学习难度，教师先引导学生描述自己的想法，从而更好地学习面的知识，再让学生用 1 分钟的时间快速地把自己的搭配方法表示出来。最好教师也采用大家刚学过的三角形和梯形来表示实物，既巩固已学知识，又为学生展示了一种崭新的搭配方法，起到了一举两得的学习效果。这一环节，也充分利用现代教育技术为学生创设了现实的问题情境，突出了学生的主题探索活动，在学生合作的基础上，引导学生有序地进行观察、发现、交流，使每一位学生都经历不同的探索过程，增强他们探索、研究问题的兴趣和能力。

（3）迁移总结，发现规律。

学生头脑中有了解决问题的途径、方法，为了让学生加深对新知的理解，教师趁热打铁，提出了一个和例题很接近的问题，让学生根据大家总结的规律来解决问题，便于学生更好、更透彻地掌握规律。最后引导学生说出自己计算搭配的方法。

师：那么今天所学习的寻找搭配总数的三种方法——实物搭配、符号连线和计算，你更喜欢哪一种呢？以后，你就可以用你喜欢的方法去解决这一类问题。

学生自主选择，自主探究，让学生最终尝试了成功的喜悦。

3. 运用规律，解决问题

在这一环节里，教师让学生用刚学习到的知识解决一些实际问题。紧接着，以小丽今天生活路线为背景，创设了一个非常和谐、非常有趣的生活情景，如路线中的搭配、衣服的搭配等，让学生了解生活中，不光是吃早餐、走路、穿衣服要讲究搭配，我们日常生活中很多事也需要科学合理地搭配。让数学知识更贴近学生的生活，这些有关实际生活的设计让学生充分感受到学习的乐趣，也培养学生用数学的眼光观察周围事物的意识和能力，沟通数学与生活的联系，启发学生用数学思想审视生活，同时达到巩固知识、提高能力的作用，这是学习本节课最大的收获。

4. 自选挑战题

这个环节教师设计的三个不同层次的习题，适合各个层次的学生参与学习，重点是把学习主动权完全放给学生，让他们自主选择自己的学习问题，当然这个自主选择有的问题适合中下学生，有的适合优生，真正起到了因材施教，让不同层次的学生都有所展示，使每一位学生都能尝试成功的喜悦。

5. 回顾总结，内化升华

师：今天老师和同学们一起研究了搭配中的学问，同学们通过自己的努力找到了搭配的规律。能谈谈你的学习收获吗？还有什么疑问吗？

这样的总结，既归纳了本课时的学习内容，又能激起学生不断探索知识的决心和欲望。

6. 拓展思维，课外延伸

数学具有严密的逻辑性和抽象性，而学生学习内容的呈现是从简单到复杂，思维方式是从具体到抽象的一个循序渐进的过程，前面学习的知识往往是后面进一步学习的基础。要培养学生思维的灵活性，可以先让学生学会对知识的迁移。本课最后，对学生进行思维训练，既培养了学生应用知识的能力，又培养了学生的创新意识和创新精神。

本节课以教师为主导，以学生为主体，以观察总结为主线，以师生互动、自主探究为主要方式，辅之以多媒体教学，让数学贴近生活、贴近实际、贴近原有经验，使学生主动学数学，探究学数学，快乐学数学，充分体现了课堂教学中互动生成的动态结构模式，达到了预设的教学目标，实现了课堂教学的高效率。

第六章 "图形与几何"领域的教学实践

"图形与几何"主要内容有：空间和平面的基本图形，图形的性质和分类；平面图形基本性质的证明；图形的平移、旋转、轴对称、相似和投影；运用坐标描述图形的位置和图形的运动。

在"图形与几何"的学习中，应帮助学生建立空间概念。空间概念是指根据物体特征抽象出几何图形，根据几何图形想象出所描述的实际物体；能够想象出空间物体的方位和相互之间的位置关系；根据语言描述或通过想象画出图形等。

直观与推理是"图形与几何"学习中的两个重要方面。几何直观是指利用图形描述几何或者其他数学问题、探索解决问题的思路、预测结果。在许多情况下，借助几何直观可以把复杂的数学问题变得简明、形象。几何直观不仅在"图形与几何"的学习中发挥着不可替代的作用，并且贯穿在整个数学学习中。

第一节 "图形与几何"的整体描述

一、"图形与几何"领域的三大核心概念(2011 版)

三大核心如图 6-1-1 所示。

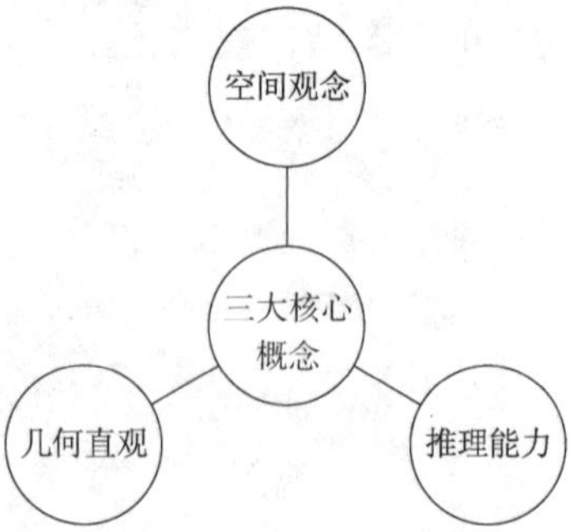

图 6-1-1 三大核心

1. 空间观念(如图 6-1-2)

主要是指根据物体特征抽象出几何图形,根据几何图形想象出所描述的实际物体;想象出物体的方位和相互之间的位置关系;描述图形的运动和变化;依据语言的描述画出图形;等等。

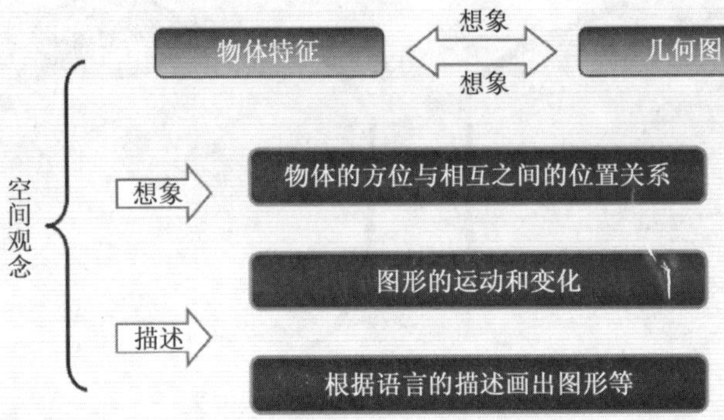

图 6-1-2　空间观念

2. 几何直观

主要是指利用图形描述和分析问题。借助几何直观可以把复杂的数学问题变得简明、形象,有助于探索解决问题的思路,预测结果。

几何直观可以帮助学生直观地理解数学,在整个数学学习过程中都发挥着重要作用。

三层维度:

① 图形可以帮助刻画和描述问题。一旦用图形把一个问题描述清楚,就有可能使这个问题变得直观、简单。

② 图形可以帮助发现、寻找解决问题的思路。

③ 图形可以帮助表述一些结果,可以帮助记忆一些结果。

3. 推理能力

贯穿于整个数学学习过程,是最基本的思维方式,也是人们学习和生活中经常使用的思维方式。推理一般包括合情推理和演绎推理,合情推理是从已有的事实出发,凭借经验和直觉,通过归纳和类比等推断某些结果,可以运用于探索思路,发现结论。演绎推理是从已有的事实(包括定义、公理、定理等)和确定的规则(包括运算的定义、法则、顺序等)出发,按照逻辑推进的法则证明和计算,用于证明结论。

二、“图形与几何”领域知识框架结构

“图形与几何”领域知识框架结构如图 6-1-3 所示。

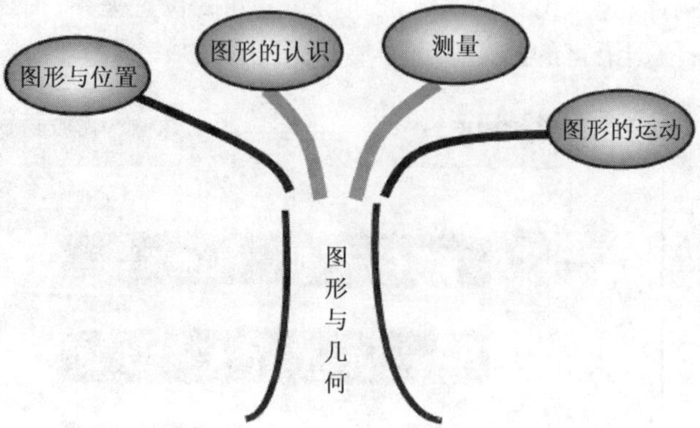

图 6-1-3 “图形与几何”的知识框架

三、“图形与几何”框架的三条主线

2011 版修订课标确立了“图形与几何”框架分别是以图形的性质、图形的变化、图形与坐标为三条主线。

1. 图形的性质

涵盖了图形的认识和图形与证明的内容，除了对一些基本图形的认识之外，还包含着对图形一些命题的证明，同时还发展了学生的空间概念和推理能力。

2. 图形的变化

包含图形的轴对称、图形的平移、图形的旋转、图形的相似、直角三角形的边角关系、图形之间的关系。

3. 图形与坐标

包含坐标与图形的位置，还有坐标与图形的运动，用坐标的方法刻画在图形的变换中所熟知的轴对称、图形的平移、图形的位似等。

第二节 图形概念的教学

图形概念的教学一要对图形自身特征有一定的认识，二要对各元素之间、图形之间的关系有一定的认识。两部分之间有什么结构的关联，从“律动课堂”的教学思想来思考，如何整体规划出它们的教学结构，进行相应的策略选择，并进一步将之转化到“律动课堂”的实践教学中，这些

都是我们在推进课堂教学改革实践中所要解决的具体问题。

第一学段(1～3 年级)

(1) 能通过实物和模型辨认长方体、正方体、圆柱和球等几何体。

(2) 能根据具体事物、照片或直观图辨认从不同角度观察到的简单物体。

(3) 能辨认长方形、正方形、三角形、平行四边形、圆等简单图形。

(4) 通过观察、操作,初步认识长方形、正方形的特征。

(5) 会用长方形、正方形、三角形、平行四边形或圆拼图。

(6) 结合生活情境认识角,了解直角、锐角和钝角。

(7) 能对简单几何体和图形进行分类。

第二学段(4～6 年级)

(1) 结合实例了解线段、射线和直线。

(2) 体会两点之间所有连线中线段最短,知道两点间的距离。

(3) 知道平角与周角,了解周角、平角、钝角、直角、锐角之间的大小关系。

(4) 结合生活情境了解平面上两条直线的平行和相交(包括垂直)关系。

(5) 通过观察、操作,认识平行四边形、梯形和圆,知道扇形,会用圆规画圆。

(6) 认识三角形,通过观察、操作,了解三角形两边之和大于第三边、三角形内角和是 180°。

(7) 认识等腰三角形、等边三角形、直角三角形、锐角三角形、钝角三角形。

(8) 能辨认从不同方向(前面、侧面、上面)看到的物体的形状图。

(9) 通过观察、操作,认识长方体、正方体、圆柱和圆锥。认识长方体、正方体和圆柱的展开图。

通过对知识的结构分析以及新课标中课程内容的设置,回归“律动课堂”对关联与结构的思考,我们在教材的处理上要注意在图形概念的学习中,要先讲立体,再讲平面,再回到立体。但这两次讲立体层次不同,第一次要求“辨认”,到第二学段要求是“认识”。也就是现在教材是“体—形—体”的混合螺旋编排结构。

一、简单图形概念的认识

简单的图形概念认识主要是辨别简单的几何体以及平面图形,能用自己的语言描述长方形、正方形的特征,会运用平面图形的学具进行拼图等。

一年级是对几何形体的认识进行外部的直观认识,二年级以后才进一步深入内部进行图形要素的认识,所以一年级初步认识几何形体时,要从学生生活中最常见的物体开始,用他们生活经验出发体悟这些形体的特点,再从形体中通过描一描等活动形成对平面图形形状的认识。形成从立体到平面的初步认识过程。

案例1 二年级上册第二单元“多边形的认识”。

教学内容:

苏教版小学数学二年级上册第12、13页。

教学目标:

(1) 学生通过辨析比较,初步认识四边形、五边形、六边形等多边形,并能正确地识别这些图形。

(2) 学生通过对图形的搭、围、折、拼等活动,从多方面感知多边形,体会图形之间的变换,初步培养学生的动手操作能力和语言表达能力,积累一定的数学活动经验,发展空间概念。

(3) 通过学习活动不断增强对学习的兴趣,建立乐于合作、交流的态度。

(4) 渗透数学与生活的联系,使学生体验数学在生活中的运用。

学情分析:

学生在一年级上册已经直观认识正方体、长方体、圆柱和球,一年级下册初步认识了长方形、正方形、圆、三角形等常见的平面图形,并且已经初步感知图形边的特点(直边和曲边)。通过本节课的学习,学生在原有认识的基础上,进一步理解长方形和正方形都是四边形的特例,它们都是四边形的一种。

教学重、难点:

在辨析和比较中认识四边形、五边形、六边形等图形。

教学过程:

1. 谈话引入,关联回顾

(1) 师生谈话,欣赏图形。

师:小朋友,我们在奇妙的数学乐园里,不仅认识了数字娃娃0—9,还认识了一些可爱的图形。我们在一年级的时候都认识了哪些图形呢?

师:小朋友的记忆力真好,能清楚记得已经认识的图形。其实这些可爱的图形就藏在我们的身边。(播放生活中的图形)

（2）演示画图形，介绍图形由来。

师：看来我们生活中很多物体上都有美丽的图形，像这个盒子的面上也有，老师沿着这个面的边依次这样描下来，就形成了这个平面图形。（演示）

师：老师还沿着生活中其他物体面上的边，也描下来一些图形。（呈现12个图形）

（3）交代分类的必要性。

师：这么多的图形，如果一个一个去研究，比较麻烦，我们可以将他们分一分，为了研究的方便，老师把每个图形都标上了序号，从1号到12号。（呈现序号）

2. 自主探索，互动生成

（1）一级分类。

① 观察图形，进行分类。

师：小朋友，仔细看这些图形的边有什么特点呢？有什么不同呢？请你根据图形边的特点分一分。

② 学生操作平板电脑，教师指导。

推进：分好的小朋友和同桌说说你是怎样分的。

处理：我们一起来看这个小朋友分的，请你说说你是怎样想的。

呈现板书，教师小结。

这样就把这些图形根据边的特点分成两类，我们把都是直直的边围起来的图形叫作直边图形（呈现：直边图形），把有弯曲边围起来的图形叫作曲边图形（呈现：曲边图形）。曲边图形我们以后去研究（删去曲边图形），今天我们先来研究直边图形。

（2）二级分类。

① 数一数，分一分。

师：这些直边图形分别有几条边呢？先数一数，请你继续分一分。

② 学生操作平板电脑，教师指导。

推进1：某个小朋友很有条理，把边的条数相同的图形排成一行，这样看起来很清晰。

推进2：分好的小朋友，和小组里的小伙伴说一说，你是怎样想的。

③ 呈现资源并反馈。

正确的：老师发现有小朋友是这样分类的，谁来说说他是怎样分的？

有错的：老师还发现有小朋友是这样分的，你想对他提什么建议呢？

(3) 呈现板书,教师小结。

师:我们根据直边图形条数的不同分成这样的四类(呈现图形),每一类分别是几条直边围起来呢?某小朋友表达得很清楚。

仔细观察一下你的分类,需要修正的请迅速调整一下。

(4) 图形命名。

① 教师示范命名三边形。

师:我们先来看第一类图形,像这样有三条直边围起来的图形叫作三边形,通常我们也叫三角形。(呈现板书:三边形、三角形)

师:这个图形是三边形吗?(呈现反例)为什么?

② 学生尝试命名四边形。

师:那像这样有四条直边围起来的图形叫作什么?(四边形),请你像老师这样完整地说一说,什么样的图形叫作四边形。

在小组里说一说,并反馈。(呈现板书:四边形)

③ 学生自主命名五边形和六边形。

师:下面这两类图形,你也能分别给它们起个名字吗?说给你的小伙伴听,比一比,谁说得完整。

指名反馈。(呈现板书:五边形、六边形)

引导概括,教师小结。

师:我们把有5条直边围起来的图形叫做五边形,有6条直边围起来的图形叫做六边形。那有7条直边围起来的图形叫做?(七边形),那10条直边呢?15条呢?100条呢?

师:也就是有几条直边围起来的图形就是几边形,这些图形就是我们今天刚认识的新图形。(揭示课题:认识图形)

3. 灵活运用,拓展延伸

(1) 判断图形。

师:小朋友们今天学到了新本领,你们想检验一下新本领学得怎么样吗?听好要求:我呈现一些图形,请你判断是几边形,用手势来表示。准备好了吗?(播放)这个图形是几边形,这个呢?

过程处理:

① 曲边图形。

(学生回答是)师:小朋友们都觉得这个图形是四边形,我们来看看什么样的图形才是四边形。现在这个图形具备四条直边围起来的特点吗?

(学生回答不是)师:(指着曲边图形)为什么不是四边形?那什么

样的图形才是四边形？

（学生有回答是，也有回答不是）师：谁来说说为什么觉得这个图形是四边形？

师：那你为什么觉得不是四边形？你们觉得哪位小朋友说的有道理呢？我们一起再来看看什么样的图形是四边形。现在都明白了吗？

② 正方形。

师：这个图形是几边形？这个图形小朋友觉得是四边形，我们不是叫正方形吗，为什么呢？是的，正方形也是四边形的一种。

③ 八边形。

师：谁想上来数一数？

师：数图形边的时候，我们要像某个小朋友这样从某一条边出发，按顺序依次数，最后还回到这个点，这样就可以做到不遗漏、不重复。

猜一猜：

• 露出 2 条边，这个图形是几边形呢？

• 露出 4 条边，现在再猜猜可能是几边形，可能是三边形吗？为什么？可能是四边形？那我们继续看，到底是几边形呢？

• 全露出的图形，你们猜对了吗？

师：小朋友们不仅眼力好，并且还会思考，真了不起！

（2）创造图形。

师：小朋友们已经学会判断图形，那你们能创造图形吗？可以借助什么材料呢？（小棒、钉子板、手工纸），（呈现材料）请选择自己喜欢的材料来创造图形，到组长那里有序选择材料。

学生操作，教师指导：

① 老师发现有的小朋友是用小棒来搭一搭图形的。

② 也有小朋友在钉子板上围一围，不仅围出我们以前认识的图形，还围出了我们今天刚认识的六边形，你也可以向他学习，挑战一下自己。

③ 还有的小朋友用手工纸也折出我们今天刚认识的图形。

④ 还有的小朋友选择了两种不同的材料进行创造，真爱思考。

师：已经创造好的小朋友，可以和小伙伴说说，你创造的是几边形。

教师反馈：

（呈现小棒）师：这是用什么材料？创造的是几边形？搭一个六边形至少需要几根小棒？那搭一个八边形呢？

（呈现钉子板）：仔细看，谁来说？

（呈现手工纸）：这个小朋友折成了几边形？

(3) 画一画。

师：小朋友用手工纸折出了六边形，老师也想来折一折，这是几边形？仔细看哦，我要变了，现在是几边形？再折一次，又变成了什么图形？像这样继续折一折，变一变，还能变成其他的图形，你们也想来变一变吗？

师：这里有三个正方形，要求在正方形上画去一个三角形，剩下的部分会变成什么图形呢？

学生操作平板电脑，教师指导。

推进：

① 有小朋友想到了两种方法。

② 还有的小朋友想到了三种方法，真是个爱动脑筋的孩子。

③ 已经完成的小朋友可以和小伙伴说说，剩下的是什么图形。

收集并反馈：剩下的部分是几边形？

小结：我们发现因为有不同的剪法，所以正方形剪下一个三角形后剩下的图形也就不同，可能是三角形，可能是四边形，也可能是五边形。

4. 拓展，延伸，评论

(1) 拼一拼。

师：老师发现我们班的小朋友不仅有爱思考的大脑，还有一双灵巧的小手。运用各种方法创造出许多不同的图形，李老师还特地为你们准备了这些图形，请发挥你的想象，再拼一拼，创作一幅美丽的图案。

学生操作，教师指导。

师：老师发现有的小朋友拼的图案是小房子，有的是小火车，还有的是轮船，都非常漂亮，我们一起来欣赏一下吧。

(2) 数图形。

师：这幅图案中，都有哪些图形？分别是多少个？和你的同桌一起数一数。

师：我们在数图形的时候要注意什么呢？

师：刚才老师也拼了一个图案，看，这里有大树、小草、太阳等，我在中间位置再设计一块菜地，现在将 1 号位置种辣椒，2 号种西红柿，3 号种黄瓜，4 号种土豆。现在请小朋友帮我看一看，我的这块菜地里是不是就一个四边形呢？如果不是的话，还有多少个？

指名反馈：

一个一个图形是 4 个，两个组合在一起的也有 4 个，4 个合在一起的有 1 个，所以一共有 9 个。

教师小结：

我们在数图形的时候不仅要数单个图形的个数，还要考虑到组合之后图形的个数。这样的思考才会更有序、更全面。

（3）全课总结。

师：小朋友们，今天我们在奇妙、魔幻的图形世界里，不仅认识了一些新图形，还动手创造了很多美丽的图案，课堂上还没有完成作品的小朋友，课后可以继续拼一拼，再和老师、小朋友们一起分享，也比一比，谁的作品更有创意。

案例2　认识周长。

教学内容：

苏教版三年级数学上册第61、62页。

教学目标：

（1）使学生通过观察和操作，认识周长的含义。

（2）使学生通过围、量、算等具体的活动，自主探索测量、计算周长的方法。

（3）使学生在参与学习活动的过程中，体会数学与生活的密切联系，发展数学思考，享受学习的快乐。

教学重、难点：

认识周长的含义，会测量和计算周长。

教、学具准备：

线、尺、纸、图形、课件。

教学思路：

以“新课程”理念为指导，体现做数学、玩数学的活动性和趣味性，感知先行，凸现探究过程。具体做到两个拓宽：拓宽周长概念的外延，拓宽周长的测量计算方法。教学过程中尽力把让学生自己去争、去辩，在悟中得法。从情境中引出周长概念，通过指和描理解周长的概念，探究测量计算不规则平面图形周长的方法；通过测量计算三角形和一般四边形的周长巩固周长概念并铺垫测量计算周长的一般方法，探究测量、计算长方形、正方形周长的多种方法。

教学过程：

课前一分钟观看《一条线的动画》。

设计意图：吸引学生的注意，唤起学生对二年级学习过的线的感觉。

1. 创设情境,感受周长

(1) 师:这线真神奇啊,老师从线上截取了一段,你能估一估它有多长吗?

学生估一估这条线有多长,教师验证测量线的长度。

设计意图:沟通新知与原有知识之间的联系,对测量线段的方法进行复习,为后续进行多边形周长计算中的测量做准备。

(2) 由一条线变魔术,教师将这条线首尾相连,围成一个图形,教师再变,引出这里面神奇的数学知识。

(3) 展示一个图形,教师和学生一起用手指描画一周边线,让学生试用语言描述沿着图形的哪里描的,描的路线是什么样。

由学生的语言加工到"图形一周边线"。

让学生交流,描画时如何确定画了一周了。

全班交流。

(4) 初步感知物体某个面的一周边线。

出示游泳池图。

师:这是一幅儿童游泳池图,你能指出它池口一周的边线吗?

指出:游泳池图池口黑色边线的长就是池口的周长。

(5) 出示树叶、数学书的封面、课桌面、三角尺。

让学生自由选择一个物体的面,同桌互相指一指它的一周边线。

反馈时计算机演示过程。

(6) "想想做做"的第 2 题。

出示题目,如图 6-2-1 所示。

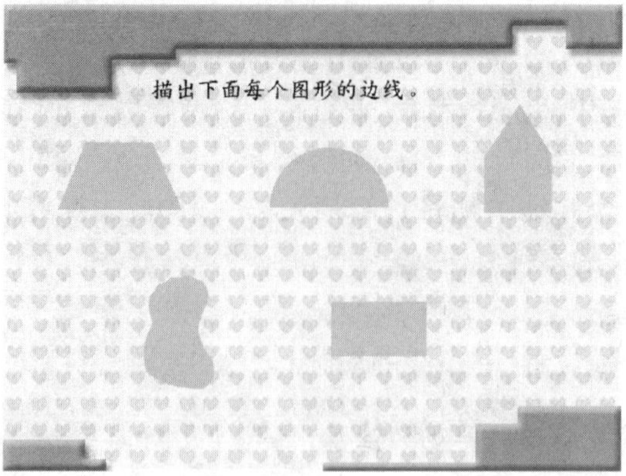

图 6-2-1 "想想做做"第 2 题

谈话：你能描出这些图形的边线吗？请同学们拿出水彩笔，在书上第 62 页第 2 题上描一描。

用实物展示台展示学生的作业，互相评价。

2. 引导探究，测量周长

（1）拿出两片树叶，一大一小，让学生先估计哪片树叶的一周边线长，由学生估计后，引发思考：这两片树叶一周边线的长度是多少呢？

教师引导，说它一周边线的长是多少，数学上就是它的周长是多少。

反问：这片树叶的周长是多少也就是问什么的长度？

（2）给出一片树叶（突出它的边线是弯曲的，不好用直尺量，想办法），由小组合作，选择合适的工具，进行树叶的周长测量。

汇报测量的方法，板书：化曲为直。

（3）测量多边形中不规则图形的周长。

试一试。

出示图形，如图 6-2-2 所示。

图 6-2-2　不规则图形

师：这两个平面图形的周长各是多少？

学生想办法算出周长。

再出示一个五边形，直接给出各边数据，口头列式计算，让学生体会多边形的周长计算方法：几条边长度的总和就是多边形的周长。

设计意图：由多边形的一般周长计算方法，加深学生对平面图形周长的理解，同时理解直边图形测量方法与曲边图形的不同点和相同点。

（4）特殊图形的计算。

做“想想做做”的第 4 题。

出示等边三角形、等腰三角形、平行四边形，让学生体会多种计算方法。

设计意图：通过对一些特殊图形计算的多种算法，让学生体会到由一般到特殊的过程，经历由连加到一些正方形等特殊图形计算简便方法的由来。

3. 拓展延伸，提升认识

（1）小棒图进行周长计算和辨析。

（2）做"想想做做"的第5题。

出示题目。

让学生独立完成，再交流不同的算法，并说一说是怎样想的。

（3）将两个多边形组合成一个新的图形，计算组合图形的周长。（机动）

4. 交流总结，实践延展

（1）提问：今天我们共同认识了周长，你有收获吗？如果用一句话表达你对周长的认识，你想说些什么？

（2）谈话：认识了周长，你能用今天所学的知识解决生活中的哪些问题呢？其实，周长在我们生活中的应用是极为广泛的，你发现了吗？

（3）欣赏短片：周长在生活中的应用。

（4）谈话：只要我们做个有心人，学会仔细观察，认真思考，就一定会发现，生活中处处有数学，数学就在我们的身边！

（5）对应课首引入：由同一条线围成的图形，形状不同，它的周长都相同。

实践活动题：

想办法量出自己的腰围和大树树干的周长。

板书设计：

认识周长

物体一个面
围成的平面图形 } 一周边线的长度，叫作它们的周长。

设计意图：课堂的生命活力来自学生对事件或事实的感受、体验，更来自探究过程中的时而山穷水尽、时而柳暗花明的惊奇和喜悦。本节课的教学设计，在尊重教材的基础上，灵活使用教材，使学生的认识经历了丰富的感知过程。指一指、说一说、描一描、量一量、算一算等环节的设计，使学生在环环相扣的探索活动中充分地实践着、思考着、感受着……

课堂生命的活力更要引导学生去感受、体验周围丰富多彩的世界，发现、提升数学的美，使学生从课堂学习中获得多方面的滋养，让课堂成为学生精神享受的家园。本课的结束环节，教师安排了"周长在生活中的应用"的短片欣赏，一个个鲜活的画面，使学生对周长的理解进一步得到深化，学习数学的情感也由此被进一步激发。

二、图形要素的教学实践

图形要素主要是“边”和“角”，许多的平面图形如三角形、四边形的认识教学都是以“边”和“角”的基本要素来组织教学的，因此帮助学生认识“边”和“角”，并能在自主的图形研究中学会从这两个基本要素去探究新图形的特征是我们教学的关注点，从教材的编排上来看，二年级先整体认识多边形，有了对上位的多边形的整体感悟，三年级再进一步认识三角形和四边形以及长方形和正方形，从编排上，以“律动课堂”的关联思想来组织教学，我们还要注意把三角形和四边形的认识单独进行一个课时的教学，这样才能从二年级的多边形的整体认识中再来一次集中深入地认识三角形(三边形)和四边形。在此基础上再进行四边形中特殊的长方形和正方形的认识，才有助于学生认识到知识的内在结构。下面以几个“律动课堂”的实例来加以分析。

案例3　二年级“角的初步认识”实例分析。

教学内容：

苏教版教材小学数学四下第七单元第84、85页。

教材分析：

角是一种基本的几何图形，认识角是进一步认识其他几何图形的基础，教材就角和直角的认识分成了两课时：第一课时认识角，首先教材从剪刀、三角形纸片、钟面这三个实物入手引导学生观察并抽象出三个角的基本图形，告诉学生这些图形都是角，让学生初步体会角的基本特征；然后介绍角各部分的名称，明确构成角的基本要素；最后回到场景图中，让学生在对角初步认识的基础上，寻找其他物体面上的角，进一步巩固对角的基本特征的认识。在以往的教学中，从实物中抽象出角以后，利用判断辨析记忆“怎样的图形就是角”，其实学生对角和直角的本质特征并不是很清晰，因此，这节课需要先提供大量的材料让学生辨析比较，逐步抽象概括出角的本质特征，再进行命名，让学生自主经历角的本质概念的形成过程，从而构建角清晰的概念。

学情分析：

在学习本节课之前，学生在前期的学习过程和生活经验中，对图形的认识更多地关注图形的名称、表象，不关注图形的特点；对角有所认识，但“角”到底是什么呢？只是形式记忆，并不知道角的特点。所以在学习过程中，教师要提供多种材料资源，让学生进行对比、分析，启发学生思考、解决问题，并在交流中提升认识。另外，学生在前续学习中已对线段有了一定的认识，知道边线有曲有直，也积累了一些比较线段长短的方法，但会负迁移至角的大小比较，会形成对角的大小是比边长短的错误感知，同时对面的大小感知也会对角的大小比较形成错误感知。所以如何基于经验，又形成正确的研究方法和得出研究结论，是概念获得的重要手段。

教学目标：

（1）学生经历材料感知、聚类分析、找角等活动，渗透比较、抽象、概括的意识，初步感知角的基本特征，能基本识别角，知道角的各部分的名称及表示方法。

（2）学生通过找一类角的不同点，感知角的大小，并通过玩活动角，体会角的大小，并探索通过观察法和重叠法比较角的大小。

（3）学生通过讨论以及过程中角的大小比较，初步体会角的大小与两边张开的大小有关。

（4）感知角在生活中的应用，激发探索角、研究角的兴趣。

教学重点：

通过多种材料的感知，认识角的特征，知道角的各部分名称。

教学难点：

通过角的大小比较，感知角的大小与两边张开的程度有关。

教、学具准备：

活动角材料，三角尺一副，量角器，一些盒子。

教学过程：

1. 创设情境，引入新课

（1）猜一猜游戏活动。

师：小朋友们好，我们已经认识了许多图形王国的朋友，它们想和我们玩个捉迷藏的游戏，大家想不想玩啊？当你猜到什么图形时，就说出它的名字。游戏开始。（教师利用白板聚光灯进行猜一猜的游戏，学生猜想图形）

游戏过后，让学生说一说是如何猜出来的。

预设：引出根据露出的角或边。

对角的猜想，学生会出现问题，教师随着问题，呈现这个新图形在数学上叫作什么。

（2）引出课题：数学上的角是什么样子呢？下面我们一起来认识角。（板书课题）

设计意图：经验是展开几何学习活动的前提条件，所以引入环节的设计基于学生已有的三角形、长方形、圆等图形的经验，通过部分边与角的观察，猜想图形，使学生初步感知角，并通过角这个新图形的出现，形成新问题的思考，基于这个问题，产生研究角的内需力。

2. 材料感知，聚类分析

（1）材料感知。

教师出示一些常见的物品，如图 6-2-3 所示，交代材料的来源。先描画出部分边线，形成 5 个图形，再隐出物体，形成研究的 5 个图形材料。

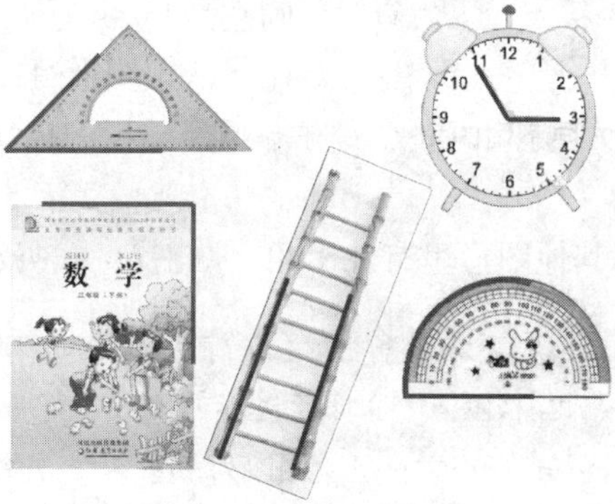

图 6-2-3 常见的物品

让学生猜想哪些图形是角，小组讨论交流。

学生小组交流讨论后，到白板上拖动，形成分类。

在学生交流的过程中推进：为什么认为这三个图形是角，另外的两个图形不是角？针对不同意见可进行辨析。

设计意图：观察是获得空间知觉的必要环节，学生通过多种材料的感知，能基于经验进行初步的猜想，并通过全班的交流形成新的认识思考。而观察材料来源于学生生活中的物体，体现了几何学习“体—面—体”的逻辑结构。

（2）分析角，引出角的概念。

这些图形都是角，它们有什么共同点？小组交流讨论。由学生的发言，生成学生的思考。

预设：有两条直直的边，连在一起。

拿出三角尺，摸一摸其中的一个角，感知角的顶点和两条直直的线。

教师画角。在角的图形里画弧线表示出角。

让学生自己看书的第 84 页，学习角的各部分名称。

教师根据学生的反馈，板书：顶点，边，边。

板书：角有一个顶点和两条边。

指一指白板上其他角的顶点和边。

(3) 快速反应：是角就站起来张开双臂，不是就坐下来。

图 6-2-4　开口方向不同的角

出示一些开口方向不同的角，以及不是角的让学生辨别，如图 6-2-4 所示。

(4) 回顾引入时的那个新图形，明确它是角，并进行角与其他图形的对比。认识图形可以从边和角两方面进行观察。找一找，三角形、长方形和圆中有几个角。

独立练习：那其他图形里有几个角，你能找一找吗？在书上练习。

设计意图：将新认识的角横向与前面认识的三角形、长方形、圆进行比较，感知其不同点，同时通过角的认识，将观察平面图形的两个重要元素（边与角）这个研究图形的基本方法结构教给学生，形成空间几何学习的后续自主研究力。

(5) 找角。

① 教师先示范：生活中很多物体的面上也能找到角，比如这个长方体的这个面上由这个顶点引出的两条边就组成了一个角。（边指边介绍）你能这样找一找角吗？和同桌找一找、指一指、说一说。

② 在教师补充的图中找角。

结合找角，教师把直角放到黑板上，生活中这样的角很多。也为后续观察角的大小做准备。

(6)（课中操）师：请你跟我这样做。

学生一起做，主要是一些与角相关的张开与合拢的动作。

设计意图：回到生活中找角，在找角活动中再次经历从整体中抽象出角的过程，进一步感知角的基本特征。课中操的设计不仅活跃了课堂气氛，符合低年级的身心发展特点，同时也让学生感知张开、合拢中手势的大小化，为后续进一步感知角的大小做准备。

3. 玩活动角,研究角的大小

(1) 结合课中操找角,感知在张开和收拢中角的大小在变化。

如图 6-2-5 所示,四人一个小组讨论: 这三个角有什么不同点? 在交流中明晰,角的两边张开的程度(大小)就是角的大小。

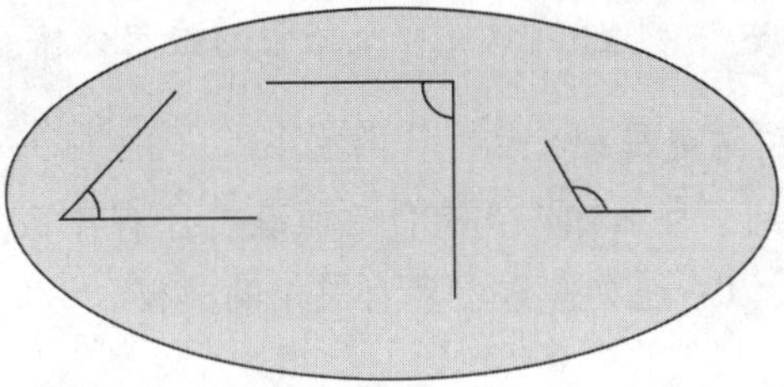

图 6-2-5　三个角

玩活动角,体会角的两边张开的程度。

学生先玩一玩,教师再带着学生一起张开与合拢。

在演示中,大家一起慢慢地张开,再慢慢地合起来。(把角的两边张开,角就变大,把角的两边收拢,角就变小。也就是说角是有大小的)

(2) 再次指向这三个角,你认为哪个角大? 你是怎么思考的? (同桌互相讨论交流)形成两种意见: 比角的张开程度,比角的两边长短。

进行两种比法之间的辨析,形成正确的比角认识,比角的张开程度。

学生互拉一个角,同桌比一比,谁大谁小。

让学生说一说,比的方法。观察法: 观察什么,两边张开的大小,谁张开得大。重叠法: 差不多大的时候比。(点对点,边对边,看另一边)

(3) 尝试与教师比角。

教师指出黑板上的直角,让学生先张开形成一个比它小的角,再张开形成一个比它大的角。教师转动角,让学生感知它不同开口的感觉,并闭眼想角比直的角小的样子、比直的角大的样子。

张开两边,形成一个直角。教师变魔术般地不断拉长两边,提问: 角变没变大? 全班交流讨论,想象一下,如果不停地延长下去,角的大小会变吗?

形成结论: 角的大小与角两边张开的程度有关。

(4) 做练习题第 3 题。可以直接使用观察法。

(5) 比一比,说一说,下面的角与三角尺上的哪个角一样大? 再次体会用重叠的方法比角。

(6) 找一找,生活中哪些物体是利用角的大小变化来工作的。(钟

面、剪刀、扇子等，老师播放小段升降杠动画）

设计意图：操作是构建空间形式的重要方式，本环节通过找一找不同点，玩一玩活动角，体会角的大小，并通过比较角的大小的方法获得，让学生充分经历操作、观察、推理的过程，并通过练习，学生获得对新知的进一步理解，以及在生活中的应用体悟。

4. 总结回顾，拓展延伸

今天你们学到了什么知识？有什么收获？还有什么问题？今天我们只是初步认识角，以后还会探索更多有关角的奥秘。

设计意图：回顾总结环节，更多的是让学生去回顾概念获得的方法，并将此学习方法结构迁移到以后的图形的认识中。在答疑中可能有学生会拓展到180°的角，或比180°还大的是角等的思考，形成学生研究内动力。

板书设计：

认识角

角有一个顶点和两条边　　　　角的大小与两边张开的程度有关

边

顶点 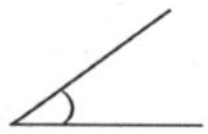　　　　三角活动角

案例4　二年级《认识角练习课练习九》的关联教学分析。

教学目标：

（1）学生通过指一指、说一说、填一填，进一步感悟角的概念，会说出角的名称。

（2）学生通过角与三角形的比较，初步形成从边与角两方面观察图形的意识，并能进行多边形边与角规律的探索。

（3）学生通过组合数角，形成有序数角的意识，并能准备数出物体面上的角的个数，并对直角有一定的敏感度。

（4）学生通过实践拼角，进一步巩固对直角、锐角、钝角的认识，并培养学生的小组合作能力。

学情分析：

本节课是角的初步认识综合练习课，教材对本单元知识进行了练习，有角的各部分名称、角的比大小、在物体面上和图形中找角，还有组合图

形中找角，这些活动对学生练习起来难度并不大，所以要把知识的练习进行关联结构化的设计，以研究边与角和数组合角以及实践拼角为三个主块对练习进行设计，在练习中发挥规律探索的方法指导，让学生主动探索发现规律，并初步形成以边和角观察图形的意识。

学生对在组合图形中找角还是有一定难度的，特别是新增一条线后会形成新的角，在练习中要多让学生试一试，形成学法结构。对有序数角不做统一要求，但在教学中要有机渗透，形成高标的要求。学生在拼角过程中，有时会不太理解用什么角来拼，还是看原有三角尺上的直角，所以要让学生理解什么是拼角，如何用两个角或三个角去拼角。

教学重点：

在图形中找角，并研究多边形边与角的规律。

教学难点：

在组合图形中有序地找角，数出角的个数。

教学过程：

1. 对比分析，导入练习

(1) 出示角与三角形，让学生说一说有哪些不同之处。

同桌之间相互交流后，汇报不同之处，体会角是由一点引出的两条边组成，而三角形是三条边围起来的图形。

(2) 用一根线段将角首尾相接，形成三角形，让学生体会三角形是三条边围成的图形。

让学生操作，形成三角形，进一步体会角与三角形之间的关系。

(3) 回顾角的各部分名称，做练习九第2题。

在作业纸上指一指，说一说，由一至两名学生到黑板上说。

小结：角有一个顶点和两条边。

(4) 比一比角的大小，再次回顾直角、锐角、钝角的命名。

(5) 完成练习九第4题，比角的大小，回顾观察法，理解角的命名。并对直角进行辨析，让学生有意识地使用三角尺上的直角进行比对。

设计意图：练习课要注意从结构关联的思想去设计，所以本课的引入重点从角与三角形的不同之处的对比中开始，不仅横向让学生进一步感悟角是由一个点引出两条直直的边组成的，而三角形是三条边首尾相连的，突出两者之间的关联性，也可以回顾以往所学的知识，并把多边形的边与角的研究引出，让学生有意识地学会从“边”与“角”去观察图形的特征。

2. 探索规律,边角研究

(1) 研究三角形中的角。

完成练习九第6题,感知三角形中有哪些角。

(2) 研究平行四边形的角。

先让学生练习,练习后让学生说一说发现了什么规律。

(3) 研究多边形中边与角。

师:同学们,刚才大家研究了三角形和平行四边形,从多边形的角度来看,三角形也是三边形,在黑板表中填写相关数据,三边形,三条边、三个角。那么四边形、五边形呢?请大家数一数,填一填,并说一说有什么规律。

生:多边形有几条边,就有几个角。

验证猜想,教师出示七边形,让学生数一数。

小结:研究图形可以从边、角去观察。

设计意图:由特殊到一般再到特殊的研究方法,让学生学会研究探索规律的一般方法,如何有序地去研究、发现规律,并能通过七边形等去验证发现的规律,这种规律探索的一般方法,让学生从低年级起就能经历,对以后的学法建构有一定的意义。

3. 多元找角,有序思考

(1) 找物体面上的角,说说它们各是什么角。

完成练习九第1题。

(2) 找长方体盒子上的直角,如何能找全?

学生找完后,上台展示找角的方法,体现面的感觉或顶点。体会有序数角,和用不同方法数角。

(3) 组合找角。(完成练习九第7题)

在长方形中加一条线,有多少个直角?在正方形中加一条对角线,有多少个直角?

学生指一指、画一画、填一填、说一说,加一条线增加了几个角。

(4) 在一个四边形中加1条线,增加2个角、3个角、4个角的画法。

(5) 完成练习九的思考题,让学生数一数一共有几个角,如何有序地数。

学生上台展示有序数的方法,并找出本图中的直角。

设计意图：通过在真实物体上找角，并要求找全找角的好方法，这样的练习不仅让学生能从真实情境中学会自己解决问题，建构自己的创新方法，还让学生从有序方面理解不重复、不遗漏的好处，特别是对不同方法，要突出观察面与角的关系等。在组合找角中更是进一步加深对有序数角的方法应用，让学生能从上一题的方法中迁移到下一题中。对增加角的练习，更是要求学生对角的组成有深刻的理解。加深学生对新增角的观察力，为后面学习图形的拼组做好准备。

4. 实践拼角，练习总结

(1) 四人一组，每人准备一副三角尺，在小组里做一做，用两块三角尺拼出直角。

拼好后，让学生上台展示，要说清楚是哪两个角拼成了直角。

(2) 用两块三角尺拼出锐角再拼出钝角。

(3) 用三块三角尺拼出直角。

小组合作，并上台展示。

(4) 练习总结。

今天这节课我们练习了什么内容？你从中学会了什么？学生交流后，集中交流。

案例5　认识垂线。

教学内容：

苏教版义务教育教科书小学数学四年级上册第89、90页。

教材分析：

本课时是在学生学习了直线与角、认识了平行的基础上教学的，垂直是同一平面内两条直线相交时的特殊的位置关系，在生活中有着广泛的应用。通过教材提供的素材与教师组织与学生生活相联系的实例，让学生感悟知识，使学生建立直观与抽象能相互转化的有效思维，体现以学生为本的教育思想，为今后学习空间与图形的后续知识奠定较好的基础。

学情分析：

学生在前续已有了角的概念和直线、射线、线段的知识，对直线与角度已有了一定的敏感度，对生活中垂直的感受也是非常多的，特别是在长方形和正方形的认识中已有了四个角是直角的研究，所以对相交后形成的角是直角是有经验的，也是学习本节课的基础。

因此在教学中，结合学生的生活经验，感知生活中的垂直的现象进一步发展学生的空间想象能力，实践中可以通过观察、讨论、操作、交流等活动让学生去感知、理解、发现和认识。从学生认知的角度出发，让学生通过操作悟出互相垂直，遵循学生的认知规律，让学生感悟相交与垂直。直接采用生活中的实际问题，根据学生的认知过程，创设问题情景。通过多项活动参与实践，培养学生探究问题的能力，激发学生学习的兴趣。

教学目标：

（1）学生通过观看视频和从实物图片中描画，理解相交与垂直的基本概念，掌握互相垂直、垂足、垂线等内容。并能从旋转图片中体悟不同角度的互相垂直，突破思维定势。

（2）学生自主研究学习，掌握点到直线的距离垂线段最短的知识要点。在过程中生成生活中的实践应用问题。

（3）学生通过互动交流知识在生活中的应用，感知数学的趣味性，感受数学就在身边，数学就在自己的生活中。培养学生学习数学的积极情感和在生活中发现数学的良好习惯，培养与人合作交流的能力。

教学重点：

理解相交与垂直的基本概念，掌握互相垂直、垂足、垂线等内容。

教学难点：

掌握点到直线的距离垂线段最短的知识要点。

解决措施：

充分应用电子白板的互动性，通过观看视频、上机描画等抽象出概念，并通过交流、自学、应用讨论等研究性学习方式，理解知识，掌握知识。在这过程中，教师多利用白板课件的功能：图形旋转、图形隐藏等，让学生产生研究的兴趣，并多角度体会互相垂直和垂直线段在生活中的应用。

教学过程：

1. 关联引入，动画激趣

（1）动画引入，感知相交。

通过观看视频，感受两条直线相交，并通过自主画一画，初步理解相交和交点的概念。

播放动画视频，并让学生到一体机上画一组相交的直线，学生对动画的兴趣高，同时对上一体机进行操作有互动和生成感。

教师利用进行图形旋转，让学生感知过程中有什么变化。学生整体感知了都是相交于一点，旋转过程中都形成了四个角。

设计意图：这样的设计师生互动生成了相交的一组直线，并让学生在动态演示中形成了对相交这一上位概念的理解与思考。学生只有在整体感知的基础上再进行下位概念的认知，才能形成结构化思维。

（2）生活抽象，理解垂直。

通过从实物图片（如图6-2-6）中抽象出的相交的四组直线进行自主研究性学习，理解互相垂直和垂线与垂足的概念。

图6-2-6　实物图片

抽象出互相垂直的概念，并自学认识垂线和垂足的概念。

从生活实例的四组图中，画出四组相交的线，并从中对比出相交成直角的情况。

学生在教师动态展示的四幅图片中画出四组相交的直线，教师抽象出四组相交的直线。

设计意图：数学源于生活更高于生活，通过从生活中的实物来抽象出四组直线这样的过程，有利于让学生在过程中感知从生活中生成抽象的数学。有了生活的基础，学生更有兴趣。

（3）交流应用，生成实践。

通过交流互相垂直在生活中的应用，让学生感受知识来源于生活，应用于生活。

生活中的互相垂直实例和动手折一折研究长方形与正方形对角线的

情况,并整体研究相交与垂直之间的关系。小组讨论交流互相垂直在生活中的实例。

在图片(如图 6-2-7)中找一找,描画出来。

图 6-2-7　实例图

动手折一折长方形和正方形的对角线。

设计意图:通过学生到一体机上描画出互相垂直,感受到知识在生活的应用。感受着数学在生活中无处不在。

2. 自主探究,动态生成

(1) 通过实例图抽象出知识,并利用比较让学生理解概念。

研究点到直线的距离也就是点到直线间垂直线段的长度通过课件中线的旋转,让学生比较三条线之间的长短,理解点到直线中垂直线段的长度最短。如图 6-2-8 所示。

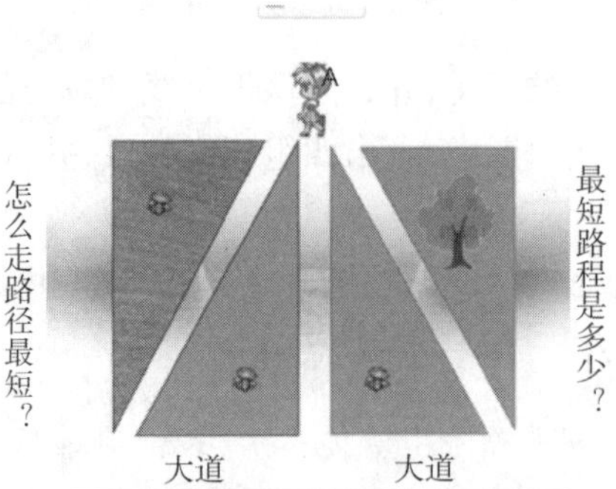

图 6-2-8　实例图

在练习中通过现场描画以及用三角尺工具在一体机上的旋转与摆放,感知知识。

(2) 实践应用,举例说明。

通过实践中的例子,让学生理解点到直线中垂线段最短的应用。

研究点到直线的距离在生活中的例子。

学生列举生活中的例子，并找一找题目中的垂直线段。

通过在一体机上的现场操作与演示，让学生感受到知识在生活中的运用。

设计意图：通过实践应用让学生理解点到直线的距离，进一步验证通过测量的方法找到结论的方法是正确的，将知识的逻辑性与生活的实践性有效地融合到了一起，便于学生体会概念，并将概念运用到生活中。

3. 关联总结，提炼学法

（1）回顾本节课的知识，让学生总结学法过程，理解知识。学生交流回顾知识，并理解视频中相交与互相垂直的概念。

（2）利用白板课件的回看功能，让学生重新回顾本节课的学习过程，并结合第一个视频进一步感受到形成相交的直线和互相垂直的关系，很好地让学生整理自己的学习所获，并有了学法的进一步指导。

设计意图：核心素养中学会学习，这就要求我们在教学中不仅要注重结构化地教，更要让学生会结构化地学，从中找到学习的策略，并运用到以后的学习中去。

第三节　图形度量的教学

小学图形度量的教学内容主要包括：测量物体的长度和面积，估计物体的长度和面积，探索长方形、正方形的周长和面积的计算方法，认识常用的长度单位和面积单位。这部分内容要渗透度量意识，重点让学生掌握测量方法。

案例 1　角的度量。

制定依据：

角的度量这一内容历来是小学数学教学的难点。传统教材一般是按照认识量角器—揭示量角方法—进行量角练习的顺序组织编排的。在教学过程中，教师也是先简单介绍一下量角的单位“度”，组织认识量角器的各个部分，然后引导学生总结出量角的方法和步骤：对点、对边、读刻度，最后组织学生进行大量的技能训练。花费时间多，但却很难达到理想的教学效果，最主要的原因是学生对量角器的本质认识不到位。量角器的本质是单位小角的集合，但由于量角的基本单位1°的角太小，在量角器上很难完整地反映，量角器上1°的分割线去掉了大部分，只在圆周上留下一些刻度，因此学生很难理解“量角器就是1°小角的集合”。

本节课经过“借助90°产生特殊角的度数—整10°角与半圆工具的产生—量角器的应用”三大环节，学生通过不断解决矛盾冲突，激发学习的需求，引导学生深入思考，逐步探索，实现了对量角工具的再创造。在量角器的产生这一环节中，学生从分散的10°角去测量时的不便引出要把单位小角合并成连在一起的工具；再由这种工具度量的不准确引出要把10°角再细分一些；由细分后的工具读数不便引出要加刻度，进一步引出内外两圈刻度。学生在探索和创造中完成了对量角工具的探索，把握了量角器的原理。

学生分析：

学生在二年级时已经初步认识了角，知道了角由一个顶点和两条边组成。也认识了直角、平角和周角以及直角的名称和度数，知道了比较两个角大小的基本方法。学生在日常生活中接触了很多大小不同的角，但对角的度量的知识生活中接触很少，显得比较抽象。小学四年级的学生抽象思维虽然有一定的发展，但依然以形象具体思维为主，分析、综合、归纳、概括能力较弱，有待进一步培养。

教学目标：

(1) 使学生经历量角方法的探索过程，了解量角器的构造特点，掌握正确的量角方法。

(2) 使学生认识角的计量单位“度”，知道1°角的大小，能正确读、写角的度数。

(3) 通过观察、操作、思考、交流等活动，把握量角器的构造原理及特点。

教学过程：

1. 常规积累

(1) 回顾比较两个角的方法。

(板贴：点对齐，边对齐)

(2) 用什么方法得到比90°大的角？

(板书：三个乘法算式)

同桌动手比一比，互相说一说。

设计意图：回顾角的大小比较方法和通过90°的几倍数可以拼出比90°更大的角。

2. 产生特殊角(30°、60°、45°的角)

(1) 谈话：两把三角尺拼直角90°已经知道了，我想知道∠1、∠2、∠3、∠4的度数是多少，可以用什么方法得到呢？

小组合作用三角尺上相同的小角拼一拼。

学生交流后拼一拼，教师点拨。

收集资源，交流展示。

先组织交流两个45°角拼成90°(板贴)，然后再放下去：你能用多个相同的小角拼成90°？

(2) 小结：怎样能得到比90°更小的角的度数？

同桌之间相互指着三角尺上的角说说它们的度数是多少。

预设：

① 90°角对折后产生45°角。

② 3个30°角合成90°，产生30°角。

③ 2个30°角合成60°角或90°角减去30°角剩下的是60°角。

同桌交流。

(3) 测量：用三角尺上的这几个角去测量角的度数。

追问：发现什么问题了？(∠1是45°，∠2是60°，∠3是20°)

提问：用三角尺上的角没法测量比30°更小的角，根据刚才的学习经验，你觉得用什么方法才能得到比30°更小的角的度数呢？

学生动手测量。

学生交流：拼、除、减的方法。

设计意图：通过拼一拼、折一折的方式得到三角尺上特殊角的度数。

3. 产生整10°角与半圆工具

(1) 产生整10°角。

谈话：我们借助三角尺上最小的30°角来进行研究，用学具拼一拼，每个小角的度数是多少？

学生动手拼一拼。

测量：你能用这些10°角测量这些角的度数吗？

预设：3个红色小角拼成30°，每个红色小角是10°。

追问：用10°角在测量的过程中操作起来感觉怎样？怎样解决呢？

学生交流。

设计意图：学生在用10°角测量整十度数的角的时候体会到用分散的角去测量不方便，产生把分散角连起来的想法。

（2）产生半圆工具。

谈话：现在我们知道手里的每一个小角的度数是10°，那2个10°呢，3个10°呢？将这些分散的角连在一起就成了一个圆，也就是360°。如果用一个圆形的工具去测量所有的锐角、直角、钝角，感觉怎么样？所以，半圆就够了，它可以测量我们认识的所有整10°的角，包括最大的钝角。所有的整10°的角都汇聚在同一个中心点，量的时候要做到"点对齐"。（播放课件，板贴）

测量：现在我们用这个半圆形的工具来量角的度数。

追问：量的过程中遇到了什么困难？

谈话：看来用10°的角来测量也有一定的局限性，∠3中多出来的这一点点到底是多少度呢？

学生尝试量角。∠1是20°，∠2是60°，∠3是33°。

（3）产生1°角和5°角。

① 1°角和5°角。

思考：比10°还小的角是多大呢？你有什么办法解决这个问题？

先自己想一想，再和同桌商量一下。教师巡视，收集资源。

谈话：一个10°角平均分成10份，一个半圆就可以平均分成180份，其中一份就是1°角，以此类推，我们就可以得到1°～180°之间所有的角了。（播放课件）

同桌交流。

预设：

a. 对折得到5°角。

b. 平均分得到1°角。

设计意图：体验用10°角量角的局限性，进一步激发学生探究的欲望，想办法得到比10°角更小的角。

② 刻度线。

谈话：现在这个半圆工具上的线多不多？看上去密密麻麻的，怎样区分1°角、5°角和整10°角呢？

点拨：拿出直尺看一看，它是怎样表示1毫米、5毫米和1厘米的？

小结：我们可以用长短不同的刻度线来区分角的度数。（板贴）

学生交流。

预设：可以标上数字。

③ 内(外)圈刻度。

说一说这些角有多大。（播放55°、135°、115°角）

师：你觉得读起来怎样？每个角的度数我们都是数出来的，太麻烦，有没有办法能够让我们一眼就能读出一个角的度数呢？（播放课件、板贴）

师：标上刻度以后，再读角的度数就快了。下面角是多少度？你能一眼就读出来吗？（∠1是60°，∠2是左侧开口的30°）为什么∠2的度数会读错呢？有什么好办法解决吗？（播放课件、板贴）

学生交流。

预设：∠2有的读成150°，有的读成30°。

学生交流：可以再标上一圈数字。

④ 认识量角器。

小结：量角的工具就是这样产生的，它也是一把量角的尺子，我们又把它叫作量角器。（板书）

认识量角器各部分名称，同桌互相说一说。

设计意图：读角度数的过程中体验没有刻度的不便，产生标出刻度的想法，又根据角的开口方向不同，读角度数非常不便，再次产生标出外圈刻度的需要。

4. 用量角器量角

(1) 测量练习。

谈话：刚才这个角的度数会量了吗？用量角器试一试。

追问：你是怎么量的？（板贴）

小结：点对齐、边对齐后再读出另一条边所在的刻度就是测量角的度数的方法。（板书）

同桌合作测量，然后交流。

设计意图：通过量角的操作活动，进一步巩固量角的方法。

(2) 读刻度。

谈话：这些角是多少度？你会读吗？

追问：你读的是哪圈刻度？为什么？（∠1 是 70°，∠2 是 110°，∠3 是 45°）

学生交流。

（3）总结。

这节课你有什么收获？

揭示课题：这就是我们要学习的角的度量。（板书）

学生小结。

帮助学生在图形度量过程中感悟数学思想。

了解掌握测量的基本方法，积累数学活动经验，培养学生的空间概念。

以图形测量公式推导为载体，让学生在操作、实践中感悟"转化""极限""函数"和"积分"的数学思想。

在直边图形公式的推导过程中，教师经常让学生利用学具进行操作活动，将新图形转化成学过的已知图形，从而找到新旧两个图形之间的对应关系，推导出计算公式，在这个过程中巧妙地渗透了转化的数学思想方法。

圆是第一、二学段学习的平面图形中唯一的一个曲线图形，是学生第一次了解 π 这个无理数，是学生第一次正式接触并运用极限的数学思想来解决曲线的长度和圆形的面积等问题，因此对圆的周长以及面积的探索具有一定的挑战性，这个过程的学习有助于学生提高分析问题、解决问题的能力，获得基本的数学活动经验，体会"转化""极限"和"函数"的思想。

案例 2　圆的周长公式的推导（化曲为直——转化思想），如图 6-3-1 所示。

测量寻找周长与直径的关系 ——函数思想，在测量圆的周长和直径填写数据的过程中，感受直径变，圆的大小变，周长也随之变化，而它们的倍数关系不变，从而让学生体会到函数思想。

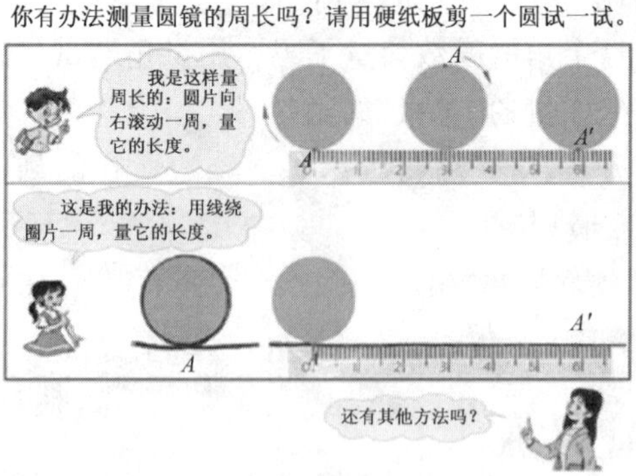

图 6-3-1　图的周长公式的推导

案例3　面积单位。

教学内容：

苏教版教材三下第61～63页。

教材分析：

前段：教材在二年级已经学习了长度的概念和长度的测量，会使用测量长度的工具：尺子。对一些物体的长短有一定的估算能力。

中段：单元第一课时专门安排了面积概念的学习，这与以往教材不一样，以往教材是把面积与面积单位合在一课时完成，我们发现学生对面积的概念感知度不够，对面积单位的过程经历也不够。所以分解成两课时，很有教学的意义。第四课时就开始进行长方形与正方形面积的计算。所以这课时也为后面面积计算积累数格子的简便方法。

后段：进一步学习体积的概念和相关立体图形的体积计算。

学情分析：

学生在二年级已经历了长度的概念与长度单位的研究，会用尺子测量和画出线段。第一课时已有了一些面积的感悟，感受到面积有大有小，会用重叠法比较面积的大小。初步感受到以观察图形中的格子数来确定面积大小。

学生对长度单位与面积单位内在的联系尚未建立结构化联系，整体对小学点、线、面、体的一维到三维的感知也不足，容易有点状化的思考。不能用联系的眼光去思考面积的大小。

学生关于面积的经验主要是一些特体面的大小，与物体的长度（长短）会有混淆。

教学目标：

(1) 学生经历自选单位估计和测量物体表面或平面图形面积的过程，体会统一面积单位的必要性。

(2) 学生通过观察、操作等活动，认识面积单位平方厘米、平方米及平方分米，并在活动中初步建立这些常用面积单位实际大小的表象。

(3) 学生通过对长度单位与面积单位的对比，理解两者之间的区别与关联，沟通几何形体间点、线、图、体中线与面的联系，形成学习的方法结构。

教学重点：

建立1平方厘米、1平方分米、1平方米的表象。

教学难点：

灵活选择长度单位和面积单位。

教学过程：

课前教学图形手势操：点点点成线，线线线成面，面面面成体，图形世界真神奇。

1. 创设情境，激发需求

师：刚才小朋友们做了图形手势操，那图形世界神奇在哪儿呢？我们一起去看一看。

动画演示：点动成线、线动成面、面动成体。

板书：点、线、面、体(30秒)(教师随着画面说点累积成了线，线累积成了面，面累积成了体)，提前板书点、线、面、体。

线，教师拿出一根1米的线来，让学生先估一估，再用尺子量一量。

板书：米。

还有哪些常用的长度单位？板书：分米、厘米、千米。

面(教师手指着面)。

师：有关面的知识，我们已经初步认识了面积，面积里还有哪些奥秘呢？今天我们就继续研究它。

先拿出一个三阶魔方。

师：你们喜欢玩魔方吗？这是一个最常见的三阶魔方，哪个小朋友知道三阶是什么意思？老师袋子里还藏着两个魔方，一个是四阶的，一个面上也就是4乘4有16个方格，另一个是五阶的，一个面上有5乘5，共25个方格，猜一猜，哪个面大？

(学生猜不准确，教师把魔方从袋子中拿出来，用重叠法演示，一样大)

师：奇怪了，25不是比16多吗？你发现了什么？你有什么想法？(揭示：格子的大小不一样)

师：对，用数方格的方法比较面积大小，方格的大小必须是一样的，也就是说要有统一的标准。

师：测量长度要用统一的长度单位，测量面积呢？也要用统一的面积单位。

板书：面积单位。

2. 整体认识体验活动

(1) 整体认识面积单位。

师：常用的面积单位有哪些呢？有没有小朋友知道的？(引导学生由房子面积的平方米，引发：平方厘米、平方分米、平方米)

师：1平方厘米是如何规定的？自学学案，把你学到的和同桌说一说。

全班交流,在交流的过程中让学生在信封中找一找。教师注意调动学生上台的积极性,并暗示学生说得好,要给予掌声。

预设:

① 边长为1厘米的正方形,面积是1平方厘米。

② 边长为1分米的正方形,面积是1平方分米。

③ 边长为1米的正方形,面积是1平方米。

(2) 结构化体验活动(初步建立1个单位的表象认识)。

① 出示:1平方厘米的正方形。

说一说:哪些物体表面的面积大约是1平方厘米?(也可以看一看自己的身上)

② 1平方分米。

组内互相说一说,再全班交流。

说一说:哪些物体表面的面积接近1平方分米?

③ 1平方米。

说一说:哪些物体表面的面积大约为1平方米?

站一站:1平方米的地面上大约能站多少个小朋友?

把三个面积单位排排队:平方厘米、平方分米、平方米(用手势表示它们)。

突出平方米要4个人合作完成。

(3) 面积测量实践活动(在自主选择中合理使用单位)

师:我们如何去测量一个面的面积呢?

活动一:测量橡皮面的面积。

现在有一块橡皮,指着它的一个面,它的面积有多大?用多大的正方形测量合适?(生选择1平方厘米)

先估一下大约几平方厘米。

再实际用1平方厘米去铺一铺。通过测量得出大约6平方厘米。

活动二:小组合作测量课桌面的面积,看哪一组完成得快,测量的方法巧妙。

交流小组测量的结果和方法。合理选择面积单位,摆法的简便计算方法,等等。

活动三:估计黑板面的面积。

估完后,教师说明,下一节课学习长方形面积的计算后,我们可以进一步去验证它。

3. 横向沟联，拓展延伸

(1) 长度单位和面积单位的比较。(沟通与联系)

师：竖着看，有什么发现？(都有平方两个字，都是正方形的面)

师：为什么科学家要选用正方形，而不选用其他图形，比如三角形？(拼起来简单方便)

师：横着看，有什么发现？(都有共同的边长)

不同之处：一边是长度单位，一边是面积单位。(把两个单位用磁板写)

(2) 单位抢答。(可以加手势)

(3) 拼一拼。

师：四个1平方厘米的正方形可以拼成什么图案，它的面积是多少？看哪个小组的拼法多。

师：面积都是4平方厘米，周长是不是一样呢？请小组分别去数一数，填一填。

4. 小结交流，拓展后续

让学生说一说这节课感受最深的是什么。

(1) 教学设计的核心思想。

本节课的核心思想是关注知识结构化和活动经验的积累。教学设计上重在体现知识整体的、内在本质的结构关联，开发知识内在结构所蕴含的促进学生主动发展的丰富资源，帮助学生形成独特又丰富的结构思维方法。学会在结构中类比知识，体现知识的育人价值。教学设计重视学生的活动体验，在活动中展开、推进与延伸，让学生在活动中建立面积单位的表象，积累活动的经验，同时也在活动中思考，生成问题，形成新的思考。

① 情境引入环节。

首先利用图形手势操和动画视频让学生体会点—线—面—体的演变过程。长度、面积和体积是一组最为基本的从一维到二维再到三维的度量概念。如何帮助学生建构起清晰的三维空间观念，是我们必须思考且需做出回答的问题。点、线、面和体中的前者分别依次是后者的构成要素，而后者又分别是在前者基础上的形成和拓展。再由学生身边最常玩的魔方实现由体回到面的大小比较。整个引入让学生感悟知识的一路行走过程，直观地感知图形几何的结构化知识。

② 核心推进环节。

呈现三个教学版块：面积单位的体验活动、面积单位的测量活动、面积单位与长度单位之间的沟联。新课标重视学生数学活动经验的积累，本节课将在活动上进行层次化设计，学生在找一找、说一说、拼一拼、比一比等活动中体验面积单位的大小，感受测量中单位的合理选择，在比较中感受长度与面积的关联与不同，在活动中积累经验，发展学生的学习能力。

③ 拓展延伸环节。

为了帮助学生逐渐建立起从一维到二维再到三维的空间观念，本节课设计注意通过多种沟通和比较的方式来灵活地凸显长度、面积之间的区别与联系，利用多种拼法让学生感受面积相等的情况下周长的变化情况，提升学生的数学思维能力。在最后的小结上要让学生思考他自己的收获和想法，类比出还有更大的面积单位，感受结构化思维的逻辑推理能力的生长进程。

（2）可能的创新之处。

① 手势操的方式把数学知识活化。

手势操的形式，类似于游戏，可以调动儿童学习的兴趣与积极性，也让他们感知到数学的好玩之处。符合儿童的心理特点，三年级的学生好动好玩，所以在整体教学过程中，用手势表达一直贯穿全课，从开始的点—线—面—体的“图形与几何”的整体关联手势表达，到过程中 1 平方厘米、1 平方分米、1 平方米的手势表达，特别是 1 平方米要四个人的合作，让学生感知团队的力量。

② 在比较中生成问题，培养质疑精神。

在面积单位与长度单位对比中，由为什么都使用正方形，产生问题：为什么不用圆形等，体会测量的等积要求。通过横向的比较，让学生感受到 1 分米是一条线段，是长度，而 1 平方分米是一个面，是面积。后者的边长正是前面的长度。让学生在比较中进一步感悟两者之间的关联。为后续的单位合理选择作好准备。

本课的后段在测量时简便的测量方法的比较分析，重点帮助学生感受这样的间隔计量法，为下一节课学习长方形和正方形面积的计算做好准备。

案例 4　长方体和正方体的体积计算。

教材分析：

长方体与正方体的体积是苏教版小学数学五年级下册的教学内容。它是在学生学习了长方体与正方体的特征、表面积及体积的概念、认识体积单位的基础上进行教学的。这是一次由计算平面图形的面积扩展到研究立体图形的体积计算,是学生空间思维发展的一次飞跃。长方体、正方体的体积计算,是学生形成体积的概念、掌握体积的计量单位和以后计算各种形体体积学习的基础,所以本节课在整个体积教学知识链中起着非常重要的作用。

学生分析:

学生已经有了长度、面积的学习经验,应该说学习体积计算是水到渠成的事情。通过前几节课的学习,学生对长方体和正方体的特征、表面积、体积及体积单位等方面知识有所了解和掌握,这是学生学习长方体、正方体体积计算的重要基础;另外,学生在三年级时学习了长方体、正方形面积公式的推导过程,长方体、正方体体积的计算教学结构可以进行类比迁移。在进行验证猜想环节,可能有的学生会遇到一些困难,教师在教学过程中应给予适时的点拨和引导。

教学目标:

(1) 结合具体实践活动,探索并掌握长方体、正方体体积的计算方法,能正确计算长方体、正方体的体积,解决一些简单的实际问题。

(2) 在观察、操作、探索的过程中,提高学生动手操作能力,进一步发展空间观念。

(3) 培养学生归纳推理,抽象概括的能力,并向学生继续渗透符号化思想、归纳思想等数学思想方法。

教学过程:

1. 常规积累

什么是体积?常用的体积单位有哪些?

左边同学说第一题,右边同学说第二题。

设计意图:唤醒学生已有知识经验,为本课学习做好铺垫。

2. 核心过程推进

拼摆长方体,记录数据,发现关系。

师:前面我们学过长方形的面积等于长×宽,也就是说长方形的面积与它的长和宽有关,那请大家想一想:长方体的体积会和什么要素有关呢?请你先写出来,然后用24个棱长为1厘米的小正方体拼成一个大长方体,每拼一次,记录下和体积有关的数据分别是多少?拼成的长方体的体积是多少?这些数据之间有什么关系?

学生情况预设:

① 想到与体积有关的要素进行记录。

② 拼摆时能记下这些数据。

③ 记录不完整情况。

师：长方体体积与什么有关？

交流摆出的长方体，关注摆法：一行摆几个，摆了几行、几层；处理2、3、4和3、4、2一样的资源。

师：摆出的长方体有什么相同点、不同点？这些数据之间有什么关系？

猜测：长方体的体积可以怎样计算呢？

从这个个例上，我们发现长×宽×高确实等于长方体的体积（24立方厘米）。那是不是所有的长方体体积都等于长×宽×高呢？要知道猜想的到底对不对，就需要验证。那可以怎样验证呢？

情况预设：

① 长方体体积与它的长、宽、高有关。

② 摆出不同的长方体。

③ 这些长方体长、宽、高不同，体积相同。

④ 猜想：长方体的体积＝长×宽×高。

设计意图：本环节没有出示教师设计好的现成的表格，而是让学生学会有序记录研究，以培养学生自己主动学习的能力以及研究问题的意识。

测量计算，摆小正方体，看结果是否一致。

师：下面，请大家拿出透明的长方体学具，小组每个同学手中的长方体的大小是不一样的。请你先测量出它的长、宽、高，计算出长、宽、高的乘积，再用小正方体去摆一摆，看看摆出的结果与计算出的结果是否一致。独立研究完自己的，再与小组同学一起交流：从你们的证明中有没有找出反例？也就是算出的结果与摆出的结果有没有不一致的情况。

学生交流验证方法。

预设：学生动手测量、计算，并用小正方体去摆，看摆出的结果是否与计算结果一致。

师：你们测量了1号长方体的长、宽、高分别是多少？三者的乘积是多少？用小正方体摆出的结果是多少？这个长方体的高是2.5厘米，摆的时候遇到了什么问题？怎样解决的呢？

师：在刚才的研究中，有没有找出反例，摆出的结果与算出的结果不一致的？

总结:由此,我们可以得出什么结论?

长方体的体积确实等于长×宽×高,看来我们刚才的猜想是正确的。

通常我们用大写字母 V 表示体积,长用 a 表示,宽用 b 表示,高用 h 表示。

那么 $V=abh$。

学生自主研究,进行小组交流。

预设:

① 学生交流测量计算出的结果以及摆出的结果,重点交流 1 号长方体摆的结果。

② 小组汇总:是否有反例。

③ 学生交流得出的结论。

设计意图:本环节首先是引导学生明确怎样验证自己的猜想,然后引导学生动手操作进行验证。研究完自己手中的长方体,小组同学汇在一起交流自己的结果,最后教师引导学生总结出结论。本环节引导学生充分经历了长方体体积计算公式的探究过程,培养学生小组合作、动手操作、实践、交流的能力。

知道了长方体的体积计算方法,我们来做个小练习:

① 求长方体的体积;

② 求正方体的体积。

第二小题,为什么这样算?

对,这是一个正方体,正方体是一个特殊的长方体,特殊在它的长、宽、高是一样的,那正方体的体积就是棱长×棱长×棱长。

用字母表示是 $V=a\cdot a\cdot a=a^3$,表示三个 a 相乘。

师:现在,我们知道了长方体、正方体的体积计算方法,那看到 ab,$a\cdot a$ 你会想到什么?

长方体的 6 个面都是长方形,正方体的 6 个面都是正方形,到底是哪个长方形、哪个正方形的面积呢?

回想一下:长方体是怎样累积起来的?

课件演示:那 ab,$a\cdot a$ 是长方体的哪个面?

对,下面,也就是它的底面的面积,那长方体的体积可以等于底面积×高,正方体的体积等于底面积×高,所以长方体、正方体的体积有一个统一的公式,即长方体的体积=底面积×高。

用字母表示:$V=S_{底}h$。

预设：

① 运用长方体体积的计算公式计算出长方体的体积。

② 运用公式推出并计算正方体的体积。

不知道怎样算。

学生根据教师提出的问题思考、抽象。

根据课件演示，想象出是底面积×高。

设计意图：通过学习，使学生明白为什么长方体的体积=底面积×高。

联想长度—面积—体积之间的关系。

师：知道了长方体和正方体的体积的计算方法，下面我们来做几道练习题吧。

师：你能快速比较出哪个长方体的体积大、哪个体积小吗？来，试一试。

师：你是怎么比较出来的？

总结：当长、宽一样时，直接比较高就可以。

师：这两个长方体呢？

总结：

① 当宽和高一样时，直接比较长。

② 当长和高一样时，直接比较宽。

预设：

① 列出算式计算比较。

② 利用公式不计算比较。

交流怎样比较体积的大小。

设计意图：这个环节让学生在解决问题的过程中，体会变与不变的关系。长、宽、高三个量，其中的两个量相等，只要比较第三个量就可以知道哪个体积大。旨在引导会灵活运用所学新知识。

3. 总结延伸

今天我们一起研究了怎样计算长、正方体的体积计算，谈谈你有什么收获吧。

生活中有许多物体的形状不一定都是长方体、正方体，比如：土豆，可以怎样求它的体积呢？课后同学们可以回去思考交流一下，后面我们再继续研究。

学生交流自己的收获。

课后独立尝试求土豆的体积。

设计意图:回顾反思,提升认识,为后续学习提供基础。

第四节 图形位置关系的教学实践

对图形的各元素之间、图形与图形之间的关系的认识,主要包括大小、位置、形状之间关系的认识。第一学段的"了解直角、锐角和钝角";第二学段的"体会两点间所有连线中线段最短""了解周角、平角、钝角、直角、锐角之间的大小关系""了解三角形两边之和大于第三边"。点与直线的位置关系、直线与直线的位置关系、点与圆的位置关系、直线与圆的位置关系等,是义务教育阶段几种主要的图形位置关系;轴对称、中心对称、平移也反映了图形与图形之间的位置关系。在儿童的不同学段上,形象思维的发展是有层次的,可将学生的图形认知水平主要分为五级:水平1——直观化;水平2——描述/分析;水平3——抽象/关联;水平4——演绎/形式化推理;水平5——严密/元数学。

一、经历过程,积累经验,整体感悟

案例1 四年级"两条直线的位置关系"教学实例分析。

教学内容:

苏教版小学数学四上教材第四单元第一课时。

教学目标:

(1)学生初步认识垂线、平行线,初步理解在同一平面内两条直线平行和相交的含义,并且进一步认识垂直的含义。

(2)体会数学与生活的联系,能对生活中简单的物体间位置关系做出初步判断。

(3)在演示—操作—验证—解释—应用的过程中,发展学生的空间观念,猜想与验证的数学思想方法。

教材分析:

《平行和相交》一课原本在单元教学中是分开教学的,先认识平行,学画平行线,再认识垂直,学画垂线,但从日常教学中发现,这种分散式教学让学生不能很好地整体体会到平行和相交,相交与垂直之间的整体关联性。不利于学生经历直线位置关系的建构过程。因此,我们需要对教材进行重组,采体整体感悟的教学策略,引导学生先整体感悟直线的各种关系,然后再分化为部分的垂直概念和平行概念。让学生在整体感悟中经历过程,积累数学活动经验。

学情分析:

平行与相交是在学生学习过直线及角的知识的基础上教学的,学习垂线与平行线的概念是认识三角形、平行四边形等几何图形的基础。在教学中安排了画一画直线间的位置关系,培养学生用多种方法解决问题的能力,让学生动起来。以小组探究式学习法为主,辅以讲解法等多种教学方法的有机结合。

教学重点:

理解平行和垂直的概念。整体感悟两条直线在同一平面内的位置关系。

教学难点:

理解一些相离的情况,在延长后的归类。

教、学具准备:

课件、实物投影、小棒和方格纸、长方形纸、正方形纸等。

教学过程:

1. 情境导入

播放动画:两个动画人物小豆子和小辫子在挂画,小豆子总是挂歪了,引出用平行的方法可以挂正,从而引出平行线。

教师相交板书:平行线。

师:看到平行线,你想提什么问题?(什么是平行线?如何画平行线?平行线在生活中有什么用?)猜想什么是平行线,试着在纸上画一画。

收集学生的作品。

师:什么是平行线呢?先看“线”这个字(老师边说边用一把直尺画出一条直线),一起想象一下它的特点。转动一条直线,一起来观察它在不同位置和不同角度的样子。这是一条直线,如果有两条直线在同一平面内,它的位置关系有哪些呢?(引导学生理解什么是在同一平面内)

动画演示在同一平面内和不同平面内的情况。

板书:同一平面内两条直线的位置关系。

设计意图：通过播入动画，引起学生的好奇心和兴趣，符合儿童的心理特征，在动画的选择上，紧扣本节课的知识：平行线，同时也能让学生感知到数学来源于生活，并应用于生活。这里还会让学生感悟到平行的美。先让学生先凭直觉进行平行线的猜想，然后再进入自我的思考过程，这样能激发学生的动态想象，学生在想象中先描绘出可能的情况，这样开放性地生成各种资源，让学生感受到猜想可能是正确的，也可能是错误的，在进一步的探究过程中要验证猜想。

2. 新课展开

(1) 认识平行与相交。

想象一下在屏幕上有两条直线（学生闭眼想象）。

请同桌合作，一人用小棒摆，一人在纸上画，看看哪个小组画出的多。学生在画时，教师可以在过程中提醒两条线可以连在一起，也可以不连在一起。

收集小组合作的作品（教师注意收集时选取不同的类型），教师在学生操作生成的材料收集时尽可能在分类前把各种位置关系呈现出来，如两条直线不分离和分离的相交，又如两条直线不分离的垂直以及两条直线水平状态的垂直和非水平状态的垂直，再如两条直线水平的平行和非水平的平行，等等，如图 6-4-1 所示。

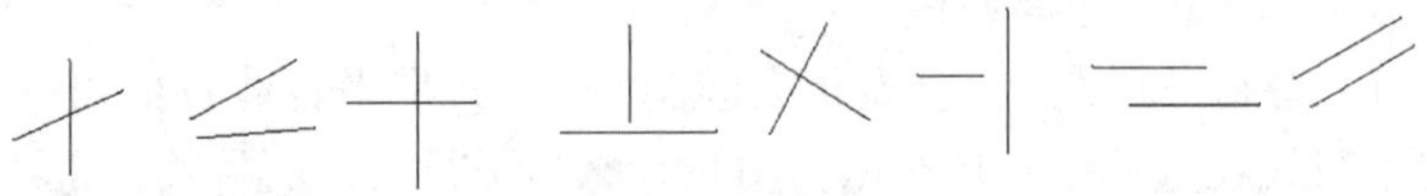

图 6-4-1　各种位置关系

设计意图：教师采用开放式的导入，让学生思考两条直线可能有什么样的位置关系存在，教师提供的学具有助于学生在操作中感知，体现了做中学的思想，两人的合作，有助于进一步将直观的操作抽象为两条直线在平面中的图像。这样做的目的是让学生经历知识形成的过程，激发学生丰富的感受，在活动中积累操作的经验，避免学生认识的单一和思维的定势。教师在过程中对材料收集时要有类型意识，如果动态生成中没有的类型，教师要注意进行补充。

第一次分类：让学生观察几种情况，看看可以如何分类。（分连在一起的和不连在一起的）

讨论：不连在一起的，是真的不连在一起？引发学生思考，解决相交的概念，板贴相交，指出相交的点叫作交点。

认识互相平行。同一平面内不相交的两条直线互相平行，其中一条是另一条的平行线。让学生理解什么是互相。

在相交中有一些情况很特别，如果从角的特点来看，你发现哪些情况比较特别？进行二次分类，引出互相垂直的概念，在图 6-4-2 中作出直角标记，互相垂直的两条直线的交点叫作垂足。

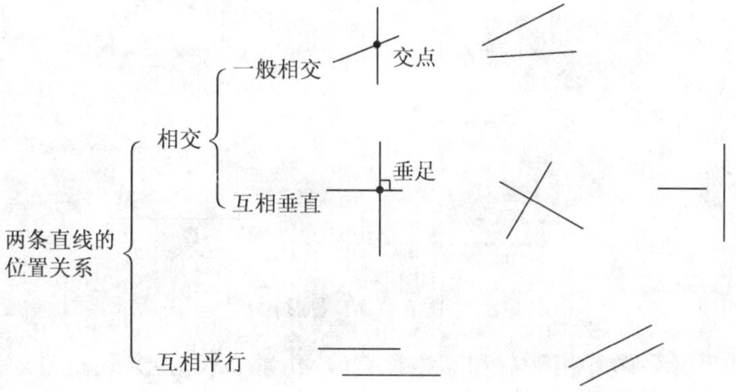

图 6-4-2　平行和相交

设计意图：小学生在认识上容易停留在表面现象，往往把两条直线分离状态的相交看作不相交，因此，通过让学生讨论直线的特点，明确研究的对象是两条直线，可以无限延长，从而突破难点的认识。在学生想象直线向两端无限延伸的基础上，引出两条直线互相平行的定义。

从直线各种位置关系的材料积累和呈现，到梳理知识整体感悟，到归类提炼出概念，体现了“材料感知—比较分析—归纳概括”的提炼抽象过程，帮助学生对直线位置关系形成整体上的认识和感悟。在此环节教学时，要注意引导学生在分类中感悟知识的整体结构，通过对直线相交、垂直和平行的各种位置情形的归类，提炼出位置的关系，使学生初步形成认知的结构化。

说一说生活中有哪些互相平行、互相垂直的现象。

找一找平面图形中的互相平行、互相垂直的现象。

设计意图：在练习中，让学生发现生活中的直线位置关系，使学生能够认识到知识在现实生活中的重要作用和价值，要让学生试着想象一下这样的位置关系设计的作用和好处，如铁轨道。这里也可以和前续挂画子进行联系。让学生感知到平行的美。

3. 练习延伸

判断：下面每个图形中，有几组互相平行的线段，有几组互相垂直的线段。

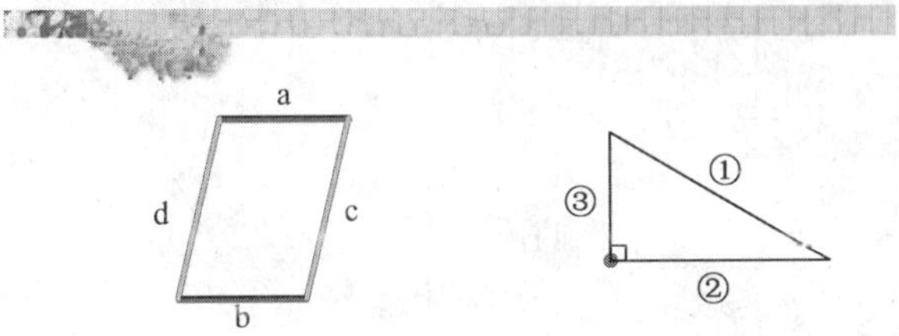

图 6-4-3　图形

动手做一做互相平行和互相垂直（小组准备长方形纸、正方形纸和方格纸，看哪个小组想到的方法多）。

小组交流作品。

预设：

① 用纸折出互相平行、互相垂直。

② 在方格纸上画。

③ 利用工具画。

揭示平行线的本质。课件演示（一条线段在两条平行线之间动）两条平行线间的线段长度相等，说明这两条直线之间的宽窄相同。这条线段正好垂直于两条平行线。揭示平行线的概念。可以安排用长方形的纸折出来验证一下。

总结全课，播放动画，回顾本课内容，和课前动画进行呼应。

你学到了什么？你有什么想和大家交流的？你还有什么问题？

实践活动题：利用平行和垂直的知识在家里进行物品的整理。

设计意图：第三环节的练习拓展，从第二环节的单项练习中提升到一幅图中的综合判断，让学生进一步感知一个图形中会出现多种位置关系，并体会何为一组的概念。第二步的进一步进行操作，是在概念明晰的情况下，体会创作的快乐，同时对于平行的实质：平行线间的垂直距离处处相等，进行深入的融通，理解之间的联系。最后的总结全课，先由学生进行交流，再用动画进行回顾，最后引发学生进一步思考：如果有三条直线会有什么样关系呢？从而让学生带着思考走向课外。让学生在生活中进一步应用知识，不仅体会了生活中的平行和垂直之美，也在实践中获得了经验。

板书设计：

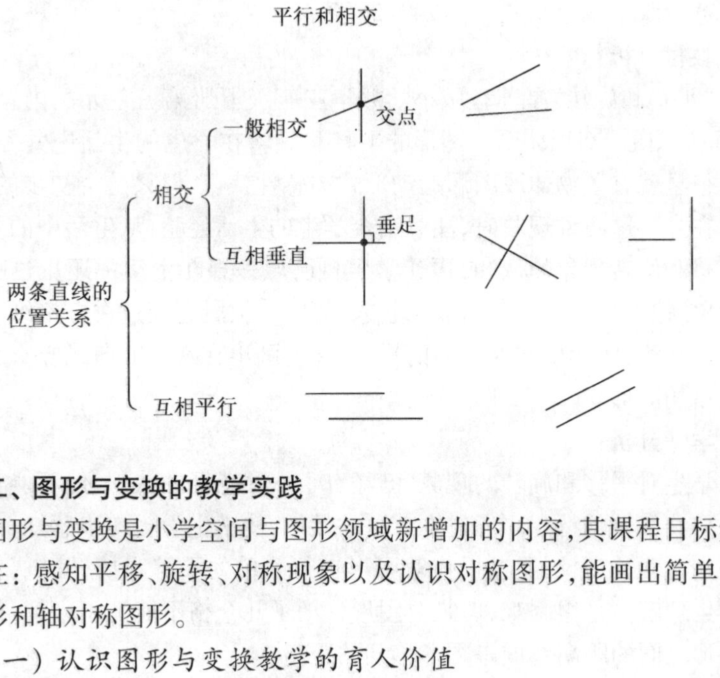

二、图形与变换的教学实践

图形与变换是小学空间与图形领域新增加的内容，其课程目标集中表现在：感知平移、旋转、对称现象以及认识对称图形，能画出简单的平面图形和轴对称图形。

（一）认识图形与变换教学的育人价值

从学生角度来看——现实生活中存在着大量的图形的变换的现象，学生有丰富的生活经验，例如，电梯、地铁列车在平行移动；钟面指针、自行车轮、电风扇叶片在旋转运动；许多年画、卡通动物、建筑物的形状具有对称性。这些现象为儿童学习图形的变换提供了丰富多彩的现实背景。

从数学发展的角度来看——与静态地研究图形与几何的性质不同，图形的变换是从运动变化的角度去探索和认识图形与几何的性质，欣赏与设计图案，是发展学生空间观念和思维能力的重要内容。

（二）图形与变换的“律动课堂”实施方法

感受变换主要是能结合实例，感知平移、旋转、对称现象。平移、旋转、对称现象是图形变换的基本形式，对学生认识丰富多彩的现实世界，形成初步的空间观念，以及对图形美的感受有十分重要的价值。从数学的含义来看，图形平移意味着图形上所有点的集合向着一定方向等距离移动。学生能否在方格纸上画出一个简单图形沿水平方向、竖直方向平移后的图形，标志着学生是否正确认识了平移现象，第一学段仅是初步认识。

案例 2 “平移和旋转”教学实践分析。

教学内容：

苏教版小学数学三下第 24 ~ 26 页。

教材分析：

“平移和旋转”是苏教版小学数学三年级下册第三单元的内容，属于“空间与图形”知识体系。图形的平移和旋转在学生的生活中并不陌生，学生很早就有了物体或图形运动形式的感性认识，但只是个初步的印象。教材在介绍这两种现象时，注意结合学生的生活经验，从生活中的实例引入平移和旋转现象的认知，再让学生自己想一想在生活中还见过哪些平移现象，把数学和生活紧密联系起来。此外，教材还通过在方格纸上将图形进行平移，使学生掌握图形的平移，并会画出在水平方向或竖直方向上平移后的图形。

学情分析：

学生对平移和旋转的现象，已经有了一些感性的认识，但不能真正体会平移和旋转的特点。通过本节课的教学，使学生学会初步感知，并大致能辨别这两种现象，通过操作对图形进行简单的平移和旋转。从生活中让学生理解不是很困难，但是对图形移动了几个格不能真正理解，往往是把图形之间的距离看成是图形移动的距离。

设计理念：

1. 创设生活情境，感受生活中的数学

新课标强调学生的数学学习内容是“现实的”，“重视从学生的生活经验和已有知识中学习数学和理解数学。”因此，提供日常生活中的实例，创设具体的生活情景十分重要。本课设计从儿童喜爱的游乐设施的运动引出课题，再让学生到日常生活中找一找平移和旋转的现象，如升旗、拧开关、转方向盘等。学生的学习背景是生动的生活实例，从中体会到数学就在身边，就在自己的生活中，从而学会用数学思维看问题和关心、解决数学问题。

2. 充分发挥白板交互性，引导学生操作、探究、验证

数学教学应是活动教学，要尽可能地创设机会让学生“做”数学。本节课充分发挥电子白板的交互性，设计一系列活动，让学生通过看一看、找一找、做一做、移一移、画一画等方法进行操作、探索，让学生经历“猜想—探究—验证”的过程，通过具体实践操作，认识平移和旋转，并能按要求作出简单平面图形平移后的图形，发展学生的空间观念。

教学目标：

(1) 使学生初步认识现实生活中物体的平移和旋转现象，能正确判断简单图形在方格纸上平移的方向和距离，初步建立图形的位置关系及其变化的表象。

(2) 通过观察、操作等活动，使学生能在方格纸上画出一个简单图形沿水平方向、垂直方向平移后的图形。

(3) 使学生感受数学与生活的密切联系，学会用数学的眼光去观察、认识周围世界，提高数学应用意识。

教学重点：

认识物体或图形的平移和旋转，正确判断平移的方向和距离。

教学难点：

能在方格纸上画出一个简单图形平移后的图形。

教、学具准备：

白板课件。

教学过程：

1. 创设情境，初步感知

(1) 谈话引入。

谈话：四月正是游玩踏青的好时节。公园里，你最喜欢玩什么？（游乐场）

视频播放游乐场动画场景。

师：注意观察其中的一些物体是怎样运动变化的。

运用白板拍照功能，截取游乐场全景图。

引导学生观察：你看到了哪些游乐项目？（小火车、缆车、滑滑梯、摩天轮、秋千、风车等游乐项目）

谈话：（同时出示6个静态的画面）这几种游乐项目的运动方式相同吗？它们分别是怎么运动的，请大家用手势比划比划。

学生用手势表示物体的运动方式。

谈话：你能根据运动方式的不同把它们分分类吗？先在小组里商量商量吧。

反馈：你是怎么分的？（学生在白板上拖动图片分类）说说你的想法。（学生交流分类方法及分类的理由）

（2）揭示课题。

讲解：像缆车、小火车和滑滑梯等三个游乐项目，都是沿着直线运动的，我们把这样的运动方式称为平移（白板点击显示“平移”，并把字平移到图片处）；像风车、摩天轮、秋千这些游乐项目，运动方式称为旋转（白板点击显示“旋转”，并旋转再拖动到图片处）。今天我们就一起来研究“平移和旋转”（板书：平移和旋转）。

（3）深化表象认识。

师：其实在我们的周围，在日常生活中也有许多平移和旋转现象，你能举几个例子吗？

联系生活，举例子。白板展示生活中各种平移、旋转的例子，深化学生对平移、旋转特征的感知。

出示“想想做做”第一题。

提问：现在你能准确判断哪些物体的运动是平移，哪些是旋转吗？

显示各种图片，采用容器进行分类，设置平移和旋转两个容器，将推拉窗、旋转门、算盘、地球仪、升旗、拧水龙头、拉抽屉等运动的图片对应相应的容器，引导学生拖动图片到相应的“平移”或“旋转”的容器里。通过声音判断正确与否。

设计意图：联系生活实际，创设学生熟悉的游乐场场景，引导学生观察、发现，激发学生强烈的探究欲望和学习兴趣。在对物体运动方式分类时，让学生经历观察、对比等思维过程，对平移和旋转的特点有更深刻的认识，构建平移和旋转的概念，在头脑里形成比较清晰的表象。

2. 合作探究，实践探索

（1）认识平移的方向和距离。

① 创设情境，感知平移的距离。

谈话：下面请同学们跟着老师一起去美丽的草地上看看吧。（边叙述边出示小蚂蚁搬家图）看，来了一群小蚂蚁。原来它们正忙着搬家呢。（课件出示简化的格子图）瞧，小房子的运动方式是什么？（平移）是向哪

边平移的？（右边）

小蚂蚁们觉得有些累了，就停下来休息。（分别播放3段录音）

第一只小蚂蚁说：“你们看，我们的房子向右平移了3格。”

第二只小蚂蚁说：“不对，向右平移了5格。”

第三只小蚂蚁说：“你们说的都不对，我们的房子是向右平移了7格。”

谈话：同学们，你们同意哪种说法呢？在小组里相互说一说。

学生的意见可能三种情况都有。

② 动手实践，理解平移的距离。

这里的房子图到底向右平移了几格呢？请同学们拿出练习纸，在左边的房子图上任意找一个点，再到右边的房子图上指出它平移后的位置，并数一数，看你找的这个点向右平移了几格。

反馈：你找的是哪个点？它平移后的位置在哪里？向右平移了几格？

再问：还有谁和他找的点不一样？（指定三四名学生汇报，注意抓学生回答中的闪光点）

追问：你们找的点向右平移了几格？都是7格吗？

谈话：我们再来看看，小房子到底是向右平移了几格呢？

白板拖动演示：小房子图向右平移的动态画面。

提问：你们发现了什么？

结合学生的回答，小结：不管哪个点，都是向右平移了7格，正好和小房子平移的距离是一样的。我们以后数一个图形平移了几格，只要在这个图形上找到一个点，看这个点平移了几格，它所在的图形就平移了几格。

③ 练一练。（课件显示“试一试”中的火箭图、小船图）

谈话：图上的火箭图、小船图这几幅图分别向哪边平移？平移了几格？先在书上填一填，再和小组内的同学互相说一说你是怎样想的。

学生完成后，组织交流，并让学生用白板课件进行拖动动态演示。

④ 小游戏：青蛙回池塘。

师：小青蛙要回到池塘里，必须避开蛇。同学们这么聪明，能再帮小青蛙设计一条回家的路线吗？

白板出示青蛙回池塘的图像，先让学生在小组里说一说自己的想法。

再交流反馈：谁来向大家介绍你设计的路线？（提示学生说清楚青蛙先向哪个方向平移几格，再向哪个方向平移几格）并让学生在白板上操作演示，鼓励不同的想法，教师和学生一起活动。

设计意图：制造认识上的矛盾是激发探究欲望的有效手段。根据三年级学生的心理特点和认知规律，在教材方格图的基础上重构学习情境。通过小蚂蚁搬家的故事情节，特别是三只小蚂蚁的争论，引出认知难点——小房子到底平移了几格？这样的预设，有效地激起学生的思维碰撞，引起不同思维水平学生的热烈讨论。教师适当点拨，引导学生动手实践、验证，通过自主探索和合作交流，使学生在具体操作中理解平移的距离，通过练习和有趣的小游戏，进一步获得丰富的表象积累和积极的情感体验，体现了教学的有效与快乐。

(2) 画出平移后的图形。

① 画平移后的线段。

谈话：这是一条线段，你能按要求画出这条线段向右平移6格后的图形吗？先和小组里的同学说一说怎样画，再画一画。

学生先尝试画，然后汇报画法和想法。

② 画平移后的三角形。

试画：这里有一个三角形，你能画出它向右平移6格后的图形吗？这个三角形大致移到什么地方？请在你的纸上指一指。

具体位置究竟怎样确定呢？请你先试着画一画吧。（师巡视）

反馈交流：你是怎么画的？指名学生在白板上操作。

③ 比较。

提问：刚才画三角形平移时，与前面画线段的平移有什么相同的地方？

引导学生归纳：画平移后的线段和画平移后的三角形，都是先找到图形中的对应点平移后的位置，再根据平移后的点画出图形。

④ 练一练。

出示：画出平行四边形向下平移5格后的图形。

学生独立完成后，指导多名同学在白板上操作画出平移后的图形。

设计意图：在教学画平移后的图形时，采用先让学生自主探索，再在全班交流各自的方法，最后形成共识的方法，层次清楚，步步紧扣，进一步加深学生对平移距离的理解。

3. 激趣巩固,实践提升

实践活动:快乐大拼盘。

师:咱们已经知道怎样判断物体平移的方向和距离,并能画出平移后的图形。一起快乐动起来,进入快乐大拼盘(Flash 游戏)。

介绍规则:两个同样的图形连在一起,即可消掉。你能运用今天学的知识动动小手把它们适当换位置,成功消掉它们吗?每人限时 30 秒,看谁消的最多。

多名学生上白板操作,一边操作一边描述图形路线。

设计意图:这一环节的设计把课堂学习推向高潮,学生在有趣的活动中综合运用所学知识,充分体现新课程倡导的课堂的综合性、实践性、趣味性。

4. 课堂总结,拓展延伸

谈话:今天这节课,你有什么收获?你还想研究什么?

板书设计:

平移　　　和　　　旋转

找对应点

↓

连线成图

(三) 结构关联,长线教学视角

出于对基于“律动课堂”的结构关联的思考,关注长线安排,选定了“轴对称图形”在活动中研讨,在研究课时,把中小学教学衔接作为关注点放入课的设计思想中,从上位概念和思想去思考本学段儿童学习轴对称图形的思路。从中找到了许多以前没有关注到的内容,针对这些内容,笔者重建教学策略,实施教学新思路。

1. 教材衔接,明晰上位概念,理清教学逻辑

小学教师往往倾向于研究一节课的内容,从上位的中学教学思考小学教材的不多,只有明晰上位的概念,才能有助于小学概念的教学。在《轴对称图形》这一课,以往只关注教材中对轴对称的概念揭示,通过对中学教材的研究,笔者发现有几个概念小学教师是模糊的。

(1) 第一组概念:对称与轴对称。

对称,指物体或图形在某种变换条件(例如绕直线的旋转,对于平面的反映,等等)下,其相同部分间有规律重复的现象,亦即在一定变换条件

下的不变现象。对称的类型有两种：一种是轴对称，是指沿对称轴翻转，图形不变；另一类是中心对称，如果一个图形绕某一点旋转180度，旋转后的图形能和原图形完全重合，那么这个图形叫作中心对称图形。所以轴对称只是对称的一种。

(2) 第二组概念：轴对称与轴对称图形。

首先要区分立体与平面的对称，对称的可能是物体（立体）也可能是平面图形，另外苏教版八上教材中轴对称与轴对称图形是首先要辨析的。把一个图形沿着某一条直线翻折，如果它能够与另一个图形重合，那么称这两个图形关于这条直线对称，也称这两个图形成轴对称；把一个图形沿着某一条直线折叠，如果直线两旁的部分能够互相重合，那么称这个图形是轴对称图形。这两者既有区别又有联系，如果把成轴对称的两个图形看成一个整体，那么这个整体就是一个轴对称图形；而如果把一个轴对称图形位于对称轴两旁的部分看成两个图形，那么这两部分图形就成轴对称。

(3) 第三组概念：部分重合与完全重合。

重合可能是部分重合，而轴对称图形要求图形对折后能完全重合。

以上三组概念，如果不能从结构的视角去思考，教者会将概念混乱，造成教学上的逻辑错误。特别是会将物体的对称与轴对称图形混淆，学生会将左右一模一样认为是对称的特征，将平行四边形看作轴对称图形。教师在教学中会只关注表象，让学生对折后就开始揭示概念。而这样通过将中小学教材放到一起分析，能理清概念的内核知识，真正做到教学设计前读懂教材。

2. 标准衔接，明晰课程标准，找准教学起点

三年级的学生刚刚接触"轴对称图形"，教学上首先要明晰我们的教学任务在各个学段有什么不同。带着这样的思考，笔者查阅了数学课程标准。

第一学段：（苏教版教材三年级上册）

(1) 结合实例，感受平移、旋转、轴对称现象。

(2) 能辨认简单图形平移后的图形。

(3) 通过观察、操作，初步认识轴对称图形。

第二学段：（苏教版教材四年级下册）

(1) 通过观察、操作等活动，进一步认识轴对称图形及其对称轴，能在方格纸上画出轴对称图形的对称轴；能在方格纸上补全一个简单的轴对称图形。

（2）通过观察操作等，在方格纸上认识图形的平移与旋转，能在方格纸上按水平或垂直方向将简单图形平移，会在方格纸上将简单图形旋转90°。

第三学段：（苏教版教材八年级上册）

（1）通过具体实例了解轴对称的概念，探索它的基本性质：成轴对称的两个图形中，对应点的连线被对称轴垂直平分。

（2）能画出简单平面图形（点、线段、直线、三角形等）关于给定对称轴的对称图形。

（3）了解轴对称图形的概念；探索等腰三角形、矩形、菱形、正多边形、圆的轴对称性质。

（4）认识并欣赏自然界和现实生活中的轴对称图形。

从以上的标准来看出，三上课程标准重点是要求学生从生活中找到轴对称图形的原型，有了生活的经验，通过对折后观察图形来理解轴对称图形。而四下则从生活走向图形的对称轴的学习与深入研究，并能通过方格纸理解轴对称图形对称点与对称轴的距离关系；而到了中学直接是从抽象的组合图形入手，探究组合图形的轴对称以及轴对称后相关特征的探索，重点是一种特征，所以找准教学起点是教学设计的前提。有了上述的脉络，三上轴对称图形的学习，引入就可以用学生的生活经验中的例子入手。在本课的教学中就是以折纸飞机开始，先让学生用一张长方形纸折，折完后让学生说一说折的过程，引出对折，再观察对折后两边的特点，引导学生说出“一模一样”“对称”，教师再视频展示一些特体的对称现象。

3. 关联设计，抓住知识内核，促进教学“深潜”

（1）横向生发，以分类抽取本质。

基于对中小学教材中“轴对称图形”内容的解读，在教学中，笔者首先抓住知识的横向生发。图形概念教学时，分类思想的教学运用是常用的策略。课的引入：个例引入→对称感知→辨析分类→形成概念。

生活中的对称现象引出后，教师再展示七幅图（如图6-4-4），交待是由物体拍成的平面图形，让学生明晰研究对象是平面图形，研究的方法是用对折的方法观察图形进行分类。这六幅图片不是乱选的，

图6-4-4　六幅图

分类的材料是有学问的，蝴蝶图、飞机图让学生体会对称的同时感受对称的平衡作用；天坛图让学生感受建筑对称带来的庄重之美；三叶草图是为了打破学生对"对称"第一错觉：必须是偶数个数对称；而钥匙图是为了让学生体会部分重合与完全重合的不同；特别是最后一幅双梯形图，在对折后让学生体会一模一样不等于就对称。所以分类材料的选择是为了让学生在多样材料的体验中聚类归纳，得出结论。

事实上，学生在形成概念的过程中所经历的分类活动只是教学的手段和载体，其内含的真正意义是引导学生对不同图形进行辨析和比较，寻找和发现它们所具有的共同特点，从而使学生学会透过物体或图形的表象抽取其本质属性。

(2) 纵向拓展，以应用体会价值。

数学的育人价值不仅来自数学知识本身的思维价值，更多的指向知识的应用价值。在轴对称图形教学利用学生喜欢的剪纸活动进行层次性推进。结合对前续中小学概念的分析，如何让学生理解轴对称与轴对称图形的不同，在本课教学时，要关注对折后图形一半的观察，有了观察活动，由重合前的一半图形，到展开后的整体图形观察，学生从中体悟。并在后续的用一张纸来创作轴对称图形中积累活动前的经验。

第一次剪纸，关键是找准一次对折，沿着对称轴画出一半的图形，在这里，根据学生的错识资源进行辨析，不沿对称轴剪，就不能形成一个整体的轴对称图形。学生在尝试中体会到轴对称图形的本质。另外重合着剪，才能保证展开后两边完全重合。这样的剪纸活动是对概念的本质的进一步深入领会。

第二次剪纸，是基于正方形四条对称轴的体悟之下，虽然课标上对正方形对称轴条数的研究是放在四下，但在三上学习中，笔者作为一种体悟，是一种高标的提升，并不做基础要求，但结合正方形进行两折后剪团花，让学生真正体会到为什么剪团花要这样剪，多条对称轴的应用，形成双方向的对称。

在生活中的对称发现时，先引导学生去思考生活中的对称现象，再展示视频，让学生从生活中体会对称的作用，是平衡之美、庄重之美……在生活的实践应用，学生才能真正体会到数学与生活的联系，观察生活才会有数学的眼光和数学的敏感。

(3) 多维关联，以关系提升思维。

在图形概念教学时，教师习惯局限于本节课知识点里的思考，容易关注知识点的教学，忽略知识之间的内在联系。教材把轴对称图形放在平移与旋转后教学，这之间有什么关联？和四下轴对称图形的教学有什么关联？和八上轴对称图形又有什么关联？理清这些关联，教师才能在关系思维的指导下教学，从而提升学生的关系思维力。

笔者在教学中，针对“两边一模一样就一定对称了吗？”讨论时，进行平移与旋转的知识回顾，平移与旋转后图形什么没变？什么变了？引发学生关注图形的形状没变，平移是位置变了，而旋转是方向变了。从而让学生体会轴对称两边图形的形状没变，但是方向是变化的，以后学生就能明白这是沿着一条直线（轴）来旋转。

回想圆柱和圆锥的教学时，面对长方形或三角形以一条轴的旋转形成圆柱和圆锥就是一个图形与立体图形之间以轴旋转的关联，相信有了这样的思考，在教学中把这些轴的翻转思想渗入进去，以后学习了角度，再进一步关系，翻转了180度，这样的眼光，才算得上“深潜”到知识的内核中。

数学是一个由整体与部分构成的结构严密逻辑体系，数学教学就是将所教内容放置到整体的知识框架结构中去系统思考，课基于有了中小学衔接的思想，从上位概念的明晰到起点的寻找再到教学中以关联的思维去推进，相信有了一节课的经验，以后对其他的教学就会有这样的眼光和思想，把所教学内容看作一个整体，但同时又是一个部分。用这样的关系视角去分析，才能真正形成新的教学习惯。

案例3　“轴对称图形”的实例分析。

教学内容：

苏教版义务教育教科书小学数学三年级上册第83～86页。

教学目标：

（1）使学生通过观察和动手操作，初步体会生活中的对称现象，认识轴对称图形的基本特征；能根据轴对称图形的特征，在一组实物图案或简单平面图形中识别出轴对称图形，能剪出一些简单的轴对称图形。

（2）引导学生感受现实生活中丰富的对称现象，领略轴对称图形的美妙与神奇，激发学生的数学审美情趣。

教学重点：

认识轴对称图形的基本特征，识别轴对称图形。

教学难点：

用合适的方法作出轴对称图形。

教、学具准备：

多媒体课件，对称与不对称图形若干，学生每人剪刀一把，彩纸。

课前活动：

玩一玩，折纸飞机。

教学过程：

1. 动手感知，分类认识对称

(1) 展示飞机作品，让学生说一说第一步都是什么动作。(对折)用对折的方法可以研究新的数学知识。

(2) 观察图片，再把图片折一折，根据对折后的特点分类。

(学生分类后，展示资源)

师：你是按照什么标准进行分类的？

学生回答预设：两边对称和两边不对称。(板书：对称)

设计意图：通过动手折纸飞机与图形分类，分两个层次让学生感受轴对称图形，图形分类的目的是让学生分类思考时自主探索轴对称图形的特征，同时也让学生感受到数学来源于生活！

2. 研究轴对称图形特征，学做轴对称图形

(1) 研究验证方法，揭示课题。

师：刚才大家都说这些图形的两边是对称的，那究竟什么叫对称呢？

学生回答预设：两边一模一样。

师：那你怎么判断出它们两边是一模一样的？

学生回答预设：看出来的。

师：大家通过观察的方法觉得这些图形是对称的，但是只靠眼睛看还不够严谨科学，那我们如何确切地检验出它的两边是否对称呢？选一张图片试一试，再和同桌互相说一说你是怎么检验的。

学生回答预设：对折，量一量。(板书：对折)

师：对折后怎么判断是不是对称的呢？

学生回答预设：对折后重合。(板书：完全重合)

师：像这样对折后能完全重合的图形是轴对称图形。(出示课题)

设计意图：轴对称图形的概念比较抽象，这里把概念进行分解，先从学生已知的"对称"作为切入点，引出轴对称图形的概念，符合小学生的认知特点。

(2) 深入认识轴对称图形。

① 认识对称轴。

师：关于轴对称图形，你有什么疑问吗？

学生回答预设：为什么叫“轴”对称图形，而不只是对称图形？

师：打开这些折过的图形，你发现什么？

学生答案预设：一条线、折痕。

师：这条折痕所在的线，我们把它叫作这个图形的对称轴。

同桌之间相互指一指，看一看。

设计意图：这里的处理对教材稍做提升与变动，教材安排中本学期并没有“对称轴”的概念，但是如果不解释出这个“轴”，是对整个概念及知识点的割裂，不符合学生的认知规律。

② 勾连平移和旋转。

辨析：两边完全一样就是轴对称图形了吗？

小组讨论交流后，进行展示。

沿着这条直直的线翻折，才能形成对称，这条直直的线就是对称轴。折纸飞机，对折后两边就是对称的。剪纸呢，怎样剪出轴对称图形？

（3）制作简单的轴对称图形。

师：你能制作一个轴对称图形吗？想一想要怎么做，再把你的想法和同桌交流一下。

师：谁来汇报一下你的想法？

学生回答预设：把纸对折，画出要剪的图案的一半，再用剪刀剪下来，展开。

师：为什么先对折？

师：这个折痕是什么？

师：我们先来看个视频学习一下。

（播放视频）

师：学会了吗？用剪好的松树图找一找对称轴在哪里？

（4）猜一猜，如图 6-4-5 所示的图案是从哪张纸剪下来的？

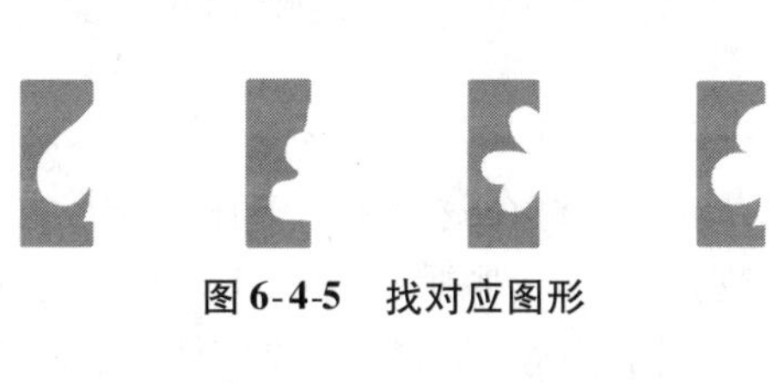

图 6-4-5　找对应图形

设计意图：本习题是承接上一环节做轴对称图形而设计的，让学生利用刚才做轴对称的经验，通过观察想象进行判断，培养学生空间观念与抽象思维。

3. 关联拓展，理解对称内涵

（1）出示格子图上的一些图形，如图 6-4-6 所示，让学生先判断，再进行对折验证。

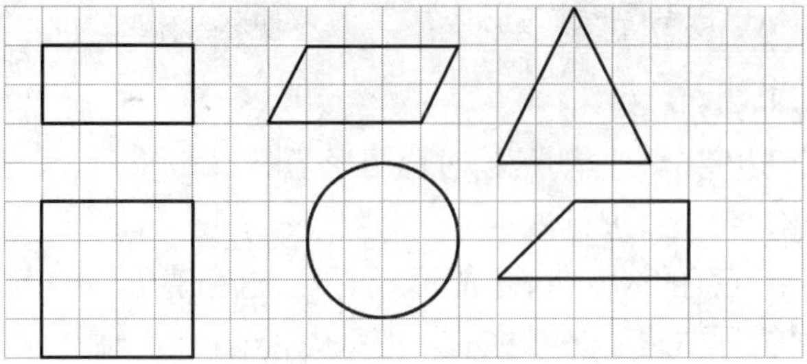

图 6-4-6

师：我们以前学过哪些图形，它们是不是轴对称图形呢？一起来判断一下。

设计意图：把轴对称图形和以前学过的几何图形紧密联系，升华学生认识，为四年级进一步学习轴对称图形奠定基础。

（2）逐一进行辨析。

师：老师出示的这些图在屏幕上不好对折，你能想个什么办法，让大家知道是轴对称图形呢？对称轴在哪个位置？

对平行四边形进行重点讨论，从格数上离对称轴的距离来观察。

（3）了解正方形的 4 条对称轴和圆的无数条对称轴，并应用到剪纸中。

展示作品。根据正方形和圆形对称轴的特点，剪纸艺术中的团花，如图 6-4-7 所示。（课后试一试）

图 6-4-7

4. 总结提升

师：回忆一下我们今天的学习过程，你有哪些收获？

师：大家说得真好！对称在我们生活中作用非常大！（播放视频）自然界中有很多对称现象，例如：眼睛的对称使人观看物体能够更加准确；双耳的对称能使所听到的声音具有较强的立体感，确定声源的位置；双手、双脚的对称能保持人体的平衡等。聪明的人们把对称应用于生活：把闹钟制造成对称形状，保证了走时的均匀性；飞机的对称使飞机能在空中保持平衡。古今中外，有许多著名的建筑也是对称的，对称让我们的世界更美丽！

观看视频后下课。

设计意图：通过总结，完善学生知识体系，欣赏对称现象让学生明白数学来源于生活，又能为生活服务！

板书设计：

轴对称图形

对折后能完全重合的图形是轴对称图形

对称　　对称轴

图1	图2	图3	图4
图5	图6	图7	图8

第七章 "统计与概率"领域的教学实践

"统计与概率"的主要内容有：收集、整理和描述数据，包括简单抽样、记录调查数据、描绘统计图表等；处理数据，包括计算平均数、中位数、众数、极差、方差等；从数据中提取信息并进行简单的判断；简单随机事件及其发生的概率。

在"统计与概率"的教学中，帮助学生逐步建立起数据分析的观念是很重要的。数据分析的观念包括：了解在现实生活中有许多问题应当先做调查研究、收集数据，通过分析做出判断，体会数据中是蕴含着信息的；体验数据是随机的和有规律的，一方面对于同样的事情每次收集到的数据可能会不同，另一方面只要有足够的数据就可能从中发现规律；了解对于同样的数据可以有多种分析方法，需要根据问题的背景选择合适的方法。在概率的学习中，所涉及的随机现象都基于简单事件：所有可能发生的结果是有限的，每个结果发生的可能性是相同的。"统计与概率"的内容与现实生活联系密切，必须结合具体案例组织教学。

第一节 "统计与概率"的课程内容及教学策略

统计与概率主要是研究现实生活中的数据和客观世界中的随机现象，通过对数据的收集、整理、描述和分析以及对事件发生可能性的刻画，来帮助人们做出合理的决策。在以信息为主要特征的当代社会中，数据日益成为一种重要的信息和资源，而如何收集数据、整理数据、分析数据已成为每个公民的基本素质。

一、教学内容分析

下面我们首先来了解新课程标准对这部分内容的设定。

第一学段(1～3年级)

(1) 能根据给定的标准或者自己选定的标准，对事物或数据进行分类，感受分类与分类标准的关系。

(2) 经历简单的数据收集和整理过程,了解调查、测量等收集数据的简单方法,并能用自己的方式(如文字、图画、表格等)呈现整理数据的结果。

(3) 通过对数据的简单分析,体会运用数据进行表达与交流的作用,感受数据蕴含信息。

第二学段(4~6年级)

(1) 简单数据的统计过程。

① 经历简单的收集、整理、描述和分析数据的过程(可使用计算器)。

② 会根据实际问题设计简单的调查表,能选择适当的方法(如调查、试验、测量等)收集数据。

③ 认识条形统计图、扇形统计图、折线统计图;能用条形统计图、折线统计图直观且有效地表示数据。

④ 体会平均数的作用,能计算平均数,能用自己的语言解释其实际意义。

⑤ 能从报纸杂志、电视等媒体中,有意识地获得一些数据信息,并能读懂简单的统计图表。

⑥ 能解释统计结果,根据结果做出简单的判断和预测,并能进行交流。

(2) 随机现象发生的可能性。

① 在具体情境中,通过实例感受简单的随机现象,能列出简单的随机现象中所有可能发生的结果。

② 通过试验、游戏等活动,感受随机现象结果发生的可能性是有大小的,能对一些简单的随机现象发生的可能性大小做出定性描述,并能进行交流。

基于对上述课程内容的思考,我们必须了解这部分内容的结构,才能有效地实践“律动课堂”,准确把握教学的基本策略。

二、第一学段的教学策略

第一学段是指小学1~3年级,这一阶段学生的心理特点是对事物有好奇心和探索欲,他们的学习主要依靠原有的生活经验和前续积累的数学经验,一般只能从感性的层面上理解统计与概率的知识。

1. 注重引导学生参与统计活动的全过程

(1) 在互动中学习统计。

统计是对数学信息(数据)进行收集、整理、描述和分析。在教学中要注意让学生在互动中生成统计图表的需要。在统计教学的开始阶段,要让学生多体验数据的收集、整理、描述和分析的全过程，让学生发现并感受数据统计活动的意义。让学生认识解决一些问题需要选择什么统计方法、去收集哪些方面的数据。学生自主地参与，灵活地选择方法有助于提升他们的学习动机，培养他们的独立意识和责任感。因此，从学习统计的第一学段开始，我们要遵循儿童学习心理的需求，为学生创设一些需要利用统计方法整理信息的问题，在具体问题中学习统计。

(2) 在情境中学习统计。

在教学中，我们要注意创设具体的情境，让学生体验统计的实际意义。对于第一学段的学生来说，更需要把数据信息收集、整理、描述和分析的过程与他们的日常生活相联系，以便他们对数据信息进行分析、解释、理解和判断。

例如，在三年级学生中统计每天的睡眠时间。

师：小学生睡多少时间合格？专家提出是 10 小时。那么全国的小学生每天大约睡多长时间？怎么调查？

小组先交流，再全班交流。

生：2 亿小学生太多，可以先记录班级的。

师：列出全国—省—市—区—校—年级—班级。

师：根据收集的数据整理数据、分析数据。

师：根据我们学校学生的情况就能判断出全国小学生的情况了吗？那么收集了全校的数据能得出什么结论呢？只能了解我们学校的学生睡眠情况。

这种取自三年级学生生活实际的统计内容不仅让学生把统计与日常生活联系在一起，也让学生学会去整理、归类，并进行分析和描述。

2. 关注根据问题的需要，选择灵活的统计方法

帮助学生经历数据收集和整理的过程是非常重要的。以前我们的课堂教学习惯于把现成的数据提供给学生，这样感受不到表格生成的过程，对学生来说，他们只会处理有现成数据的问题。但是实际上，现实生活中的问题往往是没有现成的数据的，我们更多的是要让学生学会使用灵活的方法去收集相关的数据，比如计数、测量和实验等方法。

(1) 在统计活动中渗透统计思想。

要使学生感受到统计的作用，体会统计的价值意义，就要使学生在统计过程中接受统计思想，最有效的方法是让他们真正投入到统计的全过程中：提出问题—考虑抽样—收集、整理数据—分析数据—做出决策—进行交流—评价与改正等，并在此过程中学习统计的思想方法。

(2) 提供丰富的素材和足够的时间。

在第一学段中,要注重使学生真正投入统计过程,也就是要促进学生产生内动力,让学生主动去提出问题,在全过程中教师要适时地推进和鼓励、引导与合作。当然,在统计过程中,教师还可以提出一些问题引发学生的讨论:同学们准备如何收集数据?需要抽样吗?用什么图表来展示数据?哪些数据最经常出现?能想办法证实这些数据分析出的结论吗?等等。让学生带着问题去思考,去统计。

(3) 注重学生的自主探索和互动交流。

在教学中,教师要注意利用问题促进学生去分析和解释数据。教师主要引导学生分析两类问题,一类是描述性的问题,比如,喜欢画画的人有多少?另一类是比较性的问题。比如,男生比女人多多少人?教学中教师还要要求学生能根据统计图做出合理的推断,并主动地与同伴交流读统计图的想法。

3. 培养学生多渠道收集数据和学习概率的习惯

学生不仅要在日常生活中收集数据,也要学会应用现代媒体去收集更多的数据,如利用报刊、网络等,这些现代媒体不仅可以打开学生的视野,还可以让学生真正将统计的结果运用到社会实践中去。

在概率知识的学习中,数据更为抽象,而小学生的思维主要以形象思维为主,所以他们在理解一些抽象的事物时总是存在客观上的认识障碍。因此,教师要多从学生自己看到的、经历过的事件中选择素材,这样的学习活动才能成为一种体验,才能促进学生对学习的主动建构,体现学生学习的主动性和主体意识。

在具体的活动和实际操作中,让学生亲身参与实践,感知概率,获得深度的学习体验,形成知识建构。在“律动课堂”的实践中,创设丰富多元的情境、各种现实的统计活动、不同的实验统计方法、不同的记录方式、不同的结果等,让学生充分体会到概率的育人价值。在此过程中,学生会感受到变化中有趣的现象,会产生把感受与同伴进行交流的需求,这样的互动学习正是“律动课堂”实践的思想,学生在互动交流中感知、体悟、建构概率知识。

三、第二学段的教学策略

就课程内容来说,第二学段需要学生有意识地从事简单的统计活动,并在活动过程中理解数据的不同特征,认识数据可能带来的错误认识;在具体的情境中,理解可能性大小对事件发生的结果所带来的影响;较为清晰地表达自己的看法。

1. 进一步经历数据统计的过程

与第一学段一样,“律动课堂”进一步采用互动式教学方式让儿童经历数据的收集、整理、描述和分析的全过程。随着儿童能理解和分析的问题越来越复杂,所涉及的数字也会越来越大。此时是一个很好的促进学生使用计算器的时机,必要时也可以进一步与现代技术进行融合,使用一些办公系统软件进行大数据分析。比如,用 Excel 电子表格进行数据的汇总与分析,让学生体会到大数据下的数据分析。英国维克托·迈尔·舍恩伯格在《大数据时代》一书中非常前瞻性地指出了大数据目前为我们生活、思维、工作所带来的改变,大数据时代的开启是一个时代的重要转型。维克托最具洞见之处在于,他明确指出,大数据时代最大的转变就是,放弃对因果关系的渴求,而取而代之关注相关关系。也就是说只要知道“是什么”,而不需要知道“为什么”。这就颠覆了千百年来人类的思维惯例,对人类的认知和与世界交流的方式提出了全新的挑战。书中认为大数据的核心就是预测。大数据将为人类的生活创造前所未有的可量化的维度。在第二学段的统计学习中,我们要让学生充分经历简单事件发生可能性的实验、观察、猜测、推断的活动,这些活动对于学生学习统计与概率的知识、方法和思想,并形成统计意识和概率的观念有着极为重要的价值。

2. 注重在实境中教学,关注实际统计问题

在第二学段中,教师更应着重于对现实问题的探索,使学生认识到统计与概率在生活中的广泛应用以及通过数据分析可以进行预测和做出决策的重要作用。教师应当根据学生的特点提供能反映统计与概率思想方法的、内容丰富的探索性素材,可以从教材、杂志、新闻和网络中收集素材,也可以自己设计统计的活动或从学生的实践中引出统计活动。通过选择现实情境中的数据,理解概念、原理的实际意义,着重解决一些实际问题,使学生认识到概率统计思想在社会生活及各学科领域中有着广泛的应用,以提高学生将概率统计方法作为实际制定决策的有力手段的能力。

在第二学段中,折线统计图有助于预测未来发展的趋势。课程目标要求学生“能设计统计活动,检验某些预测”“能理解统计结果,根据结果做出简单的判断和预测,并能进行交流”。教师可以引导学生尝试回答一些关系性问题或关于模式的问题。所谓关系性问题,是指关于类与类之间的关系或联系的问题。比如,通过实际测量统计全班同学“一拃”宽是多少,根据统计结果回答“一拃”宽与性别和身高有没有关系等问题。而

所谓模式的问题,是关于某些规律的问题。比如,调查上班路上所花费的时间,然后从中发现一定的模式。比如,周一时间比较长,说明周一的人流量大,人多拥挤下车花费时间长等。像这些关系和模式的问题的解答可以促进学生对数据背后的本质进行思考,引导学生去分析数据、应用数据。

3. 认识多种统计图表,根据需求灵活选择

与第一学段的统计图的学习相比,第二学段中统计图、统计量对学生学习的要求又有了进一步的提升。比如,要求学生自主形成项目的表头和纵轴上的刻度,认识到方格纸上一格可以表示多个单位,还要认识到条形统计图上的刻度不一定从0开始。

在第二学段中,学生要学习平均数、中位数等统计量。在教学中,教师可以通过丰富的实例,展示平均数、中位数等的意义,要求学生会求数据的平均数,还应引导学生根据具体的问题选择适当的统计量来表示数据的不同特征。

比如,平均数的教学,为了使教学更具关联性,我们先反思以往教学中的一些问题:第一种状态,教师认为学生学习数学就是掌握知识和方法,所以教学时只关注学生对平均数计算方法的掌握;第二种状态,教师认识到要把平均数知识与学生的现实生活相联系,所以教学只有表面的生活情境创设;第三种状态,教师认识到平均数在生活中的现实意义,所以教学有了局部的改革,注意使学生在具体情境中体验平均数的作用;第四种状态,教师认识到平均数教学对于学生某些方面的发展价值,如对信息的敏感和对数据信息的处理能力,但缺乏与认识相一致的教学实践行为。从这些不同的状态中可以看出,许多教师对于平均数的教学存在一个共同的问题,就是习惯于一个例题一组变式练习的教学方式,他们都是在保留近半节课的时间进行不同类型练习的前提下进行平均数的教学。这种教学方式固然也能让学生掌握计算平均数的方法,但是仅仅通过一个情境的例题教学就呈现平均数的数量关系,容易使学生对平均数概念形成单一的认识,学生习惯于以被动的状态去应对各种变式训练。所以在"律动课堂"理念下,我们要让学生经历材料感知—比较分析—归纳提炼—抽象命名的过程,帮助学生理解平均数在现实生活中的意义和作用。

4. 渗透知识间的联系,避免枯燥的计算

知识之间是有着密切关联的,统计与概率的内容和其他数学领域的内容也有着紧密的联系。教师可以将这部分内容与运用比、分数、百分数、度量、图形测量活动等相融合,培养学生综合运用知识解决问题的能

力。比如,对事件发生可能性的感受需要经历对数据的收集和整理工作,而对事件发生可能性的把握又可以促进对有关数据的准确预测。这些对学生理解统计与概率知识的育人价值有重要的意义。因此,教师要让学生在具体知识的学习过程中初步体会这些关联,感受数据中所包含的不确定性和不确定事件的结果中所存在的统计意义。我们可以在教学中安排一些具有若干个不同可能性结果的活动,让学生收集多次活动结果所产生的数据,并通过对它们所做的处理去判断下一次活动结果的可能性。例如,可以安排学生收集小学生一周的睡眠时间并进行统计。让学生通过收集的数据,得到小学生当前睡眠时间的情况,并与当前国际卫生组织所倡导的健康睡眠时间进行对比,并提出问题,给出策略,指导学校与家庭适当调整小学生的睡眠时间,从而让数据变成活的信息,指导学生的生活。

另外,也要避免把统计学习变成枯燥的数字计算,确认一组数据的平均数或制作统计表只是统计过程中的一个环节。尽量不要把有关数据作为条件来设计习题或练习,避免学生去死记公式和计算步骤,机械地进行模仿。要鼓励学生根据不同的问题,选择适当的方法把杂乱无章的数据整理得简洁、美观且富有个性。

总之,在第二学段的统计与概率的学习中,更重要的不是具体的知识、规律和法则的学习,而是过程、思想和观念的学习。其目的是让学生体会概率统计的基本思想,强调利用数据信息做出决策的过程,重视问题的背景及概率统计在社会生活和科学领域中的应用。

第二节 "统计与概率"教学中的数据意识培养

《新课标》特别提出了一些核心概念,对"统计与概率"的内容有了较大调整,特别强调培养学生的数据分析观念,将教学内容与学生的现实生活紧密联系。史宁中教授强调:"人们在实际生活和各行各业中面临的数据越来越多,必须树立利用数据的意识,掌握一些分析数据的方法和模型。所以数据分析观念是非常重要的。"小学教师如何在实践中培养儿童的数据分析观念,笔者在实践中总结了如下几点。

一、唤醒生活经验,体悟数据意识

《标准(2011 版)》中指出:"通过对数据的简单分析,体会运用数据进行表达与交流的作用,感受数据蕴涵信息"。统计在日常生活中随处可见，儿童在生活中已有一定的统计基础，如统计家中的人口数、给自己玩具分类数个数等，但这些经验大多包含的数据少，对数据分析的需要不足。进入小学阶段的学习后，首先就是要唤醒学生的生活经验，从学生的生活实际出发，选取学生最感兴趣的话题，使学生感到统计就在自己的身边，激发学生学习的动机。

例如，让学生对喜欢看什么动画片进行调查，对喜欢吃什么水果进行调查。或做一些有趣的实验，如可以让学生做一口气能数多少个数，一口气能把回形针吹多远，跑步后脉搏跳动会比静止时快多少，等等。类似的例子很多，在教学中要注意收集，利用课后实践活动的时间继续进行调查。一年级可以调查喜欢的小动物，二年级可统计班级同学的年龄，三年级可统计班级同学拥有博客的数量，高年级可针对家庭住房、楼盘价格、电视数量等生活中常见的信息进行调查与统计。通过对生活中的数据的了解，积累经验，体悟数据可以反映身边的现象，进一步感受统计的价值。

二、亲历统计过程，发展数据观念

《标准（2011 版）》强调“能从报纸杂志、电视等媒体中，有意识地获得一些数据信息，并能读懂简单的统计图表”。教师要注意把统计的过程随教学过程充分展示出来，自然渗透，学生乐于接受。通过对现实情况的亲身体验，让学生感悟数据来源的真实性，引发学生产生数据分析的需求。对统计表的分析要注意开放性，让学生在其中扮演统计员的角色，通过师生互动、生生互动，充分发挥学生的主动性、积极性，让学生经历知识的产生、形成、发展和再创造的过程，使课堂成为学生主动探究的乐园。

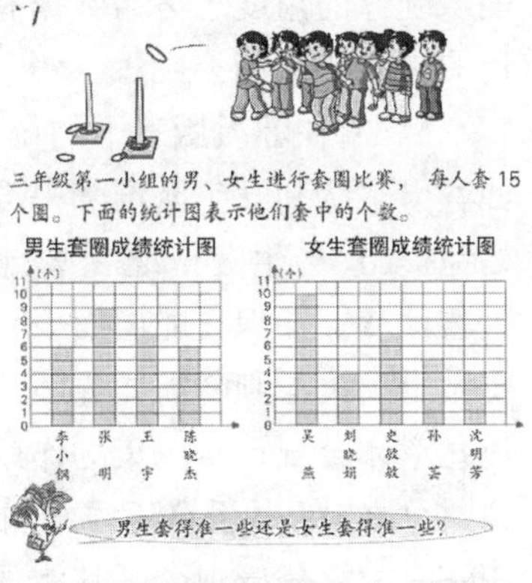

图 7-2-1

案例 1　实践活动——我能扔多远？

活动准备：

垒球若干个，盘尺，测量记录单。

活动方法：

分小组进行扔垒球活动，扔后先估测长度，再进行实际测量，分小组填写好记录单。

班级专门利用一节体育课时间，和体育老师一起开展此项活动，学生参与其中，收集数据，亲历数据产生的全过程。

在总结汇报中,儿童能对数据进行有意识地分析:谁扔得最远?谁扔得最近?每个小组平均扔多远?还有些学生对男生与女生的对比分析特别感兴趣,计算了全班的男生平均扔多远和女生平均扔多远,还有意识地对男生扔得远等分析结果进行了说明。

儿童在这样的实践活动中不仅能加强对长度的估测能力,同时也能积累活动经验,感悟数据的收集过程。让儿童感知数学来源于生活,又能运用于生活,有效地实现了数学活动与生活的对接。

三、生活实践应用,分析决策问题

《标准(2011 版)》强调"能解释统计结果,根据结果做出简单的判断和预测,并能进行交流"。数据分析来源于生活,更多的价值是让儿童感悟到它能应用于生活。教学中最关键的因素就是实践。没有实践过程的统计教学,学生就不可能理解统计知识背后的内涵与实质,也就丧失了统计教学的实际意义。另外还要让儿童在实践中认识统计对决策的作用,能从统计的角度思考与数据有关的问题,解释统计结果,根据结果做出合理的决策或预测。

例如,在苏教版三下的统计教学中,如果直接问:"你能用统计结果回答男生队和女生队谁套得准?"这样的设问思维含金量很低。教师应巧妙地提出"男生套得准一些,还是女生套得准一些?"前者停留在完成图表与计算等知识技能层面,不利于培养儿童的统计观念;后者则启示儿童要做出决策与判断需要先找出解决问题的方法——这个方法就是统计,让儿童体会统计对决策的作用。

总之,在小学数学"统计与概率"的教学中,重点要抓住一个核心——数据分析观念。其实,统计与学生的生活联系得很紧密,我们的教学就是要让儿童对数据产生亲切感,能积极主动地去收集数据、分析数据、提取信息以解决问题,从而培养学生的数据分析观念,提高数据分析能力。

第三节 "统计与概率"领域的教学实例分析

一、"按不同标准分类"教学案例分析

教学内容:

苏教版小学数学教科书第四册第 90 ~ 91 页例 1,第 92 页习题。

教学目标：

（1）经历按不同标准对简单数据进行分类的过程，能按指定标准或自己选定的标准对数据进行分类，能用自己的方法表示分类整理的结果。

（2）联系生活实际，积累一些收集、整理数据的经验，增强数据意识，感受生活与数学的密切联系。

（3）通过观察、操作、讨论等学习活动，激发学习兴趣，培养合作意识。

教学重点：

建立初步的数据意识，体会分类的价值。

教学过程：

1. 情境导入

（1）歌曲引入。

播放《大王叫我来巡山》。

（2）情境。

师：小朋友们，我们一起来看看，小妖精在巡山过程中遇到了什么问题呢？

2. 新授课展开

（1）复习：水果园。

师：仔细观察这些水果图片，你发现了什么？

师：如果请你将它们分分类，你打算怎么分？（板书：分类）

师：这样分过之后，你觉得怎么样？

（2）新授：童乐园。

师：老师们带着小朋友在山上的公园里玩儿。看一看，图中有哪些人？在做什么呢？

师：根据我们从图中观察到的这些内容，你有什么想知道的数学问题吗？

学生自由回答，教师适时板书问题。

师：同学们提出了很多问题，怎么解决这些问题呢？

教师引导学生说出按不同的标准分类，并整理记录所得的结果。

师：像这些，虽然都是对图中的人物进行分类，但是分类的标准却是不同的。下面就请小组的同学合作，选择一种标准进行分类并整理出结果。请看合作要求：

① 小组同学先商量，选择一种标准进行分类。

② 组长根据分类标准，整理出结果并记录数字，组员们检查。

③ 想一想，根据整理好的结果，还能知道什么？

学生合作并汇报，集体做简单评价。

(3) 导入课题。

师：刚才每个小组都根据自己想解决的问题，选择了不同的标准来分类，得出了不同的结果。这就是我们今天要学习的“按不同的标准分类”。通过按不同的标准分类，之前大家想知道的问题解决了吗？

师：回忆按不同标准分类，并通过小组合作感知整理数据的过程，你有什么体会？

(4) 练习1：积木山。

师：小妖们用积木搭成了一座积木山，看了这个，你能提出什么想知道的数学问题吗？可以怎么办？

完成作业纸上的练习一，分别按颜色和形状分类表示。

(5) 练习2：邮票阵。

师：你们知道这是什么？(单张邮票)我们在寄出信件时，都会在信封右上角贴上邮票。(展示信封)

师：这些邮票我给大家介绍一下，每种邮票都有一定的面值，也就是右上角的这个数字。这些邮票中有100分的，还有80分和200分的。从画面上看，有英姿飒爽的解放军，有著名的建筑物，像这是天安门、人民大会堂、布达拉宫等，有美丽的花朵，还有古代的瓷器。如果请大家将这些邮票分分类，你想怎么分？

学生自由发言。

师：请同学们按自己喜欢的标准来分类，在作业纸第2题右面的表格中选择合适的表格填写分类结果。

教师展示学生们的答案。

3. 全课小结

(1) 小结。

师：小朋友，这节课你有什么收获呢？

(2) 拓展。

全班一共有多少名同学？可以按怎样的标准分一分？互相说一说。(想了解年龄，可以按年龄分；想了解月份，可以按月份分……)

教师在课件中现场输入分类的标准，最后呈现给学生。

师：课后按自己想解决的问题去分一分，好吗？

二、“简单的象形统计图和统计表”教学实例分析

教学内容：

苏教版一年级数学（上册）第76、77页的例题以及“想想做做”。

教材简析：

例题呈现的是“大象过生日”的童话场景，教材以此吸引学生参与学习活动，让学生通过动手分一分、排一排、数一数的方法收集和整理数据，然后再让学生分类整理鲜花的朵数，并初步认识简单的象形统计图和统计表。“想想做做”引导学生在小组里统计喜欢各种水果的人数，让学生通过合作，整理出象形统计图，并填写统计表，进一步巩固例题学习的知识，体会统计与生活的密切联系。

教学目标：

（1）学生通过经历简单数据收集和整理的过程，初步学会用分一分、排一排、数一数的方法收集和整理数据，初步认识象形统计图和简单统计表，能根据统计结果回答一些简单的问题。

（2）初步培养学生的有序观察、有条理思考的习惯，使学生初步感受统计的意义和作用，体会与同伴合作的重要性，进一步激发学习数学的兴趣。

教学重点：

让学生经历简单收集、整理和描述、分析数据的过程。

教学难点：

学生感受、经历数据的整理过程，正确填写统计表，认识统计的意义和作用。

教、学具准备：

课件，五角星若干，小狗、小猪、小猴头像贴图，鲜花片。

教学过程：

1. 课前谈话，激发兴趣

师：今天老师和小朋友们一起来学习一个新的本领。老师把四个小组写在黑板上，哪个小组表现好，我就给哪组加五角星。我们四个小组比一比、赛一赛，看哪个组得到的五角星最多，大家有信心吗？

设计意图：通过比一比哪组得到的五角星最多，激发学生的学习热情。并且为后续的统计有机地生成一些数据材料，让学生感受数学来源于生活，并应用于生活。

2. 创设情境,引入新课

(1) 情境导入。

师:小朋友们,听,这是什么歌?(播放生日歌)今天森林里有个动物过生日,你们想知道是谁吗?(出示大象图)

师:对,今天是大象的生日。看,很多客人领着全家、带着礼物来到大象家给它过生日。

师:大象家来了这么多的客人,排列得有些乱,不容易一下子看出来来了哪些客人以及它们各有多少只。你能想个好办法让我们可以很清楚地知道来了哪些客人、它们各有多少只吗?(指名说一说)

生:可以把他们理一理。

(2) 分类整理。

① 把客人分成小狗、小猴、小猪三类。

② 分别给小狗、小猴、小猪排队,排队的方法是在情境图上找一个小动物就贴一个这种动物的头像,直到把情境图里的动物都找完。(小狗由老师贴,小猴和小猪分别由两个小朋友贴)

③ 根据排好的头像数一数每种动物各来了多少只,把数目填在括号里。

(3) 分析数据。

老师:看了这张图你知道了什么?

(4) 小结。

师:小朋友知道的这些都是通过我们刚才分一分、排一排、数一数得到的。分一分、排一排、数一数这是一种很好的统计方法。(板书课题:统计)这就是我们今天要学习的本领。这样统计,我们一下子就清楚地知道了大象家里客人的情况。

设计意图:创设学生既熟悉又感兴趣的"大象过生日"的童话情境,一方面能吸引学生的注意力,促使学生主动参与学习活动;另一方面通过让学生观察情境图,生成一些有意义的问题,便于数据的整理,并通过分一分、排一排、数一数等活动,体现学生思维的多样性,并且在活动中提高学生的统计能力。

3. 统计鲜花的情况

师:这些客人还给大象带来了五颜六色的鲜花作为生日礼物呢!你们也能用这样的方法帮大象统计一下吗?可以把这些花按什么来分类理一理?有哪几种颜色的花?

师：请小朋友拿出课前准备好的花片，先按照颜色分一分类，再把同一种颜色的花排一排，贴在虚线方框内，最后数一数各有几朵，填在括号里。

学生独立操作，教师巡视。

老师展示学生的作品并点评。

师：刚才小朋友把花按颜色理一理的过程就是什么？

生：就是统计。

师：从图中你知道了什么？

设计意图：在第一层次的统计教学后，让学生利用象形统计图学习统计的初步方法，并逐渐过渡到统计表的填写。

4. 巩固深化，应用拓展

师：今天小朋友们帮大象统计了客人和礼物的情况，为了感谢我们，大象给我们准备了5种水果：苹果、梨、西瓜、桃、草莓。但是大象有个难题，它不知道哪种水果多买一点，哪种水果少买一点。怎么办呢？

生：我们可以帮大象进行一次统计。

师：在统计之前，先请大家猜一猜，我们班同学最喜欢吃哪种水果？

学生讨论并发言。

师：挑一个你最喜欢吃的水果，我们按组上来贴在黑板上的纸上。

学生活动（安静、有序）。

师：你们能看出我们班小朋友最喜欢吃的水果是什么吗？

师：你还能从这张表上看出什么？

师：下次大象请小朋友做客一定要多准备些××。今天我们帮大象统计了客人和礼物的情况，每个小朋友都积极动脑，齐心协力，大家都很棒。

设计意图：利用大象遇到的难题，既激发了学生参与统计活动的主动性和积极性，也凸显了开展统计活动的必要性。在活动中体现统计方法在实践中的运用。

5. 课堂小结，提高升华

统计各小组得到的五角星的情况，给予评价和鼓励。

师：在日常生活中有许多地方都要用到统计，像刚刚我们统计了今天班里哪一组小朋友上课的表现最好。谁来说说在日常生活中我们还可以统计些什么呢？

让学生说出各自的想法，并给予指导与评价。

师：回家后，把今天大象过生日的故事讲给爸爸妈妈听一听！

设计意图：本课设计主要是在强化知识和技能教学的同时，注重激发学生学习的兴趣，引导学生经历统计的发生、发展过程、在统计的过程中，强化学生对统计意义和作用的体验，培养学生分析问题、解决问题的能力。课的开始让学生比一比，赛一赛，创设童话般的学习情境，激发学生的学习热情。在课的展开阶段注重培养学生的合作意识，使动手实践、自主探索、合作交流真正成为学生学习数学的重要方式。课的总结阶段进行提高升华。通过统计各小组得五角星的情况，和课的开头呼应，使统计过程贯穿始终。让学生说说日常生活中的统计，能使学生进一步体会统计与生活密切联系。把评价手段与所学知识有机结合，把所学知识向生活延伸，使学生感受到身边处处有数学，体现学以致用的思想。

三、“可能性及可能性大小”教学案例分析

教学内容：

苏教版小学数学四年级上册第64、65页例1和“试一试”，第65、66页例2和“练一练”，第67页第1～4题。

教学目标：

（1）学生结合具体的实例，初步感受简单的随机现象，能列举出简单随机事件中所有可能出现的结果，能正确判断简单随机事件发生的可能性的大小。

（2）学生在观察、操作和交流等具体的活动中，初步感受简单随机现象在日常生活中的广泛应用，能应用有关可能性的知识解决一些简单的实际问题或解释一些简单的生活现象，形成初步的随机意识。

（3）学生在参与学习活动的过程中，获得学习成功的体验，感受与他人合作交流的乐趣，培养对数学学习的兴趣，增强学好数学的自信心。

教、学具准备：

教师准备红、黄、绿这三种颜色的球各2个（形状、大小、材质完全相同）、扑克牌、投影仪等；学生分小组准备红桃A～4、黑桃4这5张扑克牌。

教学过程：

1. 揭题

师：同学们喜欢玩游戏吗？今天这节课我们主要通过玩一些游戏来

研究游戏中隐藏着的数学知识。（揭示课题：可能性）

2. 探究

（1）教学“例1”。

师：先请看，（出示一个不透明的口袋，并示意口袋是空的）这是一个不透明的空口袋，（拿起1个红球和1个黄球）这里还有2个球，1个是红球，1个是黄球，这2个球除了颜色不同外，形状、大小、材质等都完全相同。把这2个球放入口袋里，现在口袋里有1个红球和1个黄球，请大家想一想，如果从口袋里任意摸出1个球，你认为摸出的会是哪个球？（可能是红球，也可能是黄球）

师启发：可能（板书：可能），这词用得好！你能解释为什么可能摸出红球，也可能摸出黄球吗？

师：对呀，可能是红球，也可能是黄球，到底能摸到哪个球并不确定（板书：不确定）实际情况是不是这样呢？我们可以通过摸球游戏来检验，先看老师怎样摸球，（边讲解边示范）像这样每次在摸球前先用手在口袋里把2个球搅一搅，再任意摸出1个球，看一看是什么颜色，并把摸出的结果记录在这张表里，然后把球放回口袋里，搅一搅，再摸。会做这样的游戏了吗？请小组长拿出课前准备好的口袋，在口袋里放1个红球和1个黄球。小组合作，轮流摸球，摸10次，并按顺序记录每次摸出球的颜色。

学生按要求活动，教师巡视。

反馈：你们小组的摸球结果怎样？请各小组选派一名代表到投影仪前展示你们组摸球的结果，并说说摸出红球和黄球各多少次。

展示后，把各小组的记录单对应着排列起来。

讨论：请大家比较各个小组的摸球结果，你能发现什么？

教师参与学生的讨论，并加以适当引导，明确：各小组摸出红球的次数、黄球的次数不完全相同，每次摸出的球的颜色也不完全相同，但每个小组都既摸出了红球，也摸出了黄球。

师：通过摸球游戏，你有什么体会？

师：这样的摸球游戏，之所以要让这两个球除颜色外其他的都完全一样，就是要使每个球都可能被摸到，也就是每个球被摸到的机会是均等的。

设计意图：例1的重点是帮助学生初步认识简单的随机现象。我们知道，概率(可能性)的研究对象是现实世界中的不确定现象，也叫随机现象。随机事件主要有以下三方面的特征：① 可以在相同的条件下重复进行试验；② 每个试验的可能结果不止一个，并且能事先预测试验的所有可能的结果；③ 进行试验之前不能确定哪一个结果会出现。

上面的教学环节紧紧围绕简单随机事件的特点展开，首先出示装有1个红球和1个黄球的口袋，同时说明口袋里的2个球除颜色外，其他方面都完全相同，这是构成随机事件的必要条件，也是学生认识简单随机事件的起点。接着引导学生利用生活经验判断"从口袋里任意摸出1个球，摸出的会是哪个球"，并在交流中认识到"摸出的球可能是红球，也可能是黄球"，凸显了"摸之前并不能确定摸到球的颜色"，进而初步获得对不确定现象特征的感知。在此基础上，组织学生通过小组合作进行摸球试验，使他们在操作、思考和交流中确切感受并强化对简单随机事件特征的感知，并由此形成正确而清晰的认识。

(2) 教学"试一试"。

教师出示口袋，并在口袋里放2个红球。

师：现在口袋里有几个球？是什么颜色的？

师：如果从这个口袋里任意摸出1个球，结果会怎样？(板书：一定)

师：如果口袋里只放了2个黄球，从中任意摸出1个球，可能摸出红球吗？为什么？(板书：不可能)

师：如果口袋里放1个黄球和1个绿球，从中任意摸出1个球，能摸出红球吗？

师：请同学们回顾一下例1和"试一试"的学习过程，想一想，同样在口袋里摸球，例1和"试一试"有什么不同？

(3) 小结。

像这样，有些事件的发生与否是确定的，要么一定发生，要么不可能发生，这样的事件又称为确定事件。有些事件的发生与否是不确定的，可能发生，也可能不发生，这样的事件又称为不确定事件。(板书：确定性 不确定性)

设计意图：“试一试”主要帮助学生认识确定事件。确定事件是在一定条件下一定发生或不可能发生的事件，是相对于不确定事件而言的。认识确定事件的目的是帮助学生弄清不确定事件的外延。为此，教学时先呈现装有2个红球的口袋，引导学生在思考和交流中认识到有些事件一定会发生，接着通过师生对话帮助学生认识到有些事件不可能发生。在此基础上，引导学生比较例1和“试一试”有什么不同，并通过适当讲解，帮助学生认识不确定事件和确定事件，以加深学生对不确定现象的认识与体验。

（4）教学“例2”。

师：通过摸球游戏，我们知道了有些事件的发生是确定的，有些事件的发生是不确定的。接下来，我们来玩摸牌游戏。（出示例2中的4张扑克牌）这里有4张扑克牌，分别是红桃A、红桃2、红桃3、红桃4。看，4张牌除了点数不同外，形状、大小、背面的图案等都完全相同。如果把这4张牌打乱后反扣在桌上，（示范洗牌后把牌反扣在桌上）从中任意摸出1张，可能摸出哪一张？摸之前能确定吗？

师：可能出现的结果一共有多少种？（可能出现的结果一共有4种，分别是红桃A、红桃2、红桃3、红桃4）

教师把“红桃4”换成“黑桃4”，提问：把“红桃4”换成“黑桃4”后，现在的4张牌中既有红桃，又有黑桃。如果从这4张牌中任意摸出1张，可能出现的结果一共有多少种？

学生中可能出现两种不同的意见：一种认为可能出现的结果一共有2种，分别是红桃和黑桃；一种认为可能出现的结果一共有4种，分别是红桃、红桃、红桃、黑桃。

师：可能出现的结果到底有多少种呢？请大家在小组里讨论，弄清楚哪种意见是对的，为什么对。

学生在小组里讨论，教师参与学生的讨论，并在必要时给予帮助和指导。

师：你们小组认为哪种意见是对的？为什么？

明确：一共有4张牌，所有可能出现的结果一共有4种，分别是红桃A、红桃2、红桃3和黑桃4。就是说，在所有4种可能出现的结果中，红桃有3种，黑桃有1种，列举时，可以用“红桃、红桃、红桃、黑桃”来表示。

师：如果从这4张牌中任意摸出1张，摸出红桃的可能性大，还是摸出黑桃的可能性大？先自己想一想，再把你的想法与同学交流。

结论：4张扑克牌中有3张是红桃，1张是黑桃，摸出红桃的可能性大。

师：要知道上面的判断是不是正确，可以怎么办？

师：下面我们通过摸牌游戏来检验是不是摸出红桃的可能性大。请看老师是怎样操作的，（边讲解边示范）每次摸牌前，要把牌洗一下，使牌全部被打乱，并把牌反扣在桌上，像这样排好，（指第1张牌）现在你知道这一张是什么牌吗？（指第2张牌）这一张呢？如果从中任意摸出1张，你能知道是哪一张吗？（指其中任意1张牌）我想摸这一张，（摸出指的牌）记下摸出的花色，把牌放回去，打乱后反扣在桌上，再摸……

师：会做这样的游戏吗？请各小组长拿出课前准备好的这4张扑克牌，小组合作，照上面的方法进行摸牌游戏，小组的同学轮流摸牌，一共摸40次，并记录每次摸出牌的花色。

学生小组合作进行摸牌游戏，教师巡视，注意发现学生操作中存在的问题，并及时指导，必要时提醒其他小组注意。

各小组派代表展示摸牌的结果，并说明摸到红桃和黑桃各多少次。

在投影仪上同时展示各小组的摸牌结果。

师：请大家比较各小组的摸牌结果，你能发现什么？

师：通过刚才的摸牌游戏，你又有哪些收获？

判断事件发生的可能性大小，要先列举出整个事件中所有可能出现的结果，再根据列举出的结果做出判断。

设计意图：例2主要是帮助学生理解简单随机事件发生的可能性的大小，并学会正确地进行判断。列举简单随机事件中所有可能发生的结果，是正确判断事件发生的可能性大小的关键，也是学生认知上的难点。为了突破难点，教学中教师着重引导学生经历三个层次的探索活动：首先，以红桃A～4这4张牌为例，帮助学生学会列举随机事件中所有可能出现的结果；其次，把4张牌中的“红桃4”换成“黑桃4”，引导学生再次进行分析和比较，并着重讨论可能的结果中有相同情况出现时怎样进行列举，进而突破难点，初步学会根据随机事件中所有可能的结果判断事件发生的可能性大小的方法；再次，组织学生小组合作开展摸牌试验，并对试验结果进行比较和分析，既验证了前面的推断，又加深了学生对简单随机事件的理解与体验。这样的设计，环环相扣，层层递进，既突出了简单随机事件的本质内涵，又抓住了学生认知过程中的难点和关键点，使教与学之间构成一个和谐的整体，而学生在这一过程中获得的不仅仅是知识与方法，更是从数学的角度观察现实世界的智慧眼光。

(5) 教学“你知道吗”。

师：我们今天研究的可能性问题有趣吗？很多数学家和科学家对这样的问题也非常感兴趣。下面是几位学者做抛硬币试验得到的数据。请大家先读一读第66页的“你知道吗”，再和同学说说从中你知道了什么，想到些什么。

引导学生通过比较和交流，体会到虽然每个人试验的结果中正面朝上和反面朝上的次数不相等，但随着试验次数的增加，正面朝上和反面朝上的次数都是比较接近的，这也说明正面朝上和反面朝上的可能性是相等的。

设计意图：抛一枚硬币，落下后，是正面朝上还是反面朝上，抛之前是不可预见的，但重复同一试验，随着试验次数的增多，正面和反面朝上的次数就会呈现出相对稳定的规律性。这正是概率这门学科的重要实用价值。但受课堂教学组织形式的限制，学生不可能在课堂上成千上万次地重复同一试验。教师及时提供历史上著名学者通过试验获得的数据让学生阅读，既弥补了教学的不足，加深了学生的认识与理解，又有利于学生拓宽视野，感受科学家严谨的科学态度。

3. 练习

(1) 做练习十第1题。

出示题目，让学生读一读，再独立做出判断，并说明理由。

(2) 做练习十第2题。

出示题目的条件和第(1)题，让学生先和同桌说说要使摸出的球不可能是绿球，需要满足什么条件，再同桌合作在口袋里放球，并组织全班交流。

出示第(2)(3)题，让学生与同桌合作完成。

师：要使摸出的球可能是绿球，可以怎样在口袋里放球？要使摸出的球一定是绿球呢？

(3) 做第66页“练一练”。

出示题中的口袋图，让学生说说每个口袋里分别有几个球，各是什么颜色的。

师：从每个口袋里任意摸出1个球，可能摸到红球吗？

教师指左边两个口袋，提问：从这两个口袋里任意摸出1个球，从哪个口袋里摸出红球的可能性大？为什么？（每个口袋里都有3个球，第一个口袋里是1个红球和2个黄球;第二个口袋里是2个红球和1个绿球。从第二个口袋里摸出红球的可能性大。)

师再问:题中的三个口袋相比,从哪个口袋里摸出红球的可能性最大?

(4) 做练习十第3题。

教师出示题中的转盘,提问:这是一个转盘,转盘的圆面被平均分成了几份?分别有几种颜色?每种颜色各有几份?

师:转动转盘,停止后,指针可能停在哪个区域?

师:转动转盘,指针停在哪种颜色区域的可能性最大?停在哪种颜色区域的可能性最小?为什么?

(5) 做练习十第4题。

出示题中的4张扑克牌。

师:这里有4张扑克牌,分别是2张梅花6、1张梅花8和1张梅花10,如果从中任意摸出1张,摸出几的可能性大?

师:摸出8和10的可能性相等吗?

设计意图:设计的练习紧紧围绕本课的教学重点展开。在层次安排上,先帮助学生巩固区分确定事件和不确定事件的方法,再巩固判断简单随机事件发生的可能性大小的方法,有利于学生循序渐进地理解和掌握所学知识;在内容的选择上,既有古典概型,如摸球、摸牌等,也有几何概型,如转盘,有利于学生从更深层次上获得对简单随机事件的认识与体验,为以后学习随机事件发生的概率奠定基础。

4. 总结

师:通过今天的学习,你知道了什么?怎样判断事件发生的可能性的大小?你还有哪些收获和体会?

四、“条形统计图”教学案例分析

教学目标:

(1) 在具体情境中,能根据数据合理绘制条形统计图,在问题冲突的解决过程中体验“一格表示几”。

(2) 能根据实际数据的整体状态,确定纵轴一格表示的数量,掌握一般设置原则,在实际情境中提升学生的数感。

(3) 能结合具体情境中每格的意义,准确调整并绘制长方形直条。

(4) 在具体活动中进行自我探究、自我体验,掌握绘制条形统计图的一般步骤。

教材分析：

苏教版每一册都安排了统计内容的教学，只是每一册的侧重点有所不同。二年级上册安排了“方格统计图”的教学，也就是条形统计图的雏形，让学生能够认识到“一格表示1”。三年级初步认识条形统计图，内容安排上要求学生真正意义上认识条形统计图，能读懂各种条形统计图，并会简单绘制条形统计图。四年级上册主要安排两方面的学习内容：其一，结合具体情境将一组数据进行分段统计，制成统计表；其二，深入认识条形统计图，对于纵轴上的间距进行分析，由“一格表示1”的认识上升到“一格表示几”，根据数据的实际状态，有意识地设置间距，体现条形统计图的价值。

从教材内容的编排来看，四年级的教学目标是在二、三年级学习的基础上展开的，与原有的对于条形统计图构造的认识大体一致。与原有的学习内容相比，重点在于对“一格表示几”的理解。其认知难度并不是很大，教材安排情境中的数据也不复杂，因此思维容量并不算太大，挑战也不大，以基本模仿、形成技能的认知要求为主。因此在本节课中，教师除了安排对“一格表示几”进行研讨外，要将重心放在：观察整体数据状态，掌握结合具体数据进行纵轴数值间距设置的一般原则，能正确地调高(低)长方形直条高度，使学生不仅会制图，更要明白这样制图的原理，形成对一类数据进行分析的灵活且合理的思维习惯，并让学生经历统计的全过程：收集数据—分类整理—合理制图—数据分析。

学情分析：

在二年级刚开始认识“方格统计图”时，让学生建立清晰的表象还是比较困难的，但是进入三年级，再一次学习“一格代表1”的方格统计图，学生深入掌握了，应该说到了四年级，对“一格表示1”的条形统计图，学生认识起来基本上没什么困难。因此，课前笔者做了两项调查。

(1) 让学生绘制“一格表示1”的简单条形统计图，发现个别学生横轴的项目和涂成的长方形直条不对齐。部分学生对长方形直条的涂色不能做到简洁、快速，还没掌握技巧，忘记在长方形直条上方标数据，其他方面掌握得还好。由于课堂上时间有限，课前必须对学生出现的普遍状况给予指导与帮助。

(2) 用一些“一格表示几”的条形统计图让学生识图，困难不大，只有个别后进生有困难。所以如果仅仅按教材走，以“读图和根据指定的一格表示几来绘图”难度不大，对学生的思维挑战性也不够，不能充分激发学生内在的学习能力,使他们感受到数学学习的兴趣和魅力。

当遇到用“一格表示1”无法制图的矛盾后,学生的思维路径就转化为怎样来寻找方法解决问题,在解决过程中自然体验“一格表示几”的必要性。再通过对几个极端数据的处理,让学生进一步体会当对格子有限时,合理设置纵轴的原则:整体数据比较集中时,一格表示的数小一些;整体数据比较分散时,一格表示的数大一些。适当省略纵轴数据的问题体验,也为以后学习折线统计图打下基础。

教学过程:

1. 常规积累

教师并联出示两张条形统计图(一格表示1)。

师:这是两幅条形统计图,从图中你知道了哪些信息?和你的同桌说一说。

同桌相互交流,并及时进行相互评价。

设计意图:丰富学生对条形统计图的认识,为绘制统计图的横、纵轴埋下伏笔。

2. 理解一格可以表示几,初步感知数据集中时间距的设置,准确绘制直条高度

师:我们已对条形统计图有了初步的认识,今天我们继续研究条形统计图。

板书课题:条形统计图。

一放:出示信息1。

跳绳:10人;

打球:14人;

跑步:20人。

师:你能根据提供的信息,绘制出相应的条形统计图吗?

推进:横轴中项目组数的确定及相应的位置。

① 呈现可能出现的资源,让学生说想法。

② 确定横轴中项目组数及间隔排列的位置关系。

预设:

① 学生没标统计的项目。

② 统计项目连在一起。

一收:呈现学生可能出现的资源。

出现1格表示1人的情况。

师：根据这组数据，你能看出他是怎样画的吗？（重点引导学生看横轴上统计的项目、纵轴上一格表示的数量）

并联呈现：1 格表示 2 人和 1 格表示 5 人。（放下去让学生充分说明横轴、纵轴上的情况）

预设：

① 1 格表示 1 人。

② 1 格表示 2 人。

③ 1 格表示 5 人。

同桌互相交流一下自己的想法。

设计意图：设置问题冲突，呈现矛盾。

若只出现①和②两种情况：

并联呈现：1 格表示 1 人和 1 格表示 2 人。（放下去让学生充分说明横轴、纵轴的分布）

师：为什么同样是 20 人，长方形直条的高度却不一样？

小结：看来绘制条形统计图，先要确定统计的项目，再根据数据的整体状态，确定纵轴上一格表示的数量，再准确绘制直条的高度。

要使学生明确：一格既可以表示 1，也可以表示 2，也可以表示 5。

3. 在对比中深入体会纵轴数值设置的两个原则

二放：出示第四条信息。

踢毽子：85 人。

师：现在的这组数据，把它画在同一幅图里，该怎么画呢？先想一想，再试着画一画。

设计意图：在交流中体验纵轴设置的理由及合理性，明确方法。并通过两种纵轴间距的设置比较，掌握确定纵轴间距的初步方法。

二收：

（1）呈现学生资源。

（一格表示 5，一格表示 10）

在过程中比较：仔细观察这两幅图，哪幅统计图更能表示出这组数据的整体状态？为什么？（学生间互说）

独立解决，学生可能出现的情况：一格表示 5，一格表示 10。

（2）呈现学生中不满格画图的一个错误资源。（如果没有错误资源，

就直接呈现正确的，让学生说出是如何绘制直条的）

师：这位同学纵轴也是一格表示10，仔细观察一下，他画的三个直条的高度都对吗？（重点解决85的画法）

在过程中拓展：那14呢？同桌间互相说一说。

一格表示5，格数比较多，绘制起来也比较麻烦。

一格表示10，画起来比较方便，也能看出数量的多少。

（3）通过刚才的分析，请修正自己的条形统计图。

① 10和20正好满格比较容易画。

② 85的画法：一格表示10，要表示5，就需要把一格平均分成2份，再取其中的1份。学生体会到绘制长方形直条过程中逐步逼近准确值的方法。

设计意图：在学生认识到一格表示几的基础上进一步激发学生认识到同一张图要根据需要变更一格表示的数量。

将信息1和信息2对比：

（1）比较两组数据，结合刚才绘制条形统计图的过程，你有什么想说的，和同桌说一说。

（2）引导学生归纳并完成板书：整体数据比较集中，每一格表示的数量小一些，整体数据比较分散，每一格表示的数量大一些。

小结：绘制条形统计图，纵轴上一格表示的数要根据一组数据的整体情况合理设置，一方面要方便绘制长方形直条；另一方面要利于体现一组数据的分布情况。

让学生观察并比较两个例子，交流纵轴数值怎样分配才能画得科学合理，体会间距设置的合理性直接影响到统计分析。明确纵轴上数值设置的一般原则。

设计意图：掌握如何在绘制之前确定一格究竟表示多少，明确纵轴上数值设置的一般原则。

4. 让学生经历完整的统计过程

三放：呈现11月份每天的天气情况和班级49名学生每人穿校服的情况。

（1）同桌每人一题，尝试制图。

（2）同桌互说从图中看出了什么。

（3）呈现学生的资源，同桌互说制图的过程。

(4) 总结制图的一般步骤：收集数据、分类整理、合理制图、分析数据。

课前学生已经收集了相关数据，并进行了分类整理。

制图前，让同桌互说打算如何制图，再动手绘制条形统计图。

引导学生回顾绘图的全过程，总结出制图的一般步骤。

设计意图：让学生经历完整的统计、绘图过程，为今后绘制扇形统计图做铺垫。

5. 拓展延伸

四年级某班一分钟跳绳比赛统计表如下：

组别	第一组	第二组	第三组	第四组
个数/个	603	602	601	605

观察这张统计表中的数据有什么特点，先想一想纵轴上一格表示的数量。

学生独立解决。

教师进行预设：一格表示 100，200……发现新的矛盾。

设计意图：再一次把问题放下去，让学生快速思考并解决。在这个过程中注意捕捉学生的困惑，推动学生思考。

如果一格表示的数过大，具体的数据用长方形直条高度就不能准确表示，不能看出数据间的微小差异；如果一格表示的数过小，数轴上又画不下。

交流困惑：

① 一格表示的数小，需要的格子太多，画不下。

② 一格表示的数大，格子少，不能表示数据的准确状态。

启发学生根据纵轴间距设置原则思考：统计表中的 4 个数据有什么特点？纵轴上一格表示的数应大一些还是小一些？

老师介绍：这 4 个数比较集中，一格表示的数应该小一些；但这几个数都比较大，都是 600 多，如果一格表示 1，从 0 开始，1，2，3……依次往上画，表示每个数的直条数就有 600 多个，太多了，画不下。这里我们可以把 0 ~ 600 相同的这些直条压缩起来，用折线表示，就好像把 0 ~ 600 这些直条折叠起来一样，再将上面的部分合理设置一格表示几。

指导学生如何压缩相同部分。

设计意图：让学生体验适当省略纵轴数据的问题，为以后学习折线统计图打下基础。

6. 全课小结

① 今天这节课你有什么新的收获？

② 一格表示几？

③ 纵轴数值合理设置。

④ 数据较大可以省略一些。

五、"复式统计表"教学实例分析

教材分析：

本节课内容是在学生初步认识简单统计表和条形统计图的基础上进行的。通过教学，一方面使学生进一步学会收集、整理、描述数据的方法，另一方面使学生进一步感受统计在实际生活中的广泛应用，形成统计观念。例1教学复式统计表，从学生已有的知识经验出发，让学生把四张单式统计表里的数据汇集在一张统计表里，认识复式统计表的构造，体会复式统计表的优点。教学过程分两段进行：第一段呈现了五年级4个兴趣小组活动的情景及每个兴趣小组男女生的人数，根据四幅图里的信息和数据分别填写四张单式统计表，让学生在填表时感受组别、性别以及数量的内在联系，为下面教学复式统计表搭建平台。第二段向学生提出具有挑战性的要求：把4个小组的人数合并填在一张统计表里，让学生在填表时体会，表里的每一格都有相应的组别、性别；每个数据都要根据它的组别、性别找到相应的位置。这一段是例题的教学重点，教材给学生提供了结构完整的复式统计表，降低了学生学习的难度，没有让学生经历复式统计表产生的需要和过程。

基于以上认识，我们对教材的例题进行了处理，首先呈现五年级4个兴趣小组活动的情景及每个兴趣小组男女生的人数，不给出四张单式表，而是直接让学生尝试把四幅图里的信息和数据整理到统计表中，学生出现的资源就比较丰富：有简单统计表，有复式统计表等。通过对两种统计表的比较，使学生在具体的统计活动中，体会制作复式统计表的必要性，从而认识复式统计表，会根据相关的数据填写复式统计表，并能对复式统计表中的数据进行简单分析。

学情分析：

学生已经初步掌握简单统计表和条形统计图的相关知识，会制作单式统计表，知道统计表各部分的名称，在生活中还常常见到过复式统计表。教学从学生感兴趣的兴趣小组活动入手，提出问题激发学生制表的欲望。根据已有知识经验，学生可能会将四幅图的信息整理到四张单式统计表中，也会有学生想到将四幅图的信息整理到一张统计表中，将复杂的数据简洁化，在过程中逐步完善表头部分。在学生对复式统计表的结构有了清晰认识的基础上，让学生完整填写表格，进一步体会复式统计表的结构及特点。

教学目标：

(1) 使学生在具体的统计活动中，体会到制作复式统计表的必要性，从而认识复式统计表的结构，会根据相关的数据填写复式统计表，并能对表中的数据进行简单的分析。

(2) 使学生在形成、认识、填写、分析复式统计表的过程中，了解复式统计表的独特优势，进一步学习统计方法，发展统计观念。

(3) 让学生收集生活中的数据并整理，制作复式统计表，经历统计的全过程；同时根据表中的数据分析生活中的一些现象，并提出合理化的建议，凸显统计知识的育人价值。

教学过程：

1. 常规积累

出示两张简单统计表。

师：从表中你能获得哪些信息？

学生读表，交流从表中能获得哪些信息。

设计意图：勾起学生对简单统计表的回忆，并为本节课的学习做好铺垫。

2. 开放性导入

师：今天老师带来了青云小学五年级 4 个兴趣小组活动的图片。

出示例 1 的场景图，激发学生的学习需求。

师：这些信息分散在 4 幅图中，如果要对这几组数据进行分析，通常要把数据整理在统计表里。你能想出办法整理吗？

学生看图，了解各小组的人数情况。

交流整理数据的方法，并画表整理。

设计意图：从日常生活中熟悉的素材入手，统计课外兴趣小组男、女生人数，激发学生的已有知识经验；同时，教师没有事先给出 4 张同类的单式统计表，而是让学生根据信息自主画表，打破学生思维的局限性，为出现多样化的表格资源提供了可能。

3. 整理数据，经历复式统计表的形成过程

(1) 通过对比，感受合并表格的必要性。

① 学生自主画表。

教师根据学生的状态在教学过程中及时推进。

资源预设：

a. 画4张单式统计表。

b. 将数据合并在一张表中。

同桌讨论并明确：第1种是用4张表分别统计每个小组的人数；第2种是把4个小组的人数集中统计在一张表中。

② 沟通两种形式的统计表，感受将信息合并的优势。

教师呈现4张单式表和1张合并信息的表。

师：比较这两种统计数据的方法，有什么不一样？

小结：第二种方法表示起来更简洁。

设计意图：感受复式统计表产生的需要和经历复式统计表产生的过程是本节课教学的重点。因此，教学中，通过对两种统计表的对比，让学生体会单式统计表的劣势——数据信息分散，不容易比较，从而产生合并需求。

③ 跟进：这4张表格统计的项目是一样的，怎样把它们合并成一张表格？

学生讨论合并的方法，教师结合学生的汇报，演示合并的过程。

设计意图：让学生明确4张表格可以合并，在此基础上经历合并的过程。

(2) 研究表头的表示方法。

师：合并后的表格哪些地方需要修改？

根据学生的回答追问：这里应包含哪几部分内容？怎样表示？

让学生自己画一画。

收集资源，辨析比较，逐步完善表头。

性别	合计	男	女
人数			
人数			
人数			
人数			

资源预设：

① 将“人数”改成小组名称。

② 认为表头填“性别”不合适。

设计意图：通过两个层次的放和收，让学生明确表头应该由三个部分组成，分别表示横栏、数据栏和竖栏，并解决表头的各部分与表中的内容对应的问题，突破本节课的教学难点。

(3) 根据需要，添加“总计”一栏。

激发需要：要在表中反映出四个兴趣小组的总人数，该怎么办？

师：“39”是怎么得到的？你有什么发现？

资源预设：

① 表头分成两部分。

② 表头分成三部分。

③ 表头分成四部分。

但与表中内容不对应。

学生讨论并明确：要想一眼从表中看出总数是多少，需要添加“总计”一栏。

学生在作业纸上填表，通过讨论得出：全班参加兴趣小组活动的总人数既可以根据四个小组男、女生的总计数相加得到，也可以根据每个兴趣小组的合计人数得到。

设计意图：联系生活实际，交代人们在看统计表时首先关注的是总数，因此需要在表中添加“总计”一栏，从而认识复式统计表的结构。这样的设计遵循了学生的认知规律，使每个孩子在原有的基础上都能有所提升。

4. 将两种统计表进行沟通比较，体会优势

数学名称：复式统计表。

顺势交代：单式统计表。

沟通：和单式统计表相比，复式统计表有什么优点？

填写复式统计表。

过渡：我们不仅要认识复式统计表，还要会填写统计表。

学生讨论并反馈：数据集中，便于比较。

练习整理数据并填写复式统计表。

设计意图：通过讨论和归纳，对复式统计表有了较全面的认识之后再比较两种统计表的区别，这样旨在让学生在读表、制作、比较的过程中感悟复式统计表的独特优势。

收集资源：两种不同表头的对比。

设计意图：让学生在两种不同表头的对比中感受横栏、竖栏的项目可以交换位置，培养学生思维的开放性。

5. 巩固应用，总结延伸

（1）复习巩固，应用复式统计表。

过渡：复式统计表在生活中应用十分广泛。课前同学们收集了生活中的一些数据，下面将收集的数据制成一张复式统计表。

选择 1～2 组数据进行分析。

① 小组内交流收集的数据信息。

② 每个人将自己收集的数据制成复式统计表。

设计意图：选用学生熟悉、感兴趣的话题进行统计，让学生经历收集、整理、统计数据的全过程；同时对表中的数据进行分析，提出合理化的建议，凸显统计知识的育人价值。

（2）总结延伸

统计还有其他的方式，有时根据需要还会将结果制成统计图，如复式条形统计图、折线统计图、扇形统计图等。

设计意图：打开学生的思维，明确今天学的只是统计的一种方式，统计的结果还有其他的表达方式，如各种统计图等，为将来继续学习统计知识做好铺垫。

第八章　“综合与实践”领域的教学实践研究

综合与实践是以一类问题为载体、学生主动参与的学习活动，是帮助学生积累数学活动经验的重要途径。针对问题情景，学生借助所学的知识和生活经验，独立思考或与他人合作，经历发现问题和提出问题、分析问题和解决问题的全过程，感悟数学各部分内容之间、数学与生活实际及其他学科的联系，能激发学习数学的兴趣，加深对所学数学内容的理解。这种类型的课程对于培养学生的抽象能力、逻辑思维能力、创新意识及应用能力是有益的，还有利于培养学生的合作精神。合理地设计课程内容以及教学方法是达到教学目标的关键，教师既要考虑学生的直接经验，启发学生思考，也要考虑问题的数学实质，培养学生的数学素养。这种类型的课程对教师是一种挑战，教师应努力把握问题的本质，引导学生思考，同时，教师又应努力帮助学生理清自己的思路，指导学生以不同的形式展示自己的成果或报告自己的工作。

这种类型的课程应当贯彻“少而精”的原则，保证每学期至少一次。可以在课堂上完成，也可以课内外相结合。学习重在积累，数学活动经验也是如此，它的形成是一系列有内在联系的数学活动累积的结果，前一次数学活动的过程和结果是后一次数学活动的经验基础，后一次数学活动经验是前一次数学活动经验的巩固和发展，也是前一次数学活动经验的演变和升华。学生的学习过程是从活动到经验，再从经验到活动的过程。头脑经历了活动，总会不自觉地产生一些体验，形成一些经验。教学中我们一定要促使学生对活动中积累的经验进行进一步的加工和提升，只有不断积累、反思、再积累、再反思，才能使数学知识产生张力。

第一节　“综合与实践”教学问题思辨

“综合与实践”在数学课程建设和学生能力发展方面具有重要意义，但在实际教学中，由于教师意识的差异和教学条件的限制，教学现状不容乐观。

一、调查研究问题,寻找有效策略

基于本校数学教师以及一些文献调查,对“综合与实践”课程的教学现状进行了调查,结果如下:“深入开展学生实践活动”的9人中,能对学生的实践活动开展有效评价的仅有4人。由此可见,“综合与实践”领域的教学现状令人担忧,大部分教师只是应付了事,有的或者干脆不上。

调查显示,由于教师意识和教学条件等因素的限制,“综合与实践”教学流于形式,没有真正实现积累数学活动经验、发展解决问题能力、提升数学学习能力与应用能力。

“综合与实践”是小学数学课程的活动领域,它需要教师具有开阔的视野和整体的教学观。笔者以为,教师要从教材内涵、教学方式、评价体系等角度开展研究,寻求有效的教学策略,切实推进“综合与实践”的教学活动。

二、研究教材体系,挖掘活动内涵

“综合与实践”领域的教学内容与“数与代数”“图形与几何”“统计与概率”有着密切的联系,但它的目标又不仅仅局限于这三个领域的数学本体知识。笔者整理了现行人教版教材小学阶段“综合与实践”领域的内容后发现,其具有以下特点:

1. 以数学本体知识为依托

综观现行人教材版小学阶段的“综合与实践”内容,都是在学生学习相关数学本体知识后安排的实践活动。第一学段以单一知识点的实践操作活动为主,第二学段以多个知识点的综合应用为主,原则上均以学生就近知识点安排活动。

2. 以生活问题为背景

“综合与实践”内容的设置以学生的现实生活为基点,在学生的生活场景中挖掘教学素材。

3. 以参与实践活动为载体

从内容安排上来看,这一领域的教学都必须以学生主体参与的实践活动为研究基础,如实物操作、实地勘查、数据测量、信息整理等。

4. 目标追求多元化

教学目标除了关注数学本体知识的巩固外,更重视学生在实践活动中积累数学活动经验,学会用数学的眼光观察生活。同时,还注重培养学生的科学和人文素养,如想象力、收集和处理信息的能力、数学美的体验、环保意识、投资意识等。

基于对教材内容的分析，要有效地开展综合与实践的教学，教师必须挖掘每一次实践活动的内涵，恰当地把握教学目标，设计切实可行的活动方案，引导学生深入参与实践活动，获取数学活动经验。

三、优化教学方式，提升活动效能

“综合与实践”教学一般包括四个阶段：一是进入问题情境阶段；二是实践体验阶段；三是解决问题阶段；四是表达交流阶段。根据教学的内容特点和目标要求，教师在组织形式和教学方式上要有所转变，教学时间、空间等要素均要体现灵活性和开放性。

1. 在现实情境中开展教学

综合与实践的一个重要目标是让学生体会数学与现实世界的联系，树立正确的数学观。从学习方式上来说，它是以学生实践体验为主体，而最能激发学生参与的就是现实性的情境，也就是学生身边的问题情境。所以教师的教学要立足于学生的现实生活，在现实生活中挖掘问题情境。

2. 课内外实践相结合开展教学

综合与实践涉及实地勘查、数据测量、信息综合等活动，单纯地依靠课内教学是无法完成的，必须把教学延伸至课外。教师要精心设计学生的活动内容，明确活动目标与要求，安排合理的活动流程，要具有可操作性，确保学生在课外也能完成活动任务。

3. 自主探索与合作研究相结合开展教学

综合与实践从本质上讲，是一种解决问题的活动，但相对于一般的解决问题而言，其更具有综合性。教学中要处理好自主探索与合作研究的关系，恰当地运用个体研究与小组研究。针对不同的问题层次和情境需求，组建实践活动小组，引导学生分工合作，在独立思考、自主探索、合作交流的过程中解决问题。

4. 转移评价重心，关注活动过程

对学生“综合与实践”的评价不以纸笔测试为手段，不追求量化指标，要强调过程性评价，要以“质”的评估为主。评价时要特别关注以下几点：能否主动运用数学知识描述并解决实际问题；是否善于运用多种方法；对结果有无反思的习惯；是否积极参与讨论与表达。加强对学生实践活动的过程监测，关注学生在活动中的主动性、积极性、参与程度、活动经验积累等，运用教师评价、自我评价、小组评价等形式评估学生在活动中的表现。

“综合与实践”领域的拓展是数学课程改革的一大创举，为学生基本活动经验的积累打开了一扇门，也为学生开辟了应用数学的新天地，更是提升学生数学创新精神与实践能力的主阵地。教师要准确把握教材内涵,改善教学组织形式,转移教学评价重心,聚焦基本活动经验,有效提升实践能力。

第二节 "综合与实践"领域"律动课堂"的教学原则

一、"综合与实践"领域教学的组织形式

组织"综合与实践"领域的教学,教师和学生要共同经历探究活动的过程;学生不再作为知识的接受者,被动地听从教师的指令,教师要学生带着各自的兴趣、需求和观点直接与客观世界对话。教师的指导方式是以与学生平等的身份去参与活动、引导学生。

1. 小组合作中的自主探索

小组合作是综合与实践应用最常用的也是最基本的组织形式,它能促进学生之间的沟通,体现学生之间的协作。合作学习可利用"角色扮演"的形式。通常采用"异质组",一个小组由 3 ~5 人组成,在小组中,学生既有合作又有分工,分别就某个问题做深入的研究。小组合作中,研究探索的问题本身要具有现实的价值意义,要让每个学生都有自主探索的机会,都能呈现自己个性的思想方法,提升思维水平。因此,教师要指导小组内的每个人的责任,做到分工明确,并提前形成一些规矩,让每个学生都投入到实践活动中,并有所思考。教师要了解小组中每个人做了什么以及每个人的进度,适当地给予指导与协助。

案例1 "三子棋"教学片段,适用年级:低年段。

(1) 半局棋①。

过渡:刚才在大家下棋的时候,老师发现了这样一局棋。

师:接下来该白子走了,你想走哪?为什么走这里呢?

师:接下来,黑子该怎么走?

师:为什么不走这里?(第二行)这样黑子再走一步就赢啦!

小结:每走一步之前,你得考虑什么?

(2) 半局棋②。

过渡:课前,我跟你们的张老师也比拼了一局。不过,还没下完上课铃就响了。接下来该你们张老师下了,张老师是黑子哦,谁想帮她下?

师:怎么想的?你们有不同的意见吗?你能上来指一指,说一说吗?

师:接下去,你预测谁会赢?

师：请你上来指一指，说一说吧！

小结：看来我们在下棋的时候不仅要考虑自己的棋，还要考虑对手的棋。

课堂看点：前面第一个环节孩子们已经掌握了三子棋的游戏规则，这个环节就开始研究获胜策略。获胜策略分为两个层次：第一个层次是让孩子们在活动中体会什么情况下要“堵”对方；第二个层次是让孩子们不仅要考虑自己赢棋，还要考虑对方的棋是否要赢了。这样的设计就是让孩子们在活动中慢慢地体会三子棋的玩法。

2. 教师与学生的互动组织

组织综合与实践领域的教学，要特别注重教师与学生的双边关系，教师要根据学生的年龄特点进行指导。如低年级的学生进行实践活动时，教师要先行示范，并在过程中不断地协助。而面对高年级的学生，教师要注重与学生互动，帮助学生在过程中生成对问题的研究，确定研究方案，设计记录的表格。

综合与实践应用不同于传统的数学课堂教学，它以学生的生活和现实问题为载体和背景，突出自主性、开放性、实践性、过程性和创造性，因此，它的组织方式更为灵活。教师应根据教材内容和现实问题对教学内容进行适当的补充，灵活设置活动项目。

二、“综合与实践”领域的教学原则

综合与实践领域的教学步骤根据任务的复杂程度不同而有所不同，简单的实践活动，如模型制作、搭积木、玩七巧板、基于数感的实践活动、测量等目标指向很明确的活动，通常包括准备课程资源、明确目的任务、活动和交流评价几个环节。比较复杂的实践活动可以有以下几个环节：介绍范例、确定专题、确定研究小组、制订计划、实施研究、处理结果（撰写报告）、组织成果的交流等。教师在指导这类综合实践活动时要注意以下几个原则：

1. 充分体现学生的自主性

综合与实践的教学，以学生自主学习、探究和体验为基础，为此，我们要让学生按照自己的兴趣和实际选择实践课题，通常采用个人和小组合作的方式来进行，强调“做中学”，充分体现学生的主动性、自主性和能动性，使学生通过活动不断选择并建构有价值的知识，通过体验学习的过程而获得自主发展动力。

案例 2　“小数独”教学片段，适用年级：低年级。

师：先填的哪里？怎么想的？

生1：我先填的第一竖列，这里就少了4，所以填4。

生2：第三行这时候就少1了，那就填1呗！

师：你们真聪明，用刚才只少一个格子的方法立刻就填好了，真不错。

师：其他的空格，能一下子填出来吗？遇到了什么问题？

师：有两个空格，不知道到底填几？那怎么办呢？

和同桌说说你的想法。（让学生上台讲解）

生1：第一行少了“2”和“3”，我们再竖着看，第三竖列已经有“3”了，所以上面就只能填“2”，另一格填“3”。

师：谁听懂了，再来说一说。

生2：就是说这里就少了“2”和“3”，下面已经有“3”了，怎么能有两个“3”呢？所以就要填“2”。

课堂看点：推理是数学的基本思维方式，也是人们学习和生活中经常使用的思维方式。对数独的学习与探究，是培养推理能力的极好方法。这里仍然是4×4的宫格，但这一次遇到每一行都空了两个格子，怎样确定到底填几呢？孩子们通过交流讨论，逐个排除，明确敲定。同学间的交流为学生的思维成长提供了更大的生长空间。

2. 精心设计教学活动，保证实效

小学生身心发展的特点是对新事物充满好奇，因此我们要充分保护“童心”。实践活动必须是学生能理解的，能实现促进学生全体思考并积极参与的项目。教师要把握活动的时机和时间，要同生活、学习、社会紧密结合，要及时有效地组织学生实践，了解学生在实践中的困难和需要，有针对性地进行指导，开发新的课程资源。

案例3 “椅子”教学片段，适用年级：高年段。

师：你们小组测量了哪些数据？为什么要测量这些数据？

（1）回合一。

学生1：我们小组测量了大腿的长度、小腿的长度、身高，还有腰围。

其他组学生：不需要测量身高。

学生1：是的，我们后来也发现身高这个数据没用。

学生2：对，我们量的腰围也没什么用，你看，只有后背部分才靠在椅子上。

教师追问：那可以测量什么数据？

学生3：背的宽度。

学生4：我觉得坐在椅子上的主要是屁股，应该测量屁股的宽度。

（全场笑）

教师提醒：想一想，哪些数据是需要测量的？应该怎样测量？

（2）回合二。

学生5：大腿的长度可以确定椅子的深度是多少，小腿的长度可以确定椅子有多高，这些数据需要测量。

教师追问：你们是怎样测量小腿的长度的？

学生6：从地面测量到膝盖。

学生7：我认为坐着测量比较准确，不能量到腿上面去，测量到膝弯（指着坐着的人像说明）就可以了。

课堂看点：“追问”就是在学生回答问题之后，教师有针对性地“二度提问”，再次激活学生思维，促进他们深入探究、思考。

数学综合实践活动中，活动参与者需要在综合应用已有生活经验、知识经验的基础上，不断摸索、探究，寻找实践活动的前进路径。由于忽视了测量前的思考，没有明确测量目的，没有制订测量计划，第一次小组活动成功的不多。但是，在学生讨论的过程中，教师适时介入，通过追问，让学生不断地进行数学化的思考和分析，了解了每一个数据的实际意义，自发对实践探究活动进行调整。

3. 注重培养学生的创新精神

创新精神和创新意识是当代核心素养中的关键素养。为了学生未来的发展，我们必须有为未来而教、为未来而学的眼光。戴维·珀金斯认为：知识必须在某些场合实际运用，才值得学习。我们需要用一种“未来智慧”的新视角对待教育，在教育中既关注已知，也关注未知。在今天这个复杂而多变的世界中，努力培养孩子的好奇心和创新精神，启发智慧，增进自主性和责任感，引导他们积极、广泛、有远见地追寻有意义的学习。

案例4　“一张纸的游戏”教学片段，适用年级：中年段。

（1）学生折纸。

教师提问：一张长方形的纸连续对折，最多能折几次？

① 理解规则：什么是连续对折？

② 想一想：你能折几次？试一试。

③ 学生交流：你一共对折了几次？

④ 比一比：为什么同学们对折的次数不同？（长方形纸有大有小）为什么同一张纸对折的次数也不同？（对折方向不同，会导致次数不同）为什么不继续对折下去？（纸太硬、太小）

⑤ 综合考虑：如果再次对折，你会选择什么样的纸张呢？

（2）年级纪录。

我们银城小学四年级的几位同学合作进行了一项折纸实验。（播放视频）创造了四年级的纪录：将纸连续对折8次。

（3）世界纪录。

介绍：2011年，美国麻省理工大学的15名学生和教师利用长度超过2英里（约3218米）的卫生纸和大学的无尽长廊，连续向同一方向对折13次，相当于迭出8192层。

课堂看点：一张纸你能连续对折几次？学生动手操作前后的答案截然不同。苏霍姆林斯基说：“人的内心深处，都希望自己是一个发现者、研究者、探索者，在儿童的世界这种需要特别强烈。”对问题的不断探究才是学习数学的根本动力！

第三节 “综合与实践”领域“律动课堂”的实例分析

一、“奇妙的剪纸”教学案例分析

教学内容：

苏教版三年级数学下册第62、63页。

教材分析：

这部分教材是结合轴对称图形的认识而安排的实践活动。教材重点让学生欣赏中国剪纸作品，介绍其艺术特点，使学生对轴对称图形与剪纸的密切联系形成初步感受。让学生运用已获得的知识与技能独立或分小组自由进行创作，通过交流发现剪纸与轴对称图形的联系。

学情分析：

三年级学生大多自幼儿园起就有剪纸的体验，手工课和美术课上也有一些相关的学习和剪纸经历，但并没有将为什么要这样剪纸和数学轴对称图形知识进行沟联。学生有了轴对称图形的学习，形成了初步的对对称美感受，为这节实践活动课做好了前期探索知识和情感的准备。

教学目标：

（1）通过实践活动，在剪纸过程中体会轴对称图形的形成，感受图形的美。

（2）通过参与创作，合作交流，培养学生的小组合作意识。

（3）通过欣赏剪纸作品，感受剪纸艺术的魅力，感受剪纸与数学知识的联系。

教学重点：

用轴对称图形的特点创作美丽的图案。

教学难点：

剪纸时如何保证剪而不断，体会要运用对称轴的知识。

教、学具准备：

多媒体课件、实物投影仪、剪刀、彩色纸片。

设计理念：

以美国著名哲学家、教育家杜威先生的“教育即生长”为教学理念，坚持“儿童本位”，符合学生的年龄特征开展实践活动，以儿童喜欢的游戏、操作等形式，让学生在玩中学。

让学生在剪纸的操作探索中，体会知识的生成过程，主动发现知识，紧紧围绕数学知识，紧扣数学教材的内容。课堂注重动态生成，给儿童创作的空间。

教学过程：

1. 创设情境，激发兴趣

（1）播放视频：南京少儿频道有关剪纸的艺术报道。

（2）引出课题：奇妙的剪纸。

> 设计意图：通过儿童喜欢的少儿节目主持人和电视报道南京剪纸艺人陈耀的剪纸，让儿童体会身边的剪纸艺术，感受剪纸艺术的美。

2. 合作学习，发现知识

（1）合作创作，操作实践。

提出小组活动要求：

① 自由创作剪纸作品，小组内不会剪的同学可以向同组同学学习，也可以看材料自学。（画图时可自由创作图案）

② 每个小组在规定时间内至少完成 3 幅作品则挑战成功。

③ 每组选择一幅作品到前面展示。

（2）观察发现，猜测验证。

让学生观察黑板前的作品。

动态调整（如有的小组的作品不是折剪的话，此过程可先分类，再找共同点）。

教师提问：这些作品图案不同，形态也不同，有什么共同点？

引发学生发现并猜想：都是轴对称图形。

进行现场验证，再次发现：折痕所在的位置就是对称轴。

（3）由展示作品动态生成。

教师一边展示作品，介绍作品，一边让全班同学了解一些剪纸的基本的折剪方法。同桌互相介绍自己的作品，并指出对称轴的位置。

教师由学生的展示与介绍进行相关板书：

对折—画剪—展开

（折痕：对称轴）—（半、全）相连—（轴对称图形）

（4）由二折折法（或学生的团花作品）动态生成小组挑战任务二。

① 在让一个学生介绍二折折法的基础上沿中心对折再对折，教师剪出弧线让学生猜测展开的形状，从而引出“团花”。

② 出示小组活动任务。

③ 观看团花剪纸视频，进行小组创作。

④ 展示作品，并让学生就发现的问题，主要是剪断的情况进行讨论，从而了解如何利用折痕（对称轴），并且要保证两边都要有相连的地方。

（5）由学生现场的作品情况进行二方连续剪法的小组挑战。

① 出示小组活动要求：

a. 小组自学二方连续剪法，每人尝试剪二方连续图案。（画图时自由创作）

b. 每个小组在规定时间内至少完成两幅作品则为挑战成功。

c. 每组选择一幅作品到前面展示。

② 进行小组活动。

③ 进行全班展示，引发“对称轴在哪里”的讨论。

设计意图：让学生展示与介绍现场的创作作品，使课堂动态地生成，教师动态地把握，从而产生课堂的灵动感。由学生展示与介绍自己的作品以及对共同点的讨论，以小组的形式组织教学，让学生真正体会小组合作完成任务的要求，不仅是个人的参与，还要进行组内的互学互助。同时由二折折剪到动态生成的团花折剪，体会对称轴的条数越来越多，并由猜测及动态想象与圆形成联系，隐悟圆的对称轴。

3. 感受艺术，拓展延伸

（1）观看剪纸艺术作品视频，介绍剪纸的一些知识，让学生感受剪纸的艺术美。（可设计成小游戏的形式）看到轴对称图形的剪纸可站起来观看。

教师谈话：剪纸大体可以分成三大类：第一类——阳刻，就是剪去轮廓线之外的空白部分，保留轮廓线；第二类——阴刻，就是剪去轮廓线保留其他部分；第三类——阴阳混刻，可以用对折的形式创作，也可以不用对折的形式进行创作，对纸张的样式也不作限制。（机动：灵活创作活动）

（2）师生共同感悟全课，让学生说一说感受。

（3）课外可通过网络、剪纸书等进一步了解剪纸的方法，剪出更精美的作品。

设计意图：让儿童在感受轴对称图形与剪纸的联系后再一次观看剪纸艺术视频，带着数学的眼光去观看，可以进一步感受剪纸的艺术之美。教师简要介绍剪纸艺术的创作分类，学生重新认识剪纸艺术的灵活多变，想象力得到进一步拓展，知识得到延伸。同时拓展学生对剪纸作品的方法多样性的感悟。折剪法只是剪纸方法中的一部分，要完成更加精美的作品，还要了解更多的剪纸方法，引发学生进一步探索的好奇心，从而让学生带着问题走进来，再带着新的问题走出去，去探索更多的奥秘。

板书设计：

奇妙的剪纸

对折—画剪—展开

（折痕：对称轴）—（半、全）相连—（轴对称图形）

作品展示区一	作品展示区二	作品展示区三

二、“怎样滚得远”教学案例分析

教材简析：

在生产和生活中，人们常常利用斜面来达到省力的目的。圆柱形物体从斜面上滚下的距离，不仅与斜面的长度有关，而且跟斜面与地面所成的角度有关。教材安排的这次实践活动，就是让学生用实验的方法获得数据，进行比较、分析，探讨、发现斜面与地面成怎样的角度时，圆柱形物体可以滚得远一些。

教学内容：

苏教版四年级数学上册实践活动课第28、29页。

教学目标：

（1）知识与技能：让学生通过将圆柱形物体从不同角度的斜坡上滚一滚，比较在哪一种斜面上滚得最远，了解圆柱形物体从斜面上滚下的距离不仅与斜面的长度有关，而且跟斜面与地面所成的角度有关，并了解在哪种角度下圆柱形物体滚得最远。

（2）过程与方法：让学生通过实践操作和小组交流等活动，了解在哪种角度下圆柱形物体滚得最远。

（3）情感、态度与价值观：让学生通过动手实践和自主探究，培养学生解决问题的能力和创新意识，激发学生学习数学的兴趣。

教学重点：

让学生了解圆柱形物体从斜面上滚下的距离不仅与斜面的长度有关，而且跟斜面与地面所成的角度有关，并了解在何角度下圆柱形物体滚得最远。

教学难点：

如何使实验更精确？并对实验的结果及时总结、归纳。

教、学具准备：

木板、圆柱形物体、卷尺、三角板等。

教学过程：

1. 创设情境，导入新课

教师提问：一个人怎样把一头大象运到卡车上？

认可学生各种有创意的回答，认识到用搭斜坡的方法省钱又省力。

教师引入：在生产和生活中，人们常常利用斜面来达到省力的目的。

教师出示情境图：怎样把油桶从卡车上搬下来？怎样把砍伐的木头从山上运下来？（通过讨论后得出：利用斜坡既省力又经济，工人叔叔们平时就是这样做的）

引导学生观察：这些可以滚动的物体都是什么形状的？

进一步思考：物体从斜坡上滚下来，滚动的距离可能与哪些因素有关？

学生自由猜测：物体的重量、滚动的高度、斜坡与地面的角度、地面的光滑度、斜坡的长度等。

教师小结，引入新课：影响滚动距离的因素有很多，今天，我们就选其中的一个方面来研究；在其他条件都相同的情况下，斜面与地面成什么角度时，物体滚动得最远呢？（课件出示）（板书课题：怎样滚得远）

设计说明：斜面在生活中运用较广泛，从学生的实际生活经验推测圆柱体物体滚动的距离与多种因素有关，因此，我们只有在相同条件下研究，得出的数据才有比较的意义，本节课只研究其中一个方面：斜面与地面成什么角度时，物体滚动得最远。

2. 合作实验，探求结论

（1）猜想。

教师提问：你认为斜坡的角度大一些滚得远，还是小一些滚得远呢？（先让学生自由说一说）

课件出示：现在有 30 度、45 度、60 度三个不同的斜坡，它们是用同样的木板搭的。现把同样的物体从这三个斜坡上滚下来，你认为哪种斜坡可以使物体滚得最远？

（教师让学生先猜想，再说说这样猜想的理由）

教师进一步引导：同学们的猜想对不对呢？如何验证？（揭示做实验是验证猜想的好方法）我们先来看看实验的步骤和要求。

（2）实验。

① 实验步骤（看课本图片）。

教师提问：你能说说做这样的实验需要哪些步骤吗？

（培养学生的语言表达能力）

教师总结：这些步骤可以概括为搭一搭、滚一滚、量一量。

一共需要几个人做实验？怎么分配任务？（看小组实验照片）

2 人搭木板，1 人滚，2 人测量，1 人记录。

② 操作示范。

为了更好地指导大家做实验，老师示范一下利用 30 度斜坡的实验过程，由于场地不够，后面的同学看不清，请看老师实验的实况录像。（播放课件）

实验操作需要科学和严谨的精神，否则，实验的结果将会失之毫厘，差之千里。你认为有哪些细节需要注意？（学生们自由发挥）

（搭：斜面平稳、角度调准）

（滚：轻放顶端、自由下滑）

（量：底端测量、拉成直线）

利用 45 度和 60 度斜坡做实验时也是按照同样的方法和步骤。

课前，老师让同学们准备了许多圆柱形物体。今天，为了使实验的数据更具有可比性，我们同一组的同学采用同一种物体做实验。实验中还会出现许多意外的状况，各小组要在组长的带领下，合理分工，团结合作，勇于解决问题，一定要使实验的结果真实、可信。

师：到底在哪种度数的斜坡上滚得远，这个谜底由大家来揭开吧！

③ 各小组学生分别做30度、45度和60度角的斜坡实验。

有了刚才的实验指导，这次可以放手让学生自主实验，老师观察指导，对个别有困难的组员给予及时帮助。

(3) 结论。

① 小组汇报。

师：同一坡度，每次测量的数据一样吗？比较每次求得的平均数，你发现了什么？在做实验的过程中，你们遇到什么困难了吗？

在小组取得实验数据的基础上，组织学生交流，通过比较、分析，获得结论，感受用实验方法研究问题的合理性，获得成功的体验。

斜坡的角度为45度时，圆柱形物体从上面滚下来的距离最远。

② 教师总结。（课件出示）

③ 拓展延伸。

今天，我们研究了三种度数的斜面，得出斜坡的角度为45度时物体滚得最远。生活中还有许许多多的斜坡，有没有比45度斜坡滚得更远的呢？我们还需做进一步研究。于是条件有限，我们只能得出斜坡的角度大约是45度时，物体滚动得较远。

课后请对其他角度的斜坡进行实验，看看你还能发现什么。

设计意图：提供三种角度的斜坡，哪种斜坡可以使物体滚得更远，先放手让学生去猜想，再引导他们想办法验证猜想。课堂中留给学生充分探索的时间和空间，让学生通过动手操作、合作交流、比较分析得出正确的结论。

3. 联系实际，指导应用

生活中处处隐藏着斜面，斜面的角度也各有不同。

(1) 楼梯图(将课本中的"你知道吗?"改换形式)。

王叔叔家要装修，该选哪一种楼梯呢？（同样的高度，平缓的楼梯占地面积要大，较陡的楼梯占地面积要小）

(2) 桥图。

观察和比较：为了方便行人，桥的坡度要小一些。

(3) 山坡滑雪图。

观察和比较：山的坡度要选得适中一点。

设计意图：数学来源于生活，应用于生活，楼梯、桥、山坡都是斜坡的实际应用，要使学生明白根据不同用途选择合适的斜坡就行了，不需要考虑具体角度。

4. 活动总结，教师评价

师：通过这节课的学习，你知道了什么？

板书设计：

怎样滚得远

猜想：30 度、45 度、60 度

验证：搭—滚—量

结论：45 度时滚得最远

三、“大树有多高”教学案例分析

教学内容：

苏教版教材数学第十一册第 78、79 页。

教学目标：

(1) 让学生经历观察—操作—讨论的过程，在实验中研究并发现生活中的数学现象，在解决问题的过程中进一步感受数学的应用价值。

(2) 在活动中进一步激发学生的合作意识，培养合作的能力，积累合作的经验，增强学生学好数学的自信心。

教、学具准备：

不同长度的竹竿 8 根，卷尺 8 个，实验记录单两份，课后阅读资料。

教学过程：

将学生分成 6 人一组的学习小组，并指导组长做好分工。

1. 观察生活，发现数学现象

让学生围成一圈坐在操场上。

选择两个身高明显不一样的同学站在同学们中间。

让学生比一比两人的高矮。

师：现在请同学们看一看这两个人的影子，你发现了什么？

引导学生得出：个子高的人影子也长。

请四位同学分别量一量他们的影子有多长。（师介绍量影子长度的方法）

汇报。

师：那么是不是无论什么时候他们的影子都是这么长呢？

再请同学们看一看我们身边的物体，是不是越高的物体的影子也越长呢？

让学生看一看四周的物体的高矮与影子的长短。

设计意图：让学生比较身高和影子的长短，体验并发现高的物体影子也长的现象。同时，在量同学的影长的过程中给予量影长方法的指导，为后面的实验做好方法准备。让学生根据生活经验初步猜想：不同的时间影长也不一样，为后续学习做知识储备。

师：那么物体的影子和这个物体的高度之间有着什么样的联系呢？你们想知道吗？

师：你想怎样研究它们之间的关系呢？

引导学生得出：先测量物体的高度和影子的长度，然后再看一看，算一算。

师：老师这里为大家准备了 8 根不同长度的竹竿和 8 个卷尺。

在跑道上从左向右依次是第 1、2、3、4、5、6、7、8 小组的工具。

师：现在发给每个小组一份实验报告单，每组同学先看一遍实验报告单。

实验要求：

(1) 把竹竿直立在地面上，听老师的口令，大家一起开始量竹竿的影长，记录在下表里。(测量时取整厘米数)

	1	2	3	4	…
竹竿长/cm					
影长/cm					
竹竿与影长的比值					

(2) 量取竹竿的长度。(测量时取整厘米数)

(3) 第 1、2、3、4 小组互相交流所量得的数据，再完成填表。

第 5、6、7、8 小组互相交流所量得的数据，再完成填表。

(4) 计算竹竿长与影长的比值，保留两位小数。

(5) 比较每次求得的比值，小组内互相说一说各有什么发现。

等待各组准备好，教师宣布统一量竹竿的影长。

学生做实验，并完成实验报告单。

大家继续围圈坐于操场中间。

分小组汇报，你有什么发现。

小结：大家通过测量和计算，发现这些竹竿的长度和影长各不一样，但是它们高度与影长的比值都是一样的。

设计意图：以小组为学习单位是实验过程的需要，只有在小组合作的情况下才能完成此实验，保证实验数据的准确性。小组内成员之间有合作，小组与小组之间也有合作交流，每个学生都经历了数据获取和研究的过程、新知的探索和发现的过程，合作意识进一步增强。

2. 运用数学现象，解决问题

师：刚才在同学们测量的时候，老师也悄悄地测了一根长3米的竹竿当时直立在地面上的影长是多少，你能推想出来吗？

小组内交流，并尝试算一算。

让同学说说自己的想法。

师验证，拿出事先写好的影长数据。

设计意图：解决这个问题的过程体现了实验与推论相互验证，由实验的规律进行推论，再把推论的结果与实验结果进行验证，增强了学生对实验科学性的体验。

师：同学们通过自己的研究发现了物体高度和影长之间存在着一定的规律，还应用自己发现的规律，正确推算出老师所测得的影长。那么你能应用这样的规律，算一算操场边上那些杨树有多高吗？

请大家先在小组内说一说自己的想法，再进行小组汇报。（对于爬上树量、放倒树再量等方法，可以让其他同学说看法，引导学生用今天学的知识完成）

讨论并小结得出方法，教师强调同时量竹竿和大树的影长。

发给每小组第二张实验单。

（1）在太阳光下，先量一根竹竿的长度，再同时量出竹竿和大树的影长，把结果填在下表里。

	实际高度/cm	影长/cm
竹竿		
大树		

(2) 你能算出大树的高度吗？请算一算。

小组之间交流。

请同学介绍自己的实验过程和计算方法。

师：请同学们看一看你刚才拿的竹竿，第一次测得的影长和现在测量的影长一样吗？

教师小结：竿子本身的长度没有变化，但是它的影长随着时间的改变也会发生变化。

师：测量竹竿的影长之后，如果过一段较长的时间，再测量大树的影长，这样计算出的结果还准确吗？

让学生说一说想法。

师：现在你们知道了，在测量时老师为什么要强调同时测量了吧。

教师小结：同学们，在今天的实验中，小组内分工合作，小组之间合作交流，很快就发现了物体的高度与影长之间的数学规律。你认为这样的数学规律可以给我们的生活带来哪些帮助呢？

学生自由说一说。

课后实践：你能测量出楼房、旗杆或其他物体的高度吗？找一个你感兴趣的物体，和同学一起测一测、算一算。

设计意图：小结中，及时表扬学生的合作方式和态度，让他们有意识地体验到合作的过程。最后将研究的数学规律延伸到生活中，应用所学的知识解决生活问题，学以致用。

课后阅读：

影子是一种光学现象，影子不是一个实体，只是一个投影。影子的产生是由于物体遮住了光线。光线在同种均匀介质中沿直线传播，不能穿过不透明物体而形成的较暗区域，形成的投影就是我们常说的影子。（这里说的光是可见光线）

影子的形成要有光和不透明物体两个必要条件。在同一地点同时测量不同的竹竿，竹竿的高度和影长的比值是相等的。

设计意图：通过科学介绍让学生了解影子的产生，在点滴中拓宽学生的知识面。

参考文献

[1] 中华人民共和国教育部. 义务教育数学课程标准(2011 年版)[M]. 北京: 北京师范大学出版社,2012.

[2] 叶澜."新基础教育"论——关于当代中国学校变革的探究与认识[M]. 北京: 教育科学出版社,2006.

[3] 吴亚萍."新基础教育" 数学教学改革指导纲要[M]. 桂林: 广西师范大学出版社,2009.

[4] 马云鹏. 小学数学教学论[M]. 北京: 人民教育出版社,2006.

[5] [美]戴维·珀金斯. 为未知而教,为未来而学[M]. 杨彦捷,译. 杭州: 浙江人民出版社,2015.

[6] 钟启泉. 读懂课堂[M]. 上海: 华东师范大学出版社,2015.

[7] 王林. 小学数学课程标准研究与实践[M]. 南京: 江苏教育出版社,2011.

[8] 吴亚萍. 中小学数学教学课型研究[M]. 福州: 福建教育出版社,2014.

[9] 李政涛. 交互生成——教育理论与实践的转化之力[M]. 上海: 华东师范大学出版社,2015.

[10] 卜玉华."新基础教育"课堂教学改革的深化研究[M]. 福州: 福建教育出版社,2014.

[11] [英]维克托·迈尔·舍恩伯格,肯尼恩·库克耶. 大数据时代[M]. 盛杨燕,周涛,译. 杭州: 浙江人民出版社,2013.

[12] 李政涛. 教育常识[M]. 上海: 华东师范大学出版社,2012.

[13] 刘电芝. 儿童发展与教育心理学[M]. 北京: 人民教育出版社,2006.

[14] 余文森,郑金洲. 课堂教学改革研究[M]. 福州: 福建教育出版社,2005.

[15] [新西兰]约翰·哈蒂. 可见的学习——最大程度地促进学习[M]. 金莺莲,洪超,裴新宁,译. 北京: 教育科学出版社,2015.

后 记

2016 年 8 月正式动笔，为撰写这本书，反复回顾了自己从教以来写的一些文章以及近年来几个省级课题研究的实践成果，通过多方面的结合，把零星的思维火花结点成面，连面成体。过了足足一年多的时间，今天终于完成了初稿。

反思匆匆忙忙的当下，我们有时会失去静心思考的时间和空间。思考生命的律动不仅对自己的人生有了启发，也对课堂教学有了启迪。万物皆有灵性，皆有生命，同样也都有属于它们自己的生命律动。律动是恒定的，是隐藏的，在浮躁的内心深处寻找不到，也许只有安定的心灵才能够听得到生命的律动。在研究中，深深地受到了华东师范大学“新基础教育”研究的浸润，因为从 2010 年起，学校加入了叶澜教授的“新基础教育”研究团队，一路随行至今，在此感谢在研究中给予指导的叶澜教授、吴亚萍教授、伍红林教授等“新基础教育”的专家和教授们。

在充满生长律动的课堂里，学习气氛不一定热烈，但思维是深沉的，学生在思索中前行，表达自己的心声，师生一起聆听生命拔节的声音，这种声音就是成长的律动，转化到课堂上我们能感受着一种生命美丽的旋律。静下心来，听听课堂的律动，岂不更好？相信在实践中，以昂扬的姿态迎来生命的生长，在思想与实践的相遇中，又一个崭新的起点即将开始。

在此书稿付梓之际，特别感谢一些专家领导、同事给予的多方支持和帮助。黄艳梅院长对研究过程全力支持，从书的体例到行文亲自指导，对此书的成文起到了关键性的作用，感谢之余更加坚定了我继续深入研究的信念。对“律动课堂”的实践研究，方学法科长提供了实践研究展示的平台，提升了研究的影响力。另外，还要感谢闫勤校长为本书作序，并对书稿给予了指点。本书由苏州大学出版社支持出版，感谢编辑一次又一次耐心、细心地审读、校对，并和我细致沟通。正是有了他们，本书才得以顺利出版。

朱艳艳

2017 年 10 月 6 日于淮安